Tilman Spengler
Schläfer

W0389985

O Schlaf, o holder Schlaf!
Du sanfter Pfleger der Natur.
Shakespeare, *Heinrich IV.*

1.

In unserer Sprache reden wir von einem ›Bobak‹ – Sie kennen das Tier: etwa zwei ausgespreizte Handbreit lang, fahl rostgelb, auf der Oberseite etwas dunkler, auf dem Kopf fast bräunlich. Die Färbung hängt von der Umgebung ab. Bobaks wohnen immer in unterirdischen Bauten, ziemlich weit weg vom Eingang, sie ernähren sich von Kräutern und Wurzeln und legen gewaltige Wintervorräte an. Die Tungusen verehren die Bobaks, die Schamanen der Buräten benutzen ihr Fett, wenn sie Wunden heilen. In Sibirien hält man sie für verzauberte Schützen, die einen bösen Geist durch Übermut erzürnt haben.

Osman hat mir das erzählt, damals im Lager.

Die Bobaks, sagen die Tungusen, führen ein Leben, ein Halbleben und den Schlaf. Wenn sie Alarm schlagen, pfeifen sie schrill. Auf Deutsch nennt man sie trotzdem ›Murmeltiere‹.

In Amerika, stand heute in der Zeitung, gibt es einen besonderen Tag für das Murmeltier. In Pennsylvania sollte er in diesem Jahr nicht begangen werden, weil die Behörden Angst vor einem Anschlag hatten. Dann hat man aber doch noch gefeiert. Als ›Zeichen der nationalen Standfestigkeit‹, wie der Bürgermeister von Punxsutawney der Presse sagte. Allerdings wurden alle Gäste von der Polizei und von der amerikanischen Nationalgarde kontrolliert.

Hier in Hamburg kann man Murmeltiere ausgestopft im Zoologischen Museum sehen. Martin-Luther-King-Platz, Nummer 3, ganz in der Nähe der Universität. Murmeltiere, nicht unsere Bobaks, doch so groß ist der Unterschied nicht. Vor Weihnachten habe ich den Kindern die Tiere gezeigt. Ich bin dort Aufseher. Geschickte Krallen sind die einzigen Waffen der Bobaks, habe ich den Kindern erklärt. Und welche Gewürze die Tiere bevorzugen. Darauf schüttelten die Kinder nur ungläubig den Kopf und blickten auf ihre Finger. Sie wissen nicht mehr viel von ihrer Heimat.

2.

Kühn, fast schon ein wenig bizarr, wie leicht sich mancher die Karriere eines Museumsverwalters vorstellt. Gerade wenn es um Jade geht. Ich könnte Ihnen exquisite Ohrringe vorlegen, die aus der Frühen Han-Zeit stammen, und daneben Schmuck aus der Tang. Seien wir nicht kleinlich, dazwischen liegen achthundert Jahre. Dann würde ich Ihnen zwei andere Stücke zeigen, und trotzdem würden Sie nicht wissen, welches in welcher Dynastie geschaffen wurde. Kunstverstand schärft sich erst über Jahre und, wenn Sie gestatten, in der unmittelbaren Versenkung in das Objekt. Auf der High-School in Milwaukee lernt man das jedenfalls nicht. Auch nicht bei der Sicherheitsausbildung in Langley, die für uns übrigens in Des Moines, Iowa, abgehalten wurde.

Grauenvolle Stadt. Zugegeben, ich habe bei der Prüfung ein wenig geschummelt, corriger la fortune, Sie kennen das. Mir war gleich klar, dass diese Pyroxenmineralien, praktisch die ganze Gruppe der Hornblenden, dass Tonerde, Natrin nicht mein Fall sein würden. Aber mittlerweile gilt in unserem Museum mein Wort. Wenn ich sage: ›Lauchgrün‹, dann heißt das ›Lauchgrün‹ und nicht ›Grünlichgrau‹, und wenn ich nach einem nur ganz leichten Hammerschlag befinde: ›Härte 6‹ so widerspricht mir niemand aus der Mannschaft mit so einem besserwisserischen ›eigentlich 6,5 bis 7‹. Das war früher vielleicht anders, aber ich darf mich nicht an ›früher‹ orientieren.

Ich kenne auch die Grenzen meiner kunsthistorischen Kompetenz, darf aber für mich in Anspruch nehmen: Die historischen Motive auf den Schmuckstücken, auch in den Waffen, erkenne ich meist schon auf den ersten Blick. Es ist fast zu einer Art Leidenschaft geworden. Ein kleiner Pinkertoninstinkt. Jedenfalls urteile ich sehr viel schneller als die meisten der Professoren aus dem Chicago Institute of Fine Arts, die so regelmäßig wie ungebeten wie überflüssigerweise in unserem kleinen Haus hier in Hetian auftauchen, um die laufenden Forschungsarbeiten zu evaluieren. Hetian liegt genauso nah an Kaschmir wie an Tadschikistan und den Gebieten der Kirgisen.

Offiziell bin ich eben nur der Verwalter.

Die geographischen Schwerpunkte bei den Ausgrabungen in den Höhlen setze ich natürlich selber. Außer mir weiß ja niemand, worauf es in der Gesamtsicht ankommt. Die Mitarbeiter sind teils Chinesen, teils Uighuren. Handzahme Burschen, die Chinesen. Nennen mich ›Ehrenwerter Professor‹ und verhökern heimlich ihre Fundstücke an die Touristen. Ach, diese Uighuren. Dunkle Augen, in denen man verschwinden kann wie in einem Brunnen. Manchmal schenken sie mir ein Phallusmotiv und amüsieren sich über meine Verlegenheit. Offiziell stehe ich für das Erbe der Weltkulturen unter dem Schutz der Vereinten Nationen. Die zahlen übrigens auch mein Gehalt.

Einmal im Monat Geschlechtsverkehr, danke der Nachfrage, aber immer ein anderer Knabe. Der Lammspieß mit Zwiebeln und Knoblauch, den Osman vor dem Institut brät, schmeckt besser als jeder Hamburger in Milwaukee.

Hetian, genau, dort liegt unser Museum. Sie kennen die Stadt vielleicht noch unter dem Namen Khotan. Die Zone ist ja bekannt für die besten Lammspieße der Südlichen Seidenstraße. Vielleicht müssen Sie bis nach Taschkent, nach Samarkand oder in irgendein Loch in Afghanistan, um einen ähnlich guten Lammspieß zu kriegen. Dazu empfehle ich einen trockenen Weißwein aus Kashgar. Danach eine ganz leichte Prise Opium. Sie kriegen es völlig problemlos auf dem Vogelmarkt. Angeblich singen die Nachtigallen besser, wenn man es ihnen unter die Körner mischt. Im Westen fließt der Karakash, der Schwarze Jadefluss, im Osten der Yurungtash. Wasser ist für unsere Operationen von eminenter Bedeutung.

In den Höhlen der Kunlun Berge eine Batterie von Boden-Luft-Raketen zu verstecken, kann kein Problem sein. Ist auch bei anderen Waffen noch nie ein Problem gewesen, sagt Osman, der sich hier gut auskennt. So eine Boden-Luft-Rakete holt garantiert alles vom Himmel, was fliegt, vielleicht auch Sterne, sagt Osman, der offenbar auch in diesem Fall weiß, wovon er spricht. Allerdings habe ich Gefallen an meiner Rolle hier gefunden.

3.

Nackte Frauen anzuschauen, macht mir gar nichts. Das ist die Wahrheit. Außerdem sind es Amerikanerinnen. Einmal im Monat fahren wir mit zwei Amerikanern, die auch bei uns in der Schicht sind, nach Georgetown in diesen Stripladen neben dem vietnamesischen Lokal. In das Lokal gehen wir natürlich nicht, weil niemand genau sagen kann, was für Fleisch die Vietnamesen dem Gast in ihr Essen hineinschneiden. Die Amerikaner essen vorher in einem Lokal, das aussieht wie ein Eisenbahnwaggon. Wir reden über Autos und wo man billig einkaufen kann und über die Arbeit eben. Wie man beim Punktschweißen aufpassen muss und solche Sachen. Sehr viel redet man aber nicht und über wichtige Dinge sowieso nicht. Die Frauen ziehen ihre Kleider aus, Schuhe und Strümpfe und Unterwäsche, dann knien sie sich vor einen Spiegel und spreizen dabei ihre Beine weit auseinander. Die Amerikaner, einer nach dem anderen, stehen auf, laufen zur Bühne und schauen der Frau tief in die Schenkel und stecken ihr eine Dollarnote zwischen die Hinterbacken. Manchmal streckt die Frau auch eine Hand nach dem Geld aus.

Es spielt die Musik, die es hier immer gibt. Aber eigentlich wirkt die Vorführung geräuschlos. Ich weiß, der Vergleich klingt lästerlich, doch es ist trotz der Musik bei dieser Vorführung so still, wie es beim Beten in der Moschee sein sollte. Als wären die Amerikaner jetzt mit ihrem Gott allein.

Danach reinigt die Frau den Spiegel mit einem Wischtuch und einem Spray, und die nächste Frau kommt herein.

Wir betrachten die Vorgänge und verbergen unseren Widerwillen. Aber, wie gesagt, wir sind daran gewöhnt. Im Frühjahr fällt es mir allerdings schwerer als zu anderen Jahreszeiten. Manchmal tritt auch einer von uns zum Opfern vor und steckt eine Dollarnote in die Furche der Frau. Wir sollen ja so sein wie die anderen, hat man uns gelehrt. Außerdem leben die davon. Später beten wir dann oder wir lesen im Koran oder wir erzählen uns Geschichten aus der Kindheit.

4.

Der Vorteil von Anthrax liegt ganz allgemein darin, dass Milzbrandsporen praktisch überall eingesetzt werden können. Für den Einsatz von Anthrax braucht man keine Luftwaffe und keine Marine, nicht einmal ein Heer. Man braucht nur ein Dutzend entschlossener Kämpfer – für unsere Sache – und beim Gegner eine beliebige Ansammlung von Menschen, um den Effekt des Angriffs zu maximieren. Natürlich, wenn man ein kleines, schwer auszumachendes Flugzeug hat, ist das von Vorteil: Die Amerikaner haben berechnet, wie viele Opfer der Abwurf von 100 Kilogramm Anthrax über ihrer Bundeshauptstadt Washington fordern würde. Das wäre verheerender als der Abwurf einer Wasserstoffbombe. Und die Behandlung von 100 000 Opfern würde 26 Milliarden Dollar kosten.

Anthrax ist ein wenig wie unsere Organisation: geruchlos und unsichtbar und sehr gefährlich. Wir dürfen nur nicht überheblich werden. Erfolg lockt Mitläufer, und Mitläufer können wir in unseren Reihen nicht gebrauchen. Mitläufer sind deswegen gefährlich, weil sie von uns nicht diszipliniert worden sind. Bagdad hat dazu Weisungen erteilt, und was in Bagdad gilt, gilt selbstverständlich auch in Mossul.

Verschwiegenheit ist unser höchstes Gebot. Vor der Arbeit, bei der Arbeit und nach der Arbeit. Die Labors sind einfach, aber nicht zu einfach, weil das zur Unauffälligkeit gehört. Unsere Anlage beschäftigt 200 Mitarbeiter, nicht zu viel und nicht zu wenig.

Anthrax sieht bekanntlich aus wie Mehl oder Milchpulver. Dabei heißt das Wort einfach ›Kohle‹. Weil so später die Wunden aussehen. In der Haut und in den Organen. Diese Wunden müssen noch tödlicher werden, darin liegt unser Auftrag. Die Herstellung ist jetzt so einfach, dass Milzbrandsporen von mindestens siebzehn Ländern als Kampfstoff eingesetzt werden können. Das kommt uns entgegen, denn auf diese Weise verlieren sich die Spuren. Auch so ist unser Labor geschützt.

Natürlich kann es zu Unfällen kommen, wie vor ein paar Jahren in Swerdlowsk. Zu Unfällen kann es immer kommen, davor schützt nur Gott. Osman sagt zu Recht, die Unfälle sind gut für uns, denn sie steigern die allgemeine Furcht unter den Gegnern. Unfälle muss man mit einer Werbekampagne vergleichen. Wichtig ist nur, dass die Nachricht schnell ins Internet gelangt. Erst ins Internet, danach an die Agenturen. Aber auch bei diesem Vorgang ist Vorsicht geboten: Andeutungen, gemischt mit exakten Koordinaten. Immer Zweifel streuen und auf keinen Fall Selbstgewissheit. Unser Volk kennt eine alte Weisheit: So hoch eine Fontäne spritzt, so tief fällt das Wasser wieder herab. Wir müssen abwarten, denn wir sind das ruhige Wasser. Wir sind das Rätsel.

5.

Das Leben in Wisconsin war härter, kein Zweifel, gerade für eine Frau. Auch für eine weiße Frau. Auch für eine Lehrerin. Sie können dich da einfach nicht in Ruhe lassen, in Wisconsin, wenn du nicht verheiratet bist. Manche Männer versuchen es auf die süße Art, die anderen werden grob. Selbst auf dem Schießstand fummeln sie an einem herum. Muss man sich einmal vorstellen: Du liegst vor deinem MG-42, das Ziel klar im Visier, und dann nutzt das einer aus, um dir über den Hintern zu streicheln. Einige trinken sogar vor dem Gottesdienst. Aber am schlimmsten sind diese ständigen Anmachereien. Als wären wir Tiere.

Das ist hier in Iowa besser. Jedenfalls bei uns im Norden. In Iowa sind sie wortkarg und strikt und scheu, das stimmt, und sie mischen sich nicht ein. Es dauert lange, bis sie dich an sich und ihre Familien heranlassen. Oder an ihre Freunde.

Ich mag auch, wie hier die Straßen verlaufen. Alles so nett und sauber und genau wie auf dem Schachbrett. Nach der Schule fahre ich gern Auto. Man kann durch die Landschaft fahren und dabei Radio hören. Den Sender von Reverend Jonson, zum Beispiel. Wenn der Reverend predigt, hört sich das an wie eine Mathematikstunde. Nicht aufgeregt, wie bei diesen schwarzen Schreiköpfen, nein, kühl und präzise. Jede Heimsuchung genau auf ihre Ursachen analysiert, jedem Verbrechen eine exakte Strafe zugeordnet. Alles Gottes Wort.

Neulich habe ich den Farmer Vogel besucht. Viele heißen hier Vogel, die Vorfahren stammen aus Deutschland. Baut Mais und Sojabohnen an, wie die meisten. Bin drei Jahre an seinem Hof vorbeigefahren, hab immer nur seinen Schäferhund gesehen, der an der eisernen Kette gerissen und mein Auto angebellt hat. Gary hat gesagt, ich solle Vogel kennen lernen, Vogel könnte einer von uns werden. Gary hat mir auch ein Foto gezeigt, woher er das hatte, wollte er mir nicht sagen.

Dann, Montagmorgen, traf ich Vogel vor dem Getreidespeicher in Casey. Irgendetwas Beiläufiges beredet, Preis für Dünger oder die jüdische Fleischmafia in Chicago oder eine Fernsehshow, die er nicht gesehen hatte.

Kalter Tag, dieser Montag. Ich holte mir meine Wolljacke vom Rücksitz und sah dabei, wie Vogel durch das Beifahrerfenster in mein Auto schaut. Hatte da meine Bibel liegen und eine alte Nummer vom *Beacon* aus Chicago. Die Ausgabe mit dem Bericht über die heimliche Flotte von russischen Unterseebooten im Lake Michigan. Die berühmte Nummer, die später von der Bundesregierung verboten wurde, weil sie beweist, wie eng die in Washington mit den Roten zusammenarbeiten. Wir haben in Marys Café an der Main Street heiße Schokolade getrunken und jeder einen Doughnut gegessen. Vogel hat mich auf die Bibel angesprochen.

Das war gut so, meinte Gary später, es ist immer besser, wenn der andere den ersten Zug macht.

Vogel weiß unheimlich viel über die Bibel. Seit Jahren hat er kein anderes Buch mehr gelesen. Witzigerweise weiß er ganz andere Sachen als der Reverend. Seine Mutter hat alle Diätvorschriften aus dem Alten Testament in ihr Kochbuch geschrieben.

Wie ich glaubt auch Vogel an das Armageddon nach der Offenbarung des Johannes. An die letzte große Schlacht gegen die Mächte der Finsternis. Der Reverend hat neulich gesagt, man müsse sich das vorstellen wie Starwars, und alle Staaten der Finsternis seien danach nur noch Staub. Es gibt viel mehr Bibelstellen über diesen Kampf, als ich je gedacht hätte, man muss sie nur richtig zuordnen. Deswegen hat er mich auch zu sich auf seine Farm eingeladen – und damit ich seine Mutter kennen lerne.

Die Mutter blieb allerdings in ihrem Bett. Es war auch sehr kalt im Haus. Vogel hat besondere Theorien über Erwärmen und Abkühlen und das Stehen von Luft, alle abgeleitet aus den Schriften von Ezechiel und den kleineren Propheten. Er hat sie mir erläutert, aber alles habe ich nicht verstanden.

Am meisten hat mich sein Keller beeindruckt. Hunderte, buchstäblich Hunderte von Metern Regalwände, hinter denen nur zweierlei lagert: Waffen und Vitamine. Vitamine in gräulichen und bräunlichen Plastikdosen, widerstandskräftig gegen jegliche Temperatur, jegliche Feuchtigkeit, jegliche Erschütterung. »Wer die Diätvorschriften der Bibel in künftigen Kämpfen nicht verletzen will, wird sich nur noch von Vitaminen ernähren können«, sagte mir Vogel im Keller. Dazu eine Waffensammlung wie aus einem Katalog. Vogel besitzt alles, vom Dolch für den Schuhabsatz bis zur panzerbrechenden Automatikfaust. Dazu Sprengstoffe und Tellerminen und Handgranaten, Leuchtraketen, Kanister von Agent Orange und auch noch ein paar Bomben aus dem Zweiten Weltkrieg, die er aber nur aus Sentimentalität gekauft hat. Die Trophäen aus den Kriegen von Korea und Vietnam wollte er mir nicht zeigen. Für eine Dame sei das nichts, sagte er und wurde ein wenig verlegen.

»Ich bin gerüstet«, sagte Vogel zum Abschied, »aber meine Stunde ist noch nicht gekommen.« Dabei hat er auf eine ganz seltsame Weise gelächelt.

Dieser Satz geht mir seither nicht mehr aus dem Kopf: »Meine Stunde ist noch nicht gekommen.« Ich habe später im Johannesevangelium nachgelesen, genau diese Stelle, zweites Kapitel, vierter Vers, Jesus trifft auf eine Frau, und er sagt zu ihr: »Was gehts dich an, Frau, was ich tue?« Gary fand auch, dass hier eine Botschaft aufzunehmen ist.

6.

Mich stört das nicht, wenn man mich einen Tüftler nennt. Hat mich auch als Kind nicht gestört. »Lothar, du bist eben ein Tüftler«, sagte meine Mutter, wenn die anderen Kinder nicht mit mir spielen wollten, »du findest dir schon deine eigene Beschäftigung.« Wir wohnten damals in der Siemensallee, in so einer Art Werkswohnung, mein Vater arbeitete in der Buchhaltung, bis es durch die Umstellung auf EDV zu Personalabbau kam. Dann wurde er Buchmacher. Oder, richtig gesagt, er arbeitete für einen Buchmacher.

Ich fand es immer schon witzig, wie sich manches im Leben auch wortwörtlich wiederholt. So wie in ›Buchhaltung‹ und ›Buchmacher‹. In meinem Fall ist es der Wurm. Als Kind habe ich Regenwürmer untersucht. Die Eltern hatten mir zu Weihnachten einen Spielkasten geschenkt: ›Der Junge Forscher‹. Auf dem Deckel war ein blonder Junge abgebildet, der durch ein Vergrößerungsglas auf einen Käfer blickt. Im Kasten fand ich tatsächlich ein Vergrößerungsglas, eine Glasschale, ein kleines Skalpell, eine Pinzette sowie eine Flüssigkeit, in der man tote Tiere konservieren konnte.

Der Regenwurm hat das Vermögen, verloren gegangene Teile wieder zu ersetzen, das ist bekannt, aber kann er alle Teile gleich gut ersetzen? Ich habe herausgefunden, dass sich eigentlich nur das Hinterende des Körpers ohne Probleme erneuert. Wenn man in die Segmente des Vorderendes schneidet, wird dieser Teil sehr viel seltener ersetzt. Aber man darf es sich nicht zu leicht vorstellen, die beiden Enden nicht miteinander zu verwechseln. Genau erkennt man den Unterschied eigentlich erst, wenn man den Magen herausschneidet, was übrigens am leichtesten ist, wenn sich die

Tiere gerade befruchten, weil er sich dann bläht. Regenwürmer sind Zwitter und befruchten sich wechselseitig.

Studiert habe ich dann allerdings Informatik und nicht Zoologie.

Aber ich wollte ja erzählen, warum auch in meinem Leben ein Wort eine Doppelbedeutung hat: Bei der Firma, bei Siemens also, fand ich Anstellung im Labor für Viren, wir haben sie dort isoliert, richtig gesagt, in Quarantäne gebracht, die Codes herauspräpariert und dann eine Gegensoftware entwickelt.

Wie hießen die gefährlichsten unserer Gegner? Natürlich ›Würmer‹. Würmer bohren sich in fremde Rechner, zerteilen sich dort und können ungeheuren Schaden anrichten. Jeder Wurm trägt eine Maske, meistens eine total unauffällige Maske. Ich habe einmal ein Buch gelesen, in dem beschrieben wird, dass das erfolgreichste Versteck immer dort liegt, wo alle hinschauen. So ähnlich muss man sich die Maske eines guten Wurms vorstellen.

Osman sagt übrigens, ich sei ein Opfer von Mobbing geworden. »Immer Überstunden und nie mit den Kollegen zum Bowling, das hat dich zum Außenseiter gemacht«, hat er gemeint. Gut, damals war Krise. Fusion gescheitert, Gerüchte von Takeovers, ich hab das gar nicht mehr verfolgt, aber jetzt stellen sie Inder ein, und mich haben sie nicht einmal angerufen.

Mit einem Trojanischen Pferd kann man sich auf jeder Festplatte einnisten.

Ist Ihnen auch aufgefallen, wie viele Wörter aus dem Tierleben in diesem Gewerbe gebraucht werden? ›Würmer‹, ›Viren‹, ›Nisten‹. Ein nistendes Pferd ist natürlich kein gutes Sprachbild.

Ein Trojanisches Pferd kann wochen-, monate-, jahrelang auf einer Festplatte installiert sein, bis ich es aktiviere. Ich kann es von überall in der Welt aktivieren. Es liest mir Daten vor und schließt dann wieder die Augen. Der Wurm arbeitet in Echtzeit, aber mein Pferd kann schlafen.

Wenn ich mich zu einem Steuerungsrechner vorgearbeitet habe, erfüllt mich das schon mit einem großen Glücksgefühl. So ein Kitzel. Wie früher, wenn man etwas besonders gut berechnet oder das letzte Stück eines Puzzles in das Bild gedrückt hatte.

Ich kann jetzt jederzeit Weichen stellen. Das meine ich wörtlich. Wenn man sich in einem Steuerungsrechner bewegt, kann man auch Weichen stellen. Ich betrachte mir im Fernsehen einen Hochgeschwindigkeitszug, jawohl, auch ein Produkt der Firma, dann stelle ich mir vor, die nächste Weiche könnte ich einfach umlegen. Wie als Kind bei der Bahn vom Vater. Nur völlig unbemerkt. Dann müssten sie das Fernsehprogramm wieder unterbrechen.

Manfred Schneider
Die Gabe des Krieges

Eine melliologische Studie

Honig vom Hymettos

Im Jahre 480 vor unserer Zeitrechnung landete der persische König Xerxes mit der gewaltigsten Streitmacht, die die Antike bis dahin kannte, in Griechenland. Xerxes führte ein Landheer von 1 700 000 Mann aus mehr als 15 Nationen, Fußvolk, Bogenschützen, Steinschleuderer, Lanzenträger und Reiter. Seinem Befehl gehorchte weiter ein Flottengeschwader von 1207 Dreirudern. Ungeheuer waren die logistischen Mittel, langwierig die Vorbereitungen, maßlos das Kriegsziel. Ein Beobachter des Aufmarschs stellte die ebenso maßlose Frage: Warum hat sich Zeus den Namen von Xerxes zugelegt, um Griechenland zu verwüsten? Wer sonst könnte eine ganze Menschheit in den Heeresdienst nehmen? Denn die Perser legten auch Hand an die Geographie: Über den Hellespont ließ Xerxes eine Brücke schlagen. Als dann die erste Brücke durch ein Unwetter vernichtet worden war, erklärte der König den Elementen den Krieg und ließ die Meerenge peitschen. Schließlich gab Xerxes noch den Befehl, die Halbinsel Athos mit einem Kanal zu durchbohren, um nicht wie die Flotte des Mardonios vor dem Kap unterzugehen. Endlich konnte der furchtbare, alles Vorherige im Unmaß überbietende Kriegszug beginnen. Und da nun die Signale erschollen, wurde Xerxes gefragt: »Warum hast du diese beispiellose Unternehmung ins Werk gesetzt?« Und der König antwortete kurz: »Warum? Um Honig vom Hymettos zu holen.«

Honig vom Hymettos als Kriegsziel! Naschsucht diktiert den hybriden Feldzug! Vielleicht kam nur dieses eine Mal in der Geschichte aus dem Munde eines Kriegsherrn die Wahrheit über das *Warum* der Kriege. Alle großformatigen Menschheitsideale, alle Erhabenheiten, alle nominellen Kriegsgründe, für die Feldherrn und Soldaten in die Schlachten ziehen: das Vaterland, die Gerechtigkeit, das Volk, die Freiheit, der Lebensraum, der Fortschritt oder gar die Zivilisation, ihre Namen bezeichnen nichts als hochpoetische, himmlisch gelabelte Honigsorten. Das Horazische »Dulce et decorum est pro patria mori« ist korrekt zu übersetzen: Der süßeste

Honig kommt aus der Lust, fürs Vaterland zu sterben. Dafür gibt es ganze Bibliotheken voller Belege. Christian Dietrich Grabbe legt in seinem Kriegsdrama *Napoleon oder die hundert Tage* von 1831 einem Gardemusiker des Kaisers, den die tödliche Kugel getroffen hat, die Worte in den Mund: »O, wie süß ist der Tod.« Aus dem Diesseits wie aus dem Jenseits kommt das Verlangen nach Honiggenuss. Es ist daher ein notwendiges Unternehmen, die Honigwissenschaft des Kriegs zu begründen, eine melliologische Kriegsforschung, eine Untersuchung der Gaben, die der Krieg zu spenden verspricht. Man liest immer wieder: Der Krieg schenkt Reinheit, Wahrheit, Sittlichkeit, Frieden, Schönheit, Genuss und Fortschritt. Es ist nicht die Frage, ob dies alles auch stimmt. Vielmehr wollen wir wissen, warum der Krieg in der Moderne so exzessiv aristokratisiert werden muss, warum seine Prämien so hochwertig ausfallen, warum seine Gaben so reich fließen müssen. Ist es vielleicht ein ganz altes Geheimnis? In der Archilleserzählung des Dichters Papinius hat Achilles den Grund seines Zorns vor Troja vergessen. Er fragt Odysseus: »Was war das, was dem Volk von Griechenland im großen Krieg an erster Stelle stand?« Er selbst hat es vergessen, weil es nur eine Honigmetonymie war. Und so fragt er nach, weil er doch wissen will, »(...) was meines Zornes rechter Anlass war«.

Tatsächlich war ja eine Honigsorte, nämlich der besonders süße Frauenhonig, den die schöne Helena zu vergeben hatte, der Grund des Krieges zwischen Griechen und Trojanern. Doch dem Achilles ist nur der Zorn geblieben. Er weiß nichts mehr von einem Kriegsgrund, sein Arm spürt nur Kriegslust, sein Herz nur Kriegszorn. Herder kommentierte das Achillesvergessen mit den Worten: »Aus einem Nichts entspringet die Zwietracht und wird in kurzem unermesslich. (...) Selten wissen die Menschen, weshalb sie streiten; je länger aber, desto hartnäckiger hadern sie.« Dieses Vergessen ist notorisch. »Wir sind reine Vergessmaschinen«, erinnert sich Ernst Jünger in seinem Kriegsbuch *Der Kampf als inneres Erlebnis* von 1922. Und Kant macht im Kapitel über die »böse Natur« des Menschen in seiner Abhandlung über die *Religion innerhalb der Grenzen der bloßen Vernunft* die Bemerkung: »(...) man sieht doch an der Behaglichkeit, womit die Sieger ihre Großtaten (des Zusammenhauens, Niederstoßens ohne Verschonen, u. d.gl.) preisen, dass bloß ihre Überlegenheit und die Zerstörung, welche sie bewirken konnten, ohne einen anderen Zweck, das sei, worauf sie sich eigentlich etwas zu gute tun«. Auch hier das Vergessen des Beweggrundes nach dem Sieg. Daher fragen wir mit Achilles, mit Herder, mit Jünger, mit Kant: Was steht im Krieg an erster Stelle? Reinheit, Wahrheit, Natur, Sittlichkeit, Schönheit, Fortschritt? Also: der Reihe nach.

Die Katharsis der Wörter

Der Krieg schenkt ein pfingstliches Sprachenwunder. Aus der babylonischen Katastrophe des Alltags geht mit dem Ausruf des Krieges ein erneuertes grundgereinigtes Sprechen hervor. Man lese nur: »Die Kriege sind ein Segen, nicht nur um der Ideale willen, die sie verfechten, sondern auch um der Läuterung willen, die sie dem Volke bringen, das sie im Namen der höchsten Güter führt. Friedenszeiten sind gefährliche Zeiten. Sie bringen wie Stunden ungetrübten Glücks allzuleicht Erschlaffung und Veräußerlichung. Soll eine Nation vor Egoismus und Materialismus bewahrt werden, dann braucht sie immer wieder wie der Einzelmensch Kampf und Sturm.«

Dies verkündete am 29. Juli 1914 die *Wiener Reichspost*, ein »unabhängiges Blatt für das christliche Volk Österreich-Ungarns«. Der Krieg ist ein Purgatorium, eine Läuterung, eine Entschlackung: Und noch ehe die Kanonen ihre Arbeit aufnehmen, hat die Sprache bereits einen Sieg erfochten. Frisch und von aller Mehrdeutigkeit gereinigt entsteigen die Wörter der linguistischen Katharsis. Den Wörtern folgen die Seelen nach: Auch Egoismus und Materialismus sind ausgeschwitzt. Die Sprache benötigt eine solche Läuterung, weil man nicht mit dem gleichen Lexikon in den Krieg ziehen kann, wie man ins Kino geht. Der Krieg ruft erhabene Vokabeln und hochgemute Satzbauten unter die Fahnen. Im Krieg erhält alles Sprechen einen religiösen Ernst, oder vielleicht sind es überhaupt die Religion, der Glaube, der Tod, die die Kriege führen? Gottesdienste, Beerdigungen und Kriege verbannen den Witz, das Wortspiel, den Abschied. Bei den feierlichen Eröffnungszeremonien der Feldzüge streifen die Wörter alles Mehrdeutige, alle semantischen Nuancen ab, damit in ihnen das Feuer der Hochgefühle brennen kann. Ernst Jünger erinnert sich in seinem Essay *Der Kampf als inneres Erlebnis* an diese Feuerkur der Worte: »das Feine, das Verwickelte, die immer schärfer geschliffene Nuance, die ausgeklügelte Zersplitterung des Genusses verdampften im sprühenden Krater versunken geglaubter Triebe«.

Der Krieg ist Reinigungsdelirium. So schrieb Friedrich Gundolf zu Beginn des Krieges im August 1914, er lebe »(…) so ganz in der unzweifelhaften Gegenwart eines deutschen Volkes voll Kraft und Tüchtigkeit, in der Bewunderung dieser ungeheuren einheitlichen Kraft, die das deutsche Heer heißt, in der von Hader und Zweifel gereinigten Luft unsrer Mengen, im Glauben an einen Sieg, der das Deutschtum neu auf sich stellt«. Reinigung und Erneuerung erwartet Gundolf vom Krieg, denn die Mengen sind hefeartig durchsäuert, und das Deutschtum ist infiziert vom Fremden. So spricht ein Glaube frisch nach der Katharsis der Worte. Wörter dieses

Glaubens kommen dann aus Kanonen, aus Bordgeschützen und explodieren in Granaten. Mit diesen Wörtern werden Flugzeuge gesteuert und Füsilierkommandos befehligt. Technische Wörter, gereinigte Wörter treten an, um den Hader, die babylonischen Verhängnisse zu beseitigen. Angesichts solcher *Wiener Reichspost*-Artikel verstieg sich Karl Kraus zu der Behauptung, in den Zeitungen würde man »Federn in Blut tauchen und Schwerter in Tinte«.

Den Traum von der schlagartig gereinigten Sprache verlangt es nach einer altbekannten, immer schon genossenen Honigsorte. Nach Hobbes kommt der Krieg auch aus dem Verhängnis, das die Juristen und Philosophen den »Missbrauch von Wörtern« nennen. Friede ist Sprachpolitik auf allen Ebenen, der Wörter, der Verträge, der Versprechen, der Vermeidung falscher Lektüren. Hobbes schreibt aus der ganz aktuellen Erfahrung heraus, dass die Kriege des 16. und 17. Jahrhunderts, die Religionskriege und Bürgerkriege, aus Wortmissbrauch, aus theologischen Begriffsmonstren und scholastischen Hirngespinsten entstanden sind. Chimärenbegriffe wie »hypostatisch« oder »transsubstantiell« oder »konsubstanziell« drückten den Leuten die Musketen in die Hand. Karl Kraus dagegen wird 1914 die »Soldateska des Feuilletons« für den Ausbruch des Krieges verantwortlich machen. Aber kann man der Sprache ihre paradiesische Reinheit zurückgeben? Man müsste die babylonische Katastrophe, die viele Denker mit der Vertreibung aus dem Paradies in eins setzten, auf Dauer rückgängig machen. Nach Augustinus ist die adamitische Paradiesessünde der Grund des Krieges, und vielleicht hat darum Carl Schmitt Recht, dass die Erkenntnis des Guten und des Bösen, die Stiftung des Gesetzes, auch die Unterscheidung von Freund und Feind, die Stiftung der Politik, hervorgebracht habe.

Doch das Wunder des Krieges besteht im Auge seiner Apostel darin, dass ein Feind von außen alle Feindschaften im Innern des Volkes auslöscht. Ein Feind ist ein Segen: Die babylonischen Türme stürzen ein, ein pfingstliches Glück durchläuft das hadernde Volk, kein unverstehbares Wort kommt aus den Mündern der berauschten Krieger: Die amorphe Menge der Menschen verwandelt sich, wie Ernst Jünger schreibt, in die einzige »Masse, die nicht lächerlich wirkt: das Heer«. Und in einer Armee, die über Befehle kommuniziert, gibt es kein Missverstehen mehr.

Wahrheit

Der Krieg sagt uns die Wahrheit, die wir sonst nicht wissen. Beantwortet werden unsere metaphysischen Fragen: Was hat Gott nun vor mit der Welt? Wohin gedenkt er sie zu steuern? Welches Schwert hat er gesegnet, wenn zwei Feldherrn, zwei Volkerschaften einander waffenstarrend gegenüberstehen? Cicero billigt den Krieg als Verfahren, die Wahrheit in Erfahrung zu bringen. Kriege sind da, um Recht zu stiften. Daher gehört es zu den von Carl Schmitt so genannten »Hegungen« des Krieges, dass seine Ergebnisse anzuerkennen sind. Die Gewalt erzielt ein Ergebnis, das rechtens ist, weil es Gottes Willen zum Ausdruck bringt. Auch dies ist ein Gedanke aus der Tiefe der Tradition. Dante erklärt im 9. Buch seiner Schrift *De monarchia*, dass das Kriegsduell dort geboten sei, wo das menschliche Urteil versagt, weil es ins »Dunkel des Unwissens« (tenebrae ignorantiae) getaucht ist. Nur ein solches Fiasko des menschlichen Urteils, nur die in Nacht getauchte Erkenntnis über die Fortsetzung der Weltgeschichte erlaubt den Krieg. Daher soll nach Dante im Kriegsduell »ohne Hass und ohne Liebe, (...) nur aus Eifer für die Gerechtigkeit durch den gegenseitigen Zusammenprall sowohl der geistigen wie der körperlichen Kräfte ein göttliches Urteil herausgefordert werden«. Für einen Augenblick verwandelt sich Dantes Kriegstheater in einen Schauplatz der Entscheidung. Noch Grotius wird in seinem großen Buch über das *Recht des Krieges und des Friedens* das lateinische Wort »bellum« (Krieg) von »duellum« (Zweikampf) ableiten. Der Krieg ist eine Zweikampfentscheidung: Was für die mittelalterliche Rechnung der Welt im Dunkel des menschlichen Unwissens liegt, das wird durch eifriges Bestreben um Gerechtigkeit als Schwerterwette auf Gottes Willen und Vorsehung sichtbar gemacht. Der Krieg eröffnet den heiligen Schauplatz für eine im Streit kundgetane Wahrheit. Das Kriegsduell bildet den Ausnahmefall in der menschlichen Welt, der Krieg ist der theatralische Ort, wo die Nacht über dem Wissen dämmert, wo wir einen kurzen Blick auf die himmlischen Absichten werfen, wo der sonst unentzifferbare Plan der Geschichte einmal gelesen wird. Doch sieht nicht nur die mittelalterliche Kriegstheorie im Los, im kontrollierten Zufall Gottes Hand winken. Auch Goethe lässt seinen Helden Eduard aus den *Wahlverwandtschaften* eine solche Wette auf den Willen des Schicksals abschließen. Eduard liebt es, das Los entscheiden zu lassen. Da sich vor seiner Liebe zu Ottilie die Hindernisse zu türmen beginnen, zieht er in den Krieg. Nachdem er diese Wette auf Leben und Tod gewonnen hat, kehrt er zurück und glaubt sich in seiner Leidenschaft vom Himmel begünstigt. Goethe, der kriegserfahrene Erzähler, lässt Eduard in dieser Täuschung. Auch Ernst Jünger glaubt an die Danteske Losidee, wenn er in seiner Kriegserinnerung schreibt: »Der Kampf ist immer noch etwas Heiliges, ein Gottesurteil über zwei Ideen.«

Grotius brachte nicht nur »bellum« in eine Wortverwandtschaft mit »duellum«; er leitete »ius« (Recht) auch von Jupiter ab. Der Krieg bietet auch Einblicke in den dauerhaften Willen der Götter oder der Natur, die in Rechts- und Gesetzesform niedergelegt sind. Der Stein, der fällt, der Löwe, der seine Pranke hebt, der Mann, der das Schwert zieht – alle folgen dem *Recht*, das dies befiehlt. So lehren es nämlich die römischen *Institutionen*: »Naturrecht ist das, was die Natur alle Lebewesen gelehrt hat. Denn dieses Recht ist nicht allein dem Menschengeschlecht verliehen, sondern allen Lebewesen, die es in der Luft, auf dem Lande und im Wasser gibt.« Daher taugt die Frage nach dem Recht der Waffen hier nicht. Die Natur hat alle Lebewesen den Krieg gelehrt. Allein die Menschen verfügen über das Recht. Aber das Recht dient nicht als Maßstab oder zum Urteil über die Gerechtigkeit des Krieges; vielmehr ist das Recht ein Prüfstein für die Erfolgsaussichten des Feldzugs. Properz dichtete, dass dem Soldaten, der seine Sache als Unrecht erkennt, vor Scham das Schwert aus der Hand fällt.

Oder ist der Krieg das große blutige Ereignis, das die Weltenwende ankündigt? Ernst Jünger schreibt zu Beginn der Kampf-Essays: »Zuweilen erstrahlt an den Horizonten des Geistes ein neues Gestirn, das die Augen der Rastlosen trifft, Verkündigung und Sturmsignal einer Weltwende wie einst den Königen aus dem Morgenlande.« So offenbart der Krieg einfach das, was in einer groben Täuschung die Leute »Geschichte« nennen: das Journal der zyklischen Zerstörungen, die die Kriegsherrn über die Welt verhängen, um ihr allein diese Offenbarung der Gewalt zu schenken.

Menschenkunde

Nicht nur die Wahrheit über Gottes Willen und die Prinzipien, wohin er die Geschichte steuert, ist die Gabe des Krieges. Der Krieg unterrichtet uns über die Menschen. Die Neuzeit begründet das Recht auf seiner sorgfältig studierten Natur. Staatsgesetz und Kriegsrecht schreiben angewandte Anthropologie: Grotius, Hobbes, Pufendorf, Rousseau mühen sich ab an der Entzifferung jener geheimnisvollen Schrift, der Gesetze und Regeln, die nach naturrechtlicher Vorstellung in die Herzen aller Menschen eingetragen ist. Im Krieg wird diese Geheimschrift plötzlich lesbar. Das kann zweierlei heißen. Der Krieg gibt uns Tugend und Edelmut zu lesen; oder der Krieg teilt uns die bestialische Wahrheit mit. Hobbes beschreibt den Kriegszustand als Naturzustand aller Menschen: Im Krieg beobachten wir den Menschen in freier Wildbahn und sehen, dass er ein Wolf ist. Die Wolfsnatur ist Inbegriff einer vollständigen Souveränität. Der Menschenwolf beißt und heult, und ein Ende dieses Bestienwesens zeichnet sich erst dann ab, wenn diese Menschenwölfe ihre Souveränitäten an einen Einzelsouverän abtreten: Das vollzieht der Gesellschaftsvertrag. Dann entsteht das gewaltige Staatsungeheuer, dem Hobbes den Namen *Leviathan* gegeben hat. Alle Gewalt geht nun vom Leviathan aus.

Was für einen menschenkundlichen Honig gibt uns der Krieg sonst noch zu schmecken? Wir sehen im Krieg, wie richtig die juristische Anthropologie des Hobbes ist; aber der Staat macht diese Bestie nicht endgültig zahm. Nietzsche gab diesem Befund im elften Abschnitt der *Genealogie der Moral* eine prägnante Gestalt. Wo der Krieg beginnt, sind die Menschen »nicht viel besser als losgelassne Raubtiere«: »Sie geniessen da die Freiheit von allem socialen Zwang, sie halten sich in der Wildniss schadlos für die Spannung, welche eine lange Einschließung und Einfriedung in den Frieden der Gemeinschaft giebt, sie treten in die Unschuld des Raubthier-Gewissens *zurück*, als frohlockende Ungeheuer, welche vielleicht von einer scheußlichen Abfolge von Mord, Niederbrennung, Schändung, Folterung mit einem Übermuthe und seelischen Gleichgewichte davongehen, wie als ob nur ein Studentenstreich vollbracht sei, überzeugt davon, dass die Dichter für lange nun wieder Etwas zu singen und zu rühmen haben. Auf dem Grunde aller dieser vornehmen Rassen ist das Raubthier, die prachtvolle nach Beute und Sieg lüstern schweifende *blonde Bestie* nicht zu verkennen; (...) Die vornehmen Rassen sind es, welche den Begriff ›Barbar‹ auf all den Spuren hinterlassen haben, wo sie gegangen sind.«

Nietzsches »blonde Bestie« ist der Ausnahmezustand des zivilisierten Menschen, der zu seiner Natur, zu seiner glücklichen Wolfsnatur zurückgefunden hat. Er holt sich seine Souveränitätsrechte zurück. Erst nachdem er die alten Bestientriebe ausgelebt hat, kehrt er beruhigt in den Käfig der Gesellschaft zurück und überlässt die Chronik der Greuel den Dichtern. Der Krieg errechnet die Bilanz der anthropologischen Verluste, die die zivilisatorische Dressur der Menschennatur abzwingt. Ach, was wird aus diesen edlen Kriegern in der dekadenten Kultur gemacht! Alexander der Große frisst aus der Hand; Tamerlan gibt Pfötchen. Das ist die Wahrheit des Krieges, und alle Hegungen dieser Gewalt laufen nur auf die Unmöglichkeit hinaus, die Wildnis zu zivilisieren. Und der Menschenkundler Ernst Jünger weiß das auch: »Noch immer ist viel Tier in ihm, schlummernd auf den bequemen, gewirkten Teppichen einer polierten, gefeilten, geräuschlos ineinandergreifenden Zivilisation (...); doch wenn des Lebens

Wellenkurve zur roten Linie des Primitiven zurückschwingt, fällt die Maskierung: nackt wie je bricht er hervor, der Urmensch, der Höhlensiedler in der ganzen Unbändigkeit seiner entfesselten Triebe.«

Aber welcher Triebe? Der illusionslose Menschenkundler Hobbes sagte dazu: »So halte ich an erster Stelle ein fortwährendes und rastloses Verlangen nach immer mehr Macht für einen allgemeinen Trieb der gesamten Menschheit, der nur mit dem Tode endet.« Dieser Befund wird dann von Sigmund Freud in seiner Abhandlung *Jenseits des Lustprinzips* als Summe der Kriegserfahrung von 1914 bis 1918 verschärft. Müssen wir nicht diesem Trieb, der bis in den Tod hinein dem Gesetz der Macht Gehorsam leistet, müssen wir nicht diesem besonderen Trieb, diesem paradoxen Trieb, da doch sonst alle Triebe dem Leben dienen, den Namen *Todestrieb* geben? Aber Freuds kühne Spekulation über den Todestrieb, über das rätselhafte Spiel, das den Menschen entschlossen durch Leid und Wiederholungsleid in den Tod geleitet, fügt der Menschenkunde der Hobbes und Nietzsches noch etwas hinzu. Es ist das Unbewusste. Der Todestrieb, der Kriegstrieb, der Bestientrieb sind nicht bewusstseinsfähig. Sie können nicht sagen, was sie wollen. Der Zorn des Achilles, der Honig des Xerxes sind nach Freud nur Metaphern, die anzeigen, dass diese Menschennatur von sich nichts weiß. Sie kann nur blind und zerstörungsmächtig das tun, was ihr aufgetragen ist: bis in den Tod hinein dem rastlosen Verlangen nach mehr Macht gehorchen. Das hieße: Nicht eigentlich Honig ist das Ziel, sondern der Nektar, den die Unsterblichen trinken.

Dennoch stellt sich die Frage, warum diese Bestien, die machtbesessenen Wolfsmenschen, auch den Frieden lieben. Warum tauchen sie wieder ein in die Zivilisation? Warum erfreuen sie sich dann der Gesänge der Dichter? Warum maskieren sich die Bestien als zivilisierte Bürger? Warum, so wird dann Kant fragen, berufen sich die Kriegsherrn doch immer auf Recht, wenn sie ihre rechtlosen Kriege führen? Die entscheidende Frage, die im stummen Dialog zwischen Hobbes und Nietzsche oder Jünger geführt wird, ist die Frage, ob die Wolfsnatur eine gute menschliche Natur ist oder eben eine böse. Ein Denken »Jenseits von Gut und Böse«, wie es Nietzsche betreibt, lässt diese Frage jedoch fallen und geleitet den Übermenschen zurück in das große, großartige Spiel der Gewalten. Dagegen glaubt eine moderne Anthropologie daran, dass die Entscheidung für die Zivilisation und die Entscheidung für Institutionen endlich auch zu Institutionen führt, die das Zusammenleben zwischen den Nationen regeln könnten. Kant geht diesem Gedanken in seinen *Ideen zu einer allgemeinen Geschichte in weltbürgerlicher Absicht* nach. Die Übel des Krieges bilden wie einst die Übel der Natur den notwendigen, modern gesprochen: den evolutionär unentbehrlichen Impuls, um ein Gesetz des

Gleichgewichts zu finden, das diese Übel eliminiert. Die Gabe des Krieges ist seine Überwindung.

Moral

Der Krieg spendet Honig auch der Moral. Kants Gedanke, dass Kriege eine evolutionäre Notwendigkeit sind und erst die Impulse hervorbringen, um alle Übel zu beseitigen, findet seine Entsprechung in der These, dass der Krieg auch jene moralischen Kräfte mobilisiert, die sich unter Friedensbedingungen nicht entfalten können. In der *Kritik der Urteilskraft* erklärt Kant, dass sich die Bewunderung eher dem erfolgreichen Feldherrn als dem Staatsmann zuwendet, und dies hat Gründe: »Selbst der Krieg, wenn er mit Ordnung und Heiligachtung der bürgerlichen Rechte geführt wird, hat etwas Erhabenes an sich und macht zugleich die Denkungsart des Volkes, welches ihn auf diese Art führt, umso erhabener, je mehreren Gefahren es ausgesetzt war und sich mutig darunter hat behaupten können: da hingegen ein langer Friede den bloßen *Handlungsgeist*, mit ihm aber den niedrigen Eigennutz, Feigheit und Weichlichkeit herrschend zu machen und die Denkungsart des Volks zu erniedrigen pflegt.« Das ist der Moralhonig, der selbstredend auch der Bildung Kants, der römischen Bildung entflossen ist. Der Gedanke erweist sich umso mehr als Büchergedanke, wenn man dem Kriegstheoretiker von Clausewitz folgt, wonach die Moralkräfte überhaupt Gegenstand des Gefechts sind: Im Gefecht sei »der Verlust der moralischen Kräfte die vorherrschende Ursache der Entscheidung«. Die Moral kommt von der Moral, sagt der Stratege.

Es ist wohl an der Zeit, dass ein Karl Marx der Kriegstheorie auftritt und die Dinge vom Kopf auf die Füße stellt. Denn nicht die Tugend führt den Krieg, sondern der Sieg in der Schlacht oder der Triumph im Krieg bringen die Moral hervor. Die Besiegten sind der Moral nicht fähig. Der Sieger setzt die Gesetze in Kraft und hilft der Moral auf die Füße; der Besiegte hingegen lässt bis zum Sieg alle Gesetze und alle Ordnung fahren. Daher auch spricht Heinrich von Kleists Kriegsherr Hermann so schreckliche Worte an die Adresse des römischen Offiziers Septimus, der ihn an die kriegsrechtlich gebotene Schonung der Gefangenen erinnert: »Du weißt was Recht ist, du verfluchter Bube, / Und kamst nach Deutschland, unbeleidigt, / Um uns zu unterdrücken? / Nehmt eine Keule doppelten Gewichts, / Und schlagt ihn tot.«

Dass die Sieger also die Gesetze diktieren, scheint mehr als selbstverständlich. Aber ein hartnäckiger idealistischer Glaube hält an der Ansicht fest, dass der Krieg eine Macht der Moralisierung und der Friede die

Ursache der Demoralisierung sei. Fichte warnte, dass der Krieg nur solche Seelen zum Heroismus erhebt, welche bereits die Kraft dazu in sich haben. Hegel tritt in die allgemeinste Sicht der Dinge ein, wenn er in einem Zusatz zu § 324 seiner *Rechtsphilosophie* von 1821 schreibt: »Im Frieden dehnt sich das bürgerliche Leben mehr aus, alle Sphären hausen sich ein, und es ist auf die Länge ein Versumpfen der Menschen; ihre Partikularitäten werden immer fester und verknöchern.« Und er hält fest, dass durch den Krieg »(...) die sittliche Gesundheit der Völker in ihrer Indifferenz gegen das Festwerden der endlichen Bestimmtheiten erhalten wird, wie die Bewegung der Winde die See vor der Fäulnis bewahrt, in welche sie eine dauernde Ruhe oder gar ein ewiger Friede versetzen würde«. Auch an dieser Bemerkung erkennen wir die fatalen Folgen der gymnasialen Bildung, vor der bereits Hobbes gewarnt hat. Sie beruft sich auf die Darstellung und Selbstdarstellung des Untergangs des Römischen Reiches, wie sie noch 1787 Edward Gibbon in zwei Bänden ausgebreitet hat.

So diktiert der Krieg den Philosophen drei Sorten von Moral in die Federn: einmal die naturrechtliche Moral, die Gott oder Jupiter in die Herzen der Menschen geschrieben hat; dann die Fortschrittsmoral, die die Hindernisse der Moral aus dem Weg räumt; und zuletzt die Moral der Fäulnisvermeidung, wie sie Hegel denkt. Hegel ebnet dabei auch Carl Schmitts *Begriff des Politischen* den Weg, wenn er in seiner *Rechtsphilosophie* die Notiz einfügt, dass auch solche Staatenbünde, die Kant in seiner Idee des »ewigen Friedens« erträumte und die eine »Familie« bildeten, einen »Gegensatz kreieren und einen Feind erzeugen« müssen.

Schönheit

Kant legte seine Erkenntnis über die moralstärkenden Einflüsse des Krieges in seiner ästhetischen Schrift über die *Urteilskraft* nieder. Aber die Wahrnehmung, dass der Krieg dem Erhabenen zugehöre und ein Gegenstand der schönen Künste sei, ist ganz und gar alt. Schon in der Antike dachte man bisweilen, dass der Krieg der Quell der Literatur sei. Dass, wie Nietzsche sagt, nach dem Gemetzel die Dichter endlich »wieder Etwas zu singen und zu rühmen haben«. Ist nicht die *Ilias* der literarische Honig, der aus dem Krieg gegen Troja floss? Ebendies steckt hinter einer Bemerkung von Diderot, der in seiner Abhandlung *Über die dramatische Kunst* aus dem Jahre 1758 erklärt, dass der Krieg auch der Vater der Musen sei. Diderot schmeckte die ganze Poesie als postkriegerischen Honig ab: »Eben dann, wenn die helle Wut des Bürgerkrieges oder wenn der Fanatismus den Menschen die Mordwaffe in die Hände drückt und wenn das

Blut in großen Strömen über die Erde vergossen wird, dann rauscht und grünt der Lorbeer Apolls. In Zeiten des Friedens und des Müßiggangs welkt er dahin. (...) Wann sieht man, dass Dichter geboren werden? Nach Zeiten der Katastrophe und großen Unglücks; wenn die gepeinigten Völker wieder zu atmen beginnen.« Und auch Victor Hugo glaubte, dass die »größten Dichter der Welt nach großen öffentlichen Desastern auftreten«.

Und so mobilisieren die Dichter ihre kräftigsten, unbändigsten und schönsten Worte, wenn es gilt die Zerstörungen des Krieges auf ein Panorama zu ziehen. Noch einmal ein Beispiel aus Christian Dietrich Grabbes Napoleon-Drama, wo ein französischer Obrist die Geschehnisse der Schlacht in erhabene Prosa fasst: »meilenweit die Luft nichts als zermalmender Donnerschlag und erstickender Rauch – darin Blitze der Kanonen, flammende Dörfer wie Irrlichter, immer verschwunden immer wieder da –, der Boden bebend unter den Sturmschritten der Heere, wie ein blutiges, ein zertretenes Herz, – Geschrei laut ausgestoßen, kaum vernommen (...)«.

Bisweilen verändern die Dichter auch den Ton, wenn es gilt, brennende Dörfer zu beschreiben. So Louis-Ferdinand Céline in seinem Roman *Reise ans Ende der Nacht*: »Und an allen weiteren Abenden dieser Zeit flammten viele Dörfer am Horizont auf. Es geschah immer wieder. Als würde in weitem Umkreis ein sonderbares Fest gefeiert, vor uns und auf beiden Seiten brannte die Landschaft, und Feuerzungen stiegen auf und leckten nach den Wolken. Alles ging in Flammen auf, Kirchen, Scheunen, eine nach der andern, und Heuschober, aus denen die Flammen höher und höher bewegter schlugen als aus allem andern, Dachgerüste richteten sich senkrecht in der Nacht auf, umbartet von Flämmchen, ehe sie leuchtend zusammenstürzten.« Das Kriegsfeuer bringt Poesie hervor. Und sogar Proust zieht in *Die wiedergefundene Zeit* das kunstmächtigste Register, wenn er einen feindlichen Flugangriff auf Paris mit dem Walkürenritt vergleicht, als wolle er das Drehbuch zu Francis Ford Coppolas »Apocalypse now« aufs Jahr 1914 umschreiben: »Die Stadt war wie eine schwarze Masse, die plötzlich aus den Tiefen der Nacht ins Licht des Himmels rückte, wenn ein Flugzeug nach dem anderen auf den gellenden Anruf der Sirenen in die Höhe schnellte, während mit einer langsameren, aber um so tückischeren und beunruhigenderen Bewegung (...) die Scheinwerfer unaufhörlich umhertasteten, den Feind aufspürten und mit ihrem Licht einkreisten bis zu dem Augenblick, da jäh beschwingt sich die Flugzeuge auf ihn warfen. Geschwaderweise stiegen nacheinander die Flieger aus der in den Himmel entrückten Stadt walkürengleich empor.«

Geben wir dem Dichter Ernst Jünger noch einmal das Wort. Sein Krieg bringt alles zugleich hervor: den Mut, die Kühnheit, aber vor allem auch die Worte, die ihren Ruhm besingen und festhalten: »Gerade in Stunden, wo die fürchterliche Wucht der Dinge die Seele weich zu hämmern drohte, fanden sich Männer, die achtlos darüber hinwegtanzten wie über ein Nichts. Und jene einzige Idee, die sich für Männer geziemt: dass die Materie nichts und der Geist alles ist, jene Idee, auf der allein die Größe des Menschen beruht, wurde durch sie ins Paradoxe überspitzt. Da empfand man, dass diese Häufung von Knalleffekten, diese brüllenden Stahlgewitter, mochten sie noch so gierig sich bäumen, doch nur Maschinerie, nur Theaterkulissen waren, die erst Bedeutung erlangten durch das Spiel, das der Mensch vor ihnen spielte.«

Technik: Honig von gläsernen Bienen

Ernst Jüngers Kriegsdichtung, die wie der Mut, der Todesmut, die erhabene Todesverachtung als wunderbares Produkt vor den Feuerschlünden des modernen Krieges auftaucht, ist ein kühnes und einzigartiges Dokument jenes Trotzes gegen die Mächte, die die Endlichkeit bestimmen. Deshalb schuf er ein poetisches Dokument, das alle Gesänge auf den Krieg als Vater des Fortschritts und der Technik zum Verstummen bringt: die Erzählung *Gläserne Bienen.*

Der Kriegsenthusiast als Technikskeptiker. Das ist neu. Eine ganze Geschichtsschreibung wollte dem Schießpulver zivilisationsbildende Tugenden nachsagen. Johann Gottfried Herder zum Beispiel ließ die Fortschritte der Kriegstechnik mit dem Fortschritt der Humanisierung zusammenlaufen: »Je mehr der Streit eine durchdachte Kunst ward, je mehr insonderheit mancherlei mechanische Erfindung zu ihm traten, desto mehr ward die Leidenschaft einzelner Personen und ihre wilde Stärke unnütz.« Eine positive Dialektik der Aufklärung sorgt dafür, dass der Krieg die technischen Mittel seiner eigenen Zähmung hervorbringt. Vielleicht hat sich dieser Gedanke ja tatsächlich mit einer zweihundertjährigen Verspätung durchgesetzt. Doch der große Optimismus entstammt mitsamt seinem Zwilling, dem Pessimismus, dem 20. Jahrhundert. Der Optimismus fragt: Hat uns nicht der Krieg das Flugzeug, das Radio, hat nicht das Radar das Fernsehen hervorgebracht? Haben nicht die Raketen den Mond in Reichweite geholt, und tragen nicht die Satelliten zu unser aller Erbauung und zu intimster Kommunikation über Kontinente bei? Verdanken wir nicht den militärischen Geheimdiensten den Computer und das Internet? Allerdings: Alle diese süßen Kommunikationshonigsorten kommen aus den Händen von Väterchen Krieg. Dem Pessimismus und der Prophetie des bitteren Honigs leiht Paul Virilio seine ganze Kraft, indem er nicht müde wird, die aus dem Abgrund der Militärtechnologie auftauchenden Gefahren und Risiken zu beschreiben. Die Menschheit erzeugt um sich herum ein Milieu von Maschinen, das sie selbst zu einer hominiden Dinosaurierart mutieren lässt, der auf Erden nicht mehr viel zu tun übrig bleibt. Ja, es bleibt ihr bald nicht einmal mehr Gelegenheit, jenen erhabenen Übermut zu zeigen, von dem Ernst Jünger schwärmt.

Ernst Jünger hat in der Erzählung *Gläserne Bienen* von 1957 eine poetische Allegorie dieser Milieus, dieser Mechanisierung der Welt und der Natur verfasst. Es ist eine negative Utopie. Erzählt wird von dem reichen Erfinder Zapparoni, dem es gelingt, gläsernen Bienen, aber auch künstliche Menschen (für ein Marionettenspiel) zu konstruieren, die ihren natürlichen Verwandten in jeder Hinsicht überlegen zu sein scheinen. Was vermögen diese künstlichen, gläsernen Insekten? »Die gläsernen Geschöpfe machten den Eindruck von Luxusautomaten – ich hielt es für möglich, dass jedes einzelne soviel wie ein guter Wagen oder gar wie ein Flugzeug kostete. Gewiss würde Zapparoni sie nach ihrer Erprobung in Serie herstellen, wie das mit allen seinen Erfindungen geschah. Offensichtlich konnte er mit einem solchen Volk, ja vielleicht mit einer einzigen gläsernen Biene an einem Frühlingstage mehr Honig gewinnen als ein Naturschwarm in einem Jahr.«

Der Erzähler gibt dann auch zu verstehen, dass diese Erfindung und die Konstruktion der künstlichen Hominiden eben für sich eine Tragödie darstellen. Nicht weil das ein Ausdruck von Hybris ist, nicht weil die Erfindung in einer tragischen Dialektik die Menschen selbst auslöscht; vielmehr sieht er eine ästhetische Tragödie heraufdämmern, weil mit der Maschine der Triumph des Endlichen vollendet sein würde. Der Sieg der gläsernen Bienen brächte auch die Herrschaft einer künstlichen Süßigkeit, nach der es keinen Helden mehr verlangen würde.

Schweigen

Ist Schweigen eine Honigsorte? Ebendas wollen wir zum Schluss behaupten. Nicht alles Schweigen ist süß, denn es gibt angenehme, sagen wir ruhig: schöne Sprachgeräusche. Das Schweigen vor dem Kriege jedoch – das wäre das allerschönste Menschengeräusch. Selbst wenn nicht zu leugnen ist, dass manche Philosophenworte, Dichterworte oder auch Kriegsherrenworte den Krieg und seine blutigen Gespenster in einen Rahmen aus schönen Worten fassen, so wäre doch das Schweigen, zumal der Intellektuellen, im Augenblick des Krieges das höchste Wunder.

Im Dezember 1914 hielt Karl Kraus eine Ansprache, in der der sprachmächtigste Mann seiner Zeit diesen Gedanken so pointierte: »Wer etwas zu sagen hat, der trete vor und schweige! Auch alte Worte darf ich nicht hervorholen, solange Taten geschehen, die uns neu sind und deren Zuschauer sagen, dass sie ihnen nicht zuzutrauen waren.« Wenn Karl Kraus auch kein Schweigen anstimmte, als er so sprach, waren es doch Worte, die die Tragödie des Sprechens vernehmbar machten, wo das Sprechen seine ganze Kraft gebrochen fühlte. Was so schweigt, ist ein markiertes Schweigen. Und ganz in der gleichen Form reagierte Karl Kraus auf die Machtergreifung der Nazis 1933, als er die Verse schrieb: »Das Wort entschlief, als jene Welt erwachte.«

Kann man eine Eloge auf das Schweigen verfassen, ohne durch die Paradoxie gewürgt zu werden? Und doch boten die vergangenen Jahre Anlass zu solchem Schweigen, als der Westen sich mehrfach auf Kriege einstimmte und einstimmig sein Recht auf diese Kriege verlautbarte, im Golfkrieg, im Krieg gegen Jugoslawien, zuletzt im Krieg gegen die Taliban in Afghanistan. Gerade dann, wenn die Frage des Rechts und der Gerechtigkeit durch Waffen entschieden wird, ist es an denen, die die Worte verwalten, zu schweigen. Die Waffengänge im Namen der großen Werte sollten das Sprechen in jene Scham bannen, die sich nur durch Stummheit kundtun kann. Es gibt auch einen Verrat an den Wörtern, den die Vikare der Sprache, die Schriftsteller aller Gewerbe, nicht begehen dürften. Es gibt vielleicht keinen Treueid für das Sprechen, keinen Amtseid, und doch ist das Amt des intellektuellen Sprechers, des verantwortlichen Sprechers, des Sprechers der Verantwortung, eine Verpflichtung. Das Naturrecht, das die Frage nach dem Ursprung, nach dem Recht, nach dem Wesen des Krieges stellte, stellte den »Missbrauch der Wörter« ins Unrecht. Niemand weiß, wer diesen Missbrauch anklagen könnte; aber das Schweigen wäre der sicherste Schutz dagegen.

Daniel Kothenschulte
Lohn der Angst

DIE GEWALT IM KINO

»Want me to draw you a picture?« Johns Waynes Antwort könnte nicht ungehaltener ausfallen. Wie soll schon die Leiche jenes von Indianern geraubten Mädchens namens Lucy aussehen, das die »Searchers« in John Fords gleichnamigem Western von 1956 zu suchen aufgebrochen waren?

»Soll ich etwa ein Bild zeichnen?« Nicht jeder Filmemacher artikuliert seine Vorbehalte gegenüber der Darstellung von Gewalt und ihren schrecklichen Relikten so entschieden, wie es John Ford in seinem heute wohl berühmtesten Western getan hat. »The Searchers« ist ein hochstilisierter Film, jede Aufnahme ist mit Bedacht kadriert, mitunter deutlich orientiert am Lieblingsmaler des Regisseurs Frederic Remington. Die Bilder dieses Künstlers, die stilbildend für den Hollywood-Western wurden, verklären ihre anekdotisch dargebotenen Szenen aus dem Leben schießender Cowboys, gefährlicher Falschspieler oder mutiger Pioniere zu einem dekorativen Realismus, ohne dabei je Leid und Tod ins Auge zu blicken. Doch obwohl »The Searchers« nicht weniger geschmackvoll anzusehen ist und frei von allem, was man heute »explizite Gewaltdarstellung« nennen würde, ist es einer der grausamsten Hollywoodfilme einer Zeit, da sich der Western längst aus dem B-Film-Genre zur seriösen, programmfüllenden Erwachsenenunterhaltung aufgeschwungen hatte.

Während einer Handlungszeit von fünf Jahren bewegen sich Fords »Suchende« in einem Raum abseits der Zivilisation und einem Zustand ständiger Bedrohung. Die Gewalt ist über weite Strecken unsichtbar, und selbst ihre verheerenden Hinterlassenschaften sieht man nicht. Die grausamste Szene ist jene sich außerhalb des Kamerarahmens abspielende Rachehandlung des von John Wayne verkörperten Bürgerkriegsveteranen Ethan an einem toten Indianer: Mit zwei gezielten Schüssen schießt er der Leiche beide Augen aus, um den Toten – so erklärt er es seinen entsetzten Begleitern – auf ewig im Jenseits umherirren zu lassen. Im Kontext jener lichten, technicolorgefärbten Finsternis, in die uns John Ford schickt, liest sich diese Blendung als Versuch, eine Art Gleichstand der Verhältnisse herzustellen – und den Indianer ins Zwielicht des ewigen Schattenreichs zu verbannen, durch das die Searchers zu irren verurteilt sind.

Startete man eine Umfrage unter Filminteressierten, welche Grausamkeiten sich am tiefsten unter ihrer Haut festgesetzt hätten, man bekäme wohl kaum etwas über Blutlachen oder abgeschlagene Köpfe zu hören. Ebenso wie es eine Art Konsens darüber gibt, dass die erotischsten Filmszenen nichts mit expliziter Darstellung von Nacktheit und Sexualität zu tun haben (übrigens ein fragwürdiges Dogma, das davon ausgeht, Pornographie könne per definitionem nicht erotisch sein), gilt das Kino der Grausamkeit immer erst dann als kunstvoll, wenn es sein Sujet ins Unsichtbare rückt.

In der Tat basieren viele der erschreckendsten Momente der Filmgeschichte auf jener moralischen Vorstellung von der Hölle als einem Ort, an dem jeder Einzelne genau das zu erwarten habe, was ihn am meisten ängstigt. Alfred Hitchcock hat sich in seinen Filmen oft auf dieses allein in der individuellen Vorstellung verortete Schreckenskonzept bezogen, dem er einen Aufsatz mit dem Titel »Why I am Afraid of the Dark« gewidmet hat.

Dennoch liebte Hitchcock die Deutlichkeit des Emblematischen viel zu sehr, um sich auf das Unsichtbare zu verlassen, wie es etwa Jacques Tourneur tat, der es in seinem Horrorfilm »Cat People« fertig brachte, das Publikum allein durch ein mit den eigenen Fingern ausgeführtes Schattenspiel der Umrisse seiner Katzenfrau zu ängstigen. Hitchcock bediente sich insbesondere in seinen Filmen »Psycho«, »The Birds« und »Frenzy« jener offensiven Darstellungsmodi für Gewalt, die sich das Exploitationkino der B-Filme erstritten hatte und die er in den Kontext seriöser A-Produktionen überführte. Obwohl all diese Filme sehr ökonomisch mit dem arbeiten, was man heute Splatter- und Slashereffekte nennen würde, sind diese Inserts von Totenschädeln, herausgepickten Augen oder halbnackten Mordopfern wohlplazierte und unverzichtbare Schockmomente innerhalb der Spannungsdramaturgien. Selbst wer für sich in Anspruch nimmt, auf Gewaltdarstellungen im Kino gut verzichten zu können, würde die oft nur Sekundenbruchteile währenden Einstellungen kaum missen wollen. Es war allein die durchdachte Dosierung, mit der Hitchcock diesen Elementen des »Bad Taste«, wie Peter Jackson später eine seiner Splatterparodien nannte, ein Tor zum Mainstream öffnete. Wenn der ehemalige Splatterkönig Jackson in seinem jüngsten Werk, dem ersten Teil von »Lord of the Rings«, übrigens lediglich einen selbstreferenziellen Kopf rollen lässt, verdeutlicht dies aber auch, wie wenig sich an den Grenzen zwischen dem subkulturellen Gewaltkino zur seriösen Unterhaltung geändert hat.

Es ist eine verbreitete Vorstellung, Gewaltdarstellungen seien heute in den Medien präsenter als je zuvor. Man muss sich nur an Weegees Photographien oder Andy Warhols »Disaster Paintings« erinnern, um eine Ahnung davon zu bekommen, was man heute eben nicht mehr in den Zeitungen sieht: Opfer von Verkehrsunfällen, auf das Entsetzlichste verstümmelte Leichen, bloßgestellte Tatverdächtige und so weiter. Allerdings traf das allmähliche Verschwinden dokumentarischer Gewaltdarstellungen Ende der sechziger Jahre mit einer Tendenz zu realistischeren Fiktionalisierungen von Gewalt im Kino zusammen. Das Hollywoodkino nutzte Freiheiten, die sich aus dem Zusammenbruch des Zensurcodes ergeben hatten, der seit 1934 strikte Anwendung gefunden hatte. Es reagierte aber auch auf die Konkurrenz des europäischen Kinos, insbesondere des gewaltfreundlichen Italowestern. Die Gegenwart des Vietnamkriegs ließ überdies eine übermäßige Diskretion gegenüber Gewaltdarstellungen als wenig zeitgemäß erscheinen.

Sam Peckinpah gelang es 1969 mit den extensiven Gewaltszenen in »The Wild Bunch« jene Lücken auszufüllen, die die Western des von ihm verehrten John Ford in dieser Hinsicht gelassen hatten. In Peckinpahs Filmen wird Gewalt durch ihre orgiastisch-ausufernde Präsentation von der psychologisierenden oder moralisierenden Aufladung befreit, mit der sie bis dato im Kino verbunden gewesen war. Ähnliches leistete damals im Low-Budget-Sektor des Horrorgenres George A. Romeros »Night of the Living Dead«. In einer Zeit, da sich in den Bildmedien eine Selbstzensur gegenüber dokumentarischen Gewaltdarstellungen etablierte, die bis heute fortbesteht, nutzte das Kino eine lange unbekannte Freiheit zu ihrer fiktionalen Behandlung. An dieser Situation hat sich nicht viel geändert. Tatsächlich hat es in den siebziger, achtziger und neunziger Jahren nur noch wenige Mainstreamfilme gegeben, die einen ähnlich ausladenden Umgang mit Gewaltdarstellungen zeigen wie »The Wild Bunch«.

Während sich der Splatter- und Slasherfilm als eigenständiges Genre in der Subkultur des Horrorfilms etablierte (tatsächlich sind einige der prominentesten Vertreter dieser Filmformen wie Sam Raimis »The Evil Dead« in Wahrheit Komödien, die ihrem Publikum ohne jede Ironie Lachtränen angesichts der ins Groteske übersteigerten Verstümmelung in die Augen treiben), wagten nur noch wenige Studioproduktionen ähnliche Gewaltorgien. Erst Steven Spielbergs »Saving Private Ryan« war es vorbehalten, mit seiner mit den Mitteln des Splatterfilms inszenierten, fast halbstündigen Eingangssequenz von der Landung in der Normandie dem Mainstreamkino diese Stilmittel zu erschließen: eine in ihrer öffentlichen Rezeption durchaus der Hitchcockschen Adaption von Exploitationselementen in den sechziger Jahren vergleichbare Tat.

Seit den Anfängen der Filmgeschichte stehen Kino und Gewalt in einer engen Verbindung, die geprägt ist von wechselnden Codes und Tabus. Solange diese in irgendeiner Form bestehen bleiben – und daran gibt es in dieser Gesellschaft überhaupt kein Zweifel –, wird der Lustgewinn des Zuschauers im Verhältnis von Antizipation, Erfüllung und Übertreffen des für Gewaltdarstellungen zugemessenen Rahmens liegen. Dieser Rahmen wurde in der Filmgeschichte immer wieder neu bemessen, und wer eine lineare Entwicklung hin zur heutigen relativen Freizügigkeit annimmt, wird von der Chronologie der Entwicklung stets aufs Neue überrascht.

In der Tat wüsste auch ich kaum einen grausameren und zugleich unheimlicheren Moment in der Geschichte des Kinos als das Finale von Tod Brownings »Freaks« (1932). Nachdem der Zuschauer binnen einer Stunde auf einem Rummelplatz die absonderlichsten Deformationen der menschlichen Physis kennengelernt hat, wird er indirekt Zeuge der bestialischen Umwandlung einer attraktiven Artistin in das, wie es heißt, schrecklichste menschliche Exponat des Monstrositätenkabinettes. Aus Rache machen die »Freaks« während einer Gewitternacht aus der habgierigen Cleopatra, die aus Geldgier einem Zwergwüchsigen ihre Liebe vorgegaukelt hatte, um danach seine Ermordung zu planen, eine der ihren – nicht ohne zuvor ihren wahren Liebhaber kastriert zu haben.

Statt die Gewalttat zu zeigen, setzt der Film auf eine makabre Pointe, indem er nach einer unmissverständlichen Warnung im Dialog das ausgestellte Produkt der im Kollektiv ausgeführten Verstümmelung präsentiert: Cleopatra ist nun eine unterleibslose, mit deformierten Armen hilflos agierende »Entenfrau«. Das Bemerkenswerte an diesem Ende ist, dass der Zuschauer das Schlussbild überhaupt nicht mehr erwartet. Nach allen Kino-Konventionen hätte ein großes Hollywoodstudio (der berühmte Produzent Irving Thalberg betreute den Film für MGM) genau an dieser Stelle auf die Vorstellungskraft vertraut.

Die Pointe liegt gewissermaßen in der unerwarteten Eindeutigkeit nach dem Understatement. Tatsächlich waren auch die diesem Ende vorausgegangenen Gewalttaten im Detail inszeniert und gedreht worden. Nach einer verheerenden Testvorführung entschloss sich das Studio jedoch, auf ihre Verwendung zu verzichten. »Halfway through the preview, a lot of people got up and ran out«, erinnerte sich später Ausstatter Merrill Pye. »They didn't walk out. They *ran* out.« Eine Zuschauerin der Preview versuchte später, das Studio wegen einer erlittenen Fehlgeburt zu verklagen. Dieses Beispiel zeigt, dass das Verhältnis von Andeutung und Ausführung im Kino der Gewalt weder mit Zensurcodes noch der größtmöglichen Angleichung an gestalterische Ideale zu erfassen ist.

Das Unsichtbare und das Überdeutliche sind zwei gleichberechtigte Optionen.

Tod Brownings Hauptwerke der zwanziger Jahre sind berühmt für ihr abgründiges Spiel mit der dunklen Phantasie. Sie leben vom guten Glauben des Zuschauers, bestimmte Gemeinheiten zwar für denkbar zu halten, aber offenbar selbst der finsteren Phantasie eines Filmautors nicht zuzutrauen. Die schlimmsten Schrecknisse, die Brownings Filme zu verbreiten wissen, nähren sich aus der Urangst vor der Verstümmelung des Körpers. Dabei ist es der Kunstfertigkeit des Regisseurs überlassen, die bösen Wahrheiten zu zeigen oder sich mit Andeutungen zu begnügen.

»The Unknown«, der Titel seines berühmtesten Stummfilms, ist da durchaus programmatisch: Hollywoodstar Lon Chaney spielt einen Zirkusartisten, der als armloser, aber fußgewandter Messerwerfer auftritt und in seine attraktive menschliche Zielscheibe Joan Crawford verliebt ist. Das trifft sich gut, da diese – offenbar nach einer Vergewaltigung – eine tiefe Abscheu vor muskulösen Männerarmen empfindet. Dies hindert sie auch zunächst daran, die Offerten eines attraktiven Trapezkünstlers in Betracht zu ziehen. Doch auch Chaney besitzt durchaus ansehnliche Arme, die ihm in einem zwielichtigen Vorleben offenbar von Nutzen gewesen sind und die er nun vorsichtshalber in einem Korsett versteckt. Um sich seiner Geliebten aber endlich offenbaren zu können, erpresst er einen Chrirurgen, ihn der Extremitäten doch noch zu entledigen. Von der Operation heimgekehrt, muss er dann allerdings erfahren, dass seine Angebetete ihre Phobie inzwischen in den Armen des Artisten glücklich überwunden hat und der Heirat mit ihm entgegensieht. Der nun zum Buddy degradierte Chaney wird gebeten, bei dessen neuer Nummer zu assistieren: Ihm fällt so die Hebelgewalt über ein Laufband zu, auf dem zwei Pferde in entgegengesetzte Richtung traben, die der Kraftartist an den Zügeln zusammenhält. Stoppte das Laufband, risse es ihn entzwei. Chaney weiss, was er zu tun hat; doch die Manipulation schlägt fehl, und er wird von den Pferden zertrampelt. Jede Wendung dieser Geschichte ist eigentlich vorhersehbar, wird in ihrem tatsächlichen Eintreten allerdings kaum für möglich gehalten. In diesem Fall kann Browning getrost darauf verzichten wie im späteren »Freaks« die letzte physische Deformation im Bild zeigen.

Nicht anders als Tod Brownings Star Lon Chaney, der unter dem Spitznamen »The Man with a Thousand Faces« stets in neuen, mitunter erschreckenden Verkleidungen auftrat, erlebte auch die Gewalt in der Filmgeschichte eine lange Karriere in verschiedensten Verkleidungen. Getreu dem Motto eines windigen Zauberkünstlers, der sich auf das Verschwinden spezialisiert hat – »Now you see me, now you don't« –, konnte sie in Abhängigkeit von Zensurnormen und öffentlichen Moralvorstellungen im Unsichtbaren überleben, um in den vergangenen drei Jahrzehnten eine Phase der Ominpräsenz und Überdeutlichkeit durchzumachen. Doch schon in seinen ersten Anfängen entdeckte das Kino jene Affinität zur Gewalt, die bis heute andauert, und man kann darüber streiten, ob sie in Zeiten offener oder verklausulierter Darstellungformen ihre größere Wirkung erzielte. Die beiden grausamsten Filme, die ich kenne, datieren jedenfalls aus der frühen Filmgeschichte. Sie entstammen einer Zeit, als das Tabu gegenüber dokumentarischen Darstellungen von Gewalt, das wir heute kennen, noch nicht existierte, verfolgen jedoch auch keine didaktischen Ziele, wie das heute von Dokumentarfilmen erwartet wird. Es sind reine Unterhaltungsfilme, die in ihrer naiven Sensationslust zur Entstehungszeit vermutlich jenes Erschrecken gar nicht intendierten, das sie heute verbreiten können, da wir der Authentizität des Gezeigten unvorbereitet gegenüberstehen.

Auf 1912/13 wird ein Vierminutenfilm der US-Produktionsfirma Kalem datiert, der sich im Nederlands Filmmuseum unter dem lakonischen niederländischen Verleihtitel »Een strijd tusschen wilde dieren« erhalten hat. Die beiden Tiere, die sich da streiten, tun dies zur Freude der Dritten in aller Öffentlichkeit. In einer gut besuchten Arena werden ein Tiger und ein Stier aufeinander losgelassen. Der stattliche Tiger ist völlig hilflos gegen das spanische Temperament und Gehörn seines Gegners, der ihn nach gut drei Minuten aufgespießt und überrannt hat. Der kleine Film lief 1993 beim Stummfilmfestival von Pordenone zum Entsetzen des Publikums in der Reihe »Good Night Silents«.

Ein zweiter Kandidat für den grausamsten Film ist noch älter: die Edison-Produktion »Electrocution of an Elephant« datiert aus dem Jahre 1909. Thomas A. Edison dokumentiert darin die von ihm selbst vorgenommene Exekution des Elefanten Topsy durch elektrischen Strom. Der Film zeigt nichts als den Vorgang selbst: elektrische Kontakte an den Füßen des Tieres verrichten mit starker Rauchentwicklung ihr tödliches Werk und bringen es binnen weniger Sekunden zu Fall. Wie der Schaukampf-Film zeigt »Electrocution of an Elephant« nichts als das Ereignis selbst, was den Zuschauer ohne Vor- und Nachbereitung ganz dem verstörenden Schauspiel überlässt. Edisons Film entspricht in der Form seinen frühesten Filmen aus den neunziger Jahren des 19. Jahrhunderts, die ähnlich denen der Gebrüder Lumière Wirklichkeitseindrücke ohne schriftliche Erläuterungen oder gar Formen der Fiktionalisierung präsentierten. Dabei war Topsy in jener Zeit ein »Household Name«: Der Elefant, der mitgeholfen hatte Cony Island zu errichten, hatte auf dem Vergnügungspark drei Menschen getötet, darunter einen Betrunkenen, der ihn mit einer brennenden Zigarette gefüttert hatte. Nachdem der Tierschutzverein ein Erhängen des Dickhäuters verboten hatte, nutzte Edison die Gelegenheit, eine Lanze für den von ihm präferierten Wechselstrom zu brechen, den er auch für das menschliche Hinrichtungsgeschäft für effektiver hielt als Gleichstrom.

Nachdem hier ausführlich vom Spiel mit Zuschauererwartungen die Rede war, von gezielten Tabubruchen und ästhetischen Kontextverschiebungen zwischen Sub- und Mainstreamkultur, bleibt doch gerade dieser Film, der aus nichts als Ursache und Wirkung besteht, in seiner Wirkung unübertroffen. In seiner Einfachheit könnte er das Vorbild für die abgefilmten Aktionen des Schweizer Künstlers Roman Signer sein, der einen Stuhl zeigt, dem nacheinander die Beine weggesprengt werden, oder ein Haus, dessen Dach mit lautem Getose gen Himmel fliegt. Signer zeigt einen Koffer, an dessen Griff ein langes Seil und daran wiederum ein Stein befestigt ist. Wenn er den Stein über ein Brückengeländer wirft, folgt, so sicher, wie uns die Schwerkraft am Boden hält, einige Sekunden später auch der Koffer. Man kann sich der Freude am Eintreten des Erwarteten nicht entziehen.

Es ist wie die naive Verweigerung gegenüber allem, was Hitchcock stolz »Suspense« genannt hat: Der Zuschauer weiß von der Bombe unter dem Tisch und erwartet mit Spannung das Nichteintreten des Erwarteten. Hitchcock hat einmal gegen dieses Prinzip verstoßen und es zeitlebens bereut. Das war in »Sabotage«, als er einen kleinen Jungen mit einer Bombe eine Straßenbahn betreten ließ, die dann auch tatsächlich explodiert. Man kann sich gut vorstellen, dass Edison und seine Zuschauer ebenso freudig auf das Eintreffen des erwarteten Todes des Elefanten Topsy reagierten, wie wir heute dem Verschwinden von Signers Koffer entgegenfiebern. Packinpah hätte es nicht anders gesehen: Vielleicht ist es das, was dem Wesen der Gewalt von allen Darstellungsformen, die das Kino in hundert Jahren erdacht hat, doch noch am nächsten kommt. Sie tritt ein, und es gibt nichts, was wir dagegen tun können.

Rainer Maria Kiesow
Überwachen und Rächen

Todesstrafe live

Es blieben nur Zeugnisse. Ausgewählte, perspektivische, exklusive, mündliche und schriftliche Berichte, später auch vereinzelt bunte Bilder. Nur wenige durften Urheber dieser Zeugnisse sein. Aber alle konnten, so sie wollten, die Zeugenaussagen lesen und sehen, in der Zeitung, am Tag danach, oder in Prozessen, Jahre später. Was erfuhr man aus den Zeugnissen? Drei Überleitungen vom Leben zum Tod.

Etwa den Verlauf und das Ergebnis des aufsehenerregendsten und bedeutsamsten Experiments in der seinerzeitigen Geschichte der Elektrizität und der seinerzeitigen Geschichte der Todesstrafe. Die *New York Times* berichtete am 6. August 1890, was die wenigen zugelassenen Zeugen, Experten ihres Faches, vor allem Elektriker und Mediziner, am Morgen zuvor gesehen hatten – die erste Hinrichtung auf einem elektrischen Stuhl, nachdem in New York 1888 als erstem amerikanischem Staat der Vollzug der Todesstrafe durch »Electrocution« eingeführt worden war. Sie konnten sehen und vom Tod des ersten Nutznießers der lang diskutierten und ersehnten Hinrichtungsmethode erzählen, die für das Ende des 19. Jahrhunderts das bedeuten sollte, was die Erfindung des Arztes Guillotin für das Ende des 18. Jahrhunderts bedeutet hatte: einen humanitären Fortschritt. Sie sahen, was die sich vor den Gefängnistoren von Auburn im Staate New York drängelnde Menschenmenge nicht sehen konnte. Sie sahen eine humanitäre Katastrophe. Am 5. August 1890, um 6.42 Uhr wurde William Kemmler als Folge eines im Rausch ausgeführten Axthiebes auf seine Geliebte zu Tode getoasted. 17 Sekunden Strom, Wechselstrom, der im Vergleich zu Edisons Gleichstrom gefährlichere Saft von Westinghouse, reichte nicht aus. Kemmler the First, so nannte ihn die *New York Times* noch im Frühjahr, ganz entzückt von der neuen Apparatur des Todes, war nicht tot! Der Strom musste nochmals angestellt werden. Der Toast war dem Tod von der Schippe gesprungen, doch der Toaster wurde erneut zum Glühen gebracht. Das Fleisch brutzelte, die Blutgefäße platzten, die Haare schmorten – es muss entsetzlich gestunken haben.

»Kemmler was literally toasted to death« – so das zeitgenössische Zeugnis.

Oder Pedro Medina. Der Mörder einer Schullehrerin. Er sprach nach deren Tod mit ihr und auch mit Anne Frank und Albert Einstein. »I am still innocent« sollen seine letzten Worte gewesen sein, bevor er am 25. März 1997 in Florida hingerichtet wurde. Die Zeugen seines Todes sahen ein filmreifes Spektakel. Horror. Irgendetwas ging schief, als der Strom angestellt wurde. Medina begann zu brennen. Aus der Maske, die seinen Kopf ummantelte, schlugen blaue und orangefarbene Flammen. Einen Fuß hoch. Zehn Sekunden lang. Dicker weißer Rauch füllte die Todeskammer. Es roch nach verbranntem Menschenfleisch. Ein Zeuge, so war in der *Los Angeles Times* am Tag danach zu lesen, sagte, es sei schrecklich, der Kopf ein einziges Feuer gewesen. Der kubanische Einwanderer wurde nach 17 Jahren USA bei lebendigem Leibe verbrannt.

Und es gibt Bilder: Das weiße Button-down-Hemd ist weit geöffnet. Die Partien der Knopf- und Lochleiste sind blutgetränkt. Auf der breiten, leicht behaarten Brust trocknet in der Mitte ein starker Blutstrom, der am Hals beginnt. Richtung Bauchnabel erscheint das Blut auf der Haut verwischt. Am Hals hängt locker ein breiter hellbrauner Lederriemen. Am linken Nasenloch gerinnt Blut. Der leicht geöffnete Mund ist sauber. Der Nasenansatz ist eingekerbt, das unmittelbar darüber liegende Stirndreieck violett gesprenkelt. Die Augen sind geschlossen. Dunkle Höhlen, überwölbt von üppigen Augenbrauen, starren den Betrachter an. Das Gesicht des vollständig kahlen massigen Kopfes wirkt verkrampft und ruhig zugleich. Als ob die Ruhe während des Krampfes eingetreten wäre. Die Ruhe ist während des Krampfes eingetreten. Wenige Minuten zuvor war der unförmige speckige Körper, festgeschnallt auf einem eckigen Holzsessel, starken Stromschlägen ausgesetzt worden. Die schwarze tief ins Gesicht gezogene Kopfbedeckung verrutschte nach oben. Der Gesichtsriemen, der den Mund breit zupresste, hielt. Das Blut trieft aus der Nase über den Riemen hinweg auf den nicht bedeckten Teil des Kinns, über den Hals auf das Hemd. Die Augen, die Nase, die oberen Wangen, alles zu Hautwülsten zusammengepresst – ein einziger Krampf. Ein violett gefärbter Krampf. Das Ende eines Kampfes zweier ungleicher Gegner, der jahrelang mit allen Mitteln des Rechts ausgetragen worden war. Auf der einen Seite stand der Sonnenstaat Florida, auf der anderen ein amerikanischer Staatsbürger, Allen Lee Davis, der brutale Mörder einer schwangeren Mutter und ihrer zwei Töchter. Der Staat hat das Recht zu töten. Die Bilder wurden am 8. Juli 1999 aufgenommen. Perfekte Farbaufnahmen, zu sehen in Austin Sarats neuem Buch *When the State Kills. Capital Punishment and the American Condition* (Princeton University Press 2001).

William Kemmler hatte seinen Henkern damals zugerufen: »Make a good job of this«. Wie meist während der Ausführung von Arbeiten, sind auch bei der elektrischen Exekution die Arbeitsergebnisse in den mehr als hundert Jahren bis zur Tötung Allen Lee Davis' mehr und weniger gut ausgefallen. Im zweiten elektro-medizinischen Experiment eher mehr. Am 7. Juli 1891 ging alles glatt. Vier Männer erhielten in Sing Sing den elektrischen Todesschlag. Sie waren sofort tot. Blitzschnell. Aber immer wieder gab es Probleme. Die Todeskandidaten wollten einfach nicht sterben, wie sie sollten. Nicht selten kam es zu Prozessen. So im Falle Davis', als das todbringende Werk eher weniger gut verrichtet worden war. Auch wenn Richter in einem nachfolgenden Prozess über die Rechtmäßigkeit des elektrischen Stuhls als Mittel der Lebensvernichtung zugunsten der Henker feststellten, dass die Nase bereits vor dem Stromstoß zu bluten begann. So sah es die Mehrheit. Die Minderheit unter den Richtern sah es anders. Typisch Juristen: Man kann es so, aber auch so sehen. Und jedenfalls kommt es darauf an, auf das eine oder auf das andere. Diese juristische Mehrsichtweise betrifft keineswegs nur die inzwischen selbst als démodé anmutende Electrocution, bei der noch mit Leder(riemen) und Holz(stühlen) und Eisen(klammern) und Stoff(masken) und Strom(schlägen) gearbeitet wird. Bei den moderneren Todessäften, Gas und Gift, sind die auszuführenden Werke, Vergasung und Vergiftung der Verurteilten, ebenso post mortem angefochten worden. In den Gerichtssälen traten die Zeugen auf und erzählten von schmerzverzerrten Gesichtern, während das Gas noch mit dem Leben rang und den Zellen langsam den Sauerstoff entzog, von angstvollen Augen und unübersehbarer Übelkeit, während das Gift im Blute vorwärts schwamm. Und immer sagen die einen Juristen, der Tod habe schon Einzug gehalten, der Verurteilte sein Bewusstsein verloren gehabt, und die anderen Juristen, der Tod habe nur angeklopft, der Verurteilte in vollem Bewusstsein den Schmerz gefühlt. Jeb Bush war jedenfalls froh, als das Kreisgericht am 2. August 1999 Recht sprach und feststellte, der elektrische Stuhl sei kein grausames und ungewöhnliches Bestrafungsinstrument, Allan Lee Davis habe unter keinerlei bewusstem Schmerz gelitten, als er »electrocuted« wurde. »A victory for justice in Florida«, kommentierte der Gouverneur den Richterspruch.

Ein Sieg für die Gerechtigkeit? Auf den Fotos, die als Beweismittel in den Prozess eingeführt wurden, sah man eine »ekelerregende Schlächterei«, also das, was Albert Camus 1957 in seinen »Betrachtungen zur Todesstrafe« überall gesehen hatte, wo die Gesellschaft durch staatliche Hinrichtungen besudelt wird. Wer konnte die Fotos sehen? Wer konnte die Zeugenaussagen hören? Wer konnte die Berichte lesen? Die Zuschauer und Zuhörer im Gerichtssaal, die Leser von Zeitungen und Büchern, die

Besucher des Internets. Nur Zeugnisse bleiben übrig vom Geschehen im Schlachthaus. Das Publikum, das Auditorium, das Volk ist nur mittelbarer Zeuge der Tötungsmaschinerie des Staates. Das war nicht immer so. Früher – lange ist es her – wurden die Delinquenten öffentlich, vor aller Augen, hingemetzelt. In Amerika seit der ersten überlieferten Hinrichtung 1608. Damals war das Volk noch Zeuge des Augenscheins. Augenzeuge. Die Öffentlichkeit der Hinrichtung – ein altes, spektakuläres Thema, das historisch-wissenschaftlich in Tausenden von Foucault-Seminaren durchgehechelt, das politisch während der letzten 20, 30 Jahre des 20. Jahrhunderts nach der Abschaffung der Todesstrafe in den meisten Ländern der Ersten Welt weitgehend vergessen und das seit kürzerer Zeit wieder aus der Versenkung hervorgeholt wurde. Warum?

Genauer gefragt: Warum steht die Todesstrafe in den letzten Jahren nicht nur in der Wissenschaft hoch im Kurs – als Gegenstand einer Reflexion, die sich nicht mehr ausschließlich an Foucaults suggestiven Analysen der Marter- und Körper-Feste vergangener Jahrhunderte abarbeitet (vgl. etwa die dickleibigen Bände von Richard Evans und Jürgen Martschukat) –, sondern auch in der Tagespresse? Wahrscheinlich hat dies hierzulande weniger damit zu tun, dass die mit der Todesstrafe bedrohten Opfer zuweilen Deutsche sind (in Singapur oder in den USA). Vielmehr liegt das Faszinosum allgemeiner darin begründet, dass gerade im höchstentwickelten, das heißt zivilisiertesten Staat der Welt, die bei abstrakter Betrachtung zur Epoche der Barbarei gehörende Todesstrafe im Laufe des vergangenen Jahrzehnts einen gewaltigen, weltweit publizistisch entsprechend begleiteten Aufschwung genommen hat. Was die Gefühle und Phantasien der Menschen beflügelt, ist die Gegenüberstellung von Hochtechnologie, die nunmehr ihren (menschheits-)logischen Höhepunkt in der Biotechnologie gefunden hat, und – aller Technologie zum Trotz – altmodischer Tötung von Schwerverbrechern. Faszinierend ist also der scheinbar paradoxe Zusammenschluss von hypermodernem, das Überirdische anvisierendem Leben und von in seiner Fixierung auf Rache reaktionärem, den Menschen zum Erdenstaub hinführendem Töten, diese Einheit der urradikalen Differenz zwischen Tod und Leben. Anders gesagt: Gibt es etwas Spannenderes, Prickelnderes, als zwischen der Exekution der Börsenkurse der Biotechfirmen und der Exekution der Biofunktionen eines realen, nicht imaginierten, menschlichen Körpers hin- und herzuzappen?

Und nun ist auch noch der 11. September dazugekommen. Im Hinblick auf die Todesstrafe ist gerade nicht nichts mehr so wie zuvor. Die Hausse haussiert lediglich weiter. Die zwischen Tod und Leben oszillierende Rhetorik hat Hochkonjunktur. Die Taliban, die im Stadion von Kabul öffentlich die Todesstrafe vollzogen, müssen ihrerseits hingerichtet werden. Aus der Luft – und wie zu Hause, in Florida und anderswo, sind nur wenige Zeugen zugegen, wenn der Staat tötet. Öffentlich ist aber die Debatte um Sonderrecht, Ausnahmerecht, Militärtribunale – Maßnahmen für die Vereinfachung der Verurteilung der Verdächtigen zur Todesstrafe, die im Verborgenen prozediert und exekutiert werden soll. Tod oder lebendig, hat George W. Bush, der große Bruder von Jeb, gesagt, möchte er den Terrorboss haben. Tod oder lebendig, in dieser Alternative lauert auch im Lebendigen der Tod. Der 11. September hat die positive und negative Faszination einer virtuellen Mammon-, Spaß- und Technikwelt für das archaische, reale Töten noch gesteigert. Der reale Tod ist in das spektakulärste Symbol der hypermodernen Welt eingebrochen. Er liegt nun im Ground Zero. Das unsichtbare Töten – aus der Luft – im so fernen Osten reicht nicht. Der sichtbare Tod im Welthandelszentrum muss beantwortet werden – auf der Erde, im so nahen Westen, zu Hause, mit Folter und mit Tod.

Immer wieder haben es die Sondagen der amerikanischen Gesellschaft bestätigt – in Europa sähe es kaum anders aus: Zwei Drittel sind pro Todesstrafe. Und nach dem 11. September ist auch der natürliche Komplementär der kapitalen Strafe wieder in die Gesellschaft aufgenommen worden: die Folter. 45 Prozent der Amerikaner sollen dafür sein. In bestimmten Fällen, heißt es einschränkend. Als ob nicht alles nur für bestimmte Fälle gälte, von der Parfümierung, Bezahlung, Bemalung über die Folterung bis zur Tötung des Menschenkörpers. In Deutschland halten sich 22 Prozent der Bevölkerung gar nicht mehr mit dem (todbringenden) Strafrecht auf, Osama Bin Laden sollte ohne Gefangennahme getötet werden, meinen sie, einer Umfrage vom November 2001 zufolge.

Jetzt, in der Zeit des von der judäochristlichen Welt verkündeten Ausnahmezustands, der in Amerika und Europa das staatliche Gewaltmonopol martialisiert, beginnt der Lack des Humanen und Liberalen an diesen westlichen Gesellschaften rapide abzublättern. In der Weltmacht der Todesstrafe hatten die Lackentferner schon vor dem 11. September ganze Arbeit geleistet. Die Waffen des Todes sind von jeher frei erhältlich, und es sind nicht wenige geistige und wirkliche Waffenträger, die noch nie einverstanden waren mit den humanen Technologien, wenn der Staat tötet. Die Empfindung gleicht häufig der des Richters Scalia, der 1994 in sein Votum schrieb: »Wie beneidenswert ist doch ein ruhiger Tod durch letale Injektion im Vergleich dazu!« Das »dazu« bezog sich auf den heimtückischen Mord durch den Angeklagten. Ein ruhiger Tod – damit ist der Kern eines Problems bezeichnet, das vor und nach dem 11. September Amerika (und die Welt) nicht wenig umtreibt.

Vor der Verwirklichung des größten Einfalls des gefährlichsten Bartträgers der Welt war ein stets sorgfältig rasierter, dekorierter einheimischer Kriegsveteran Amerikas Bösewicht Number One. Als Timothy McVeigh gefasst wurde, nachdem er am 19. April 1995 mit einer Bombe, die das Alfred Murrah Federal Building in Oklahoma City zertrümmerte, einhundertachtundsechzig Menschen ermordet hatte, hieß es: »Wenn es Timothy McVeigh nicht verdient hat zu sterben, wer dann?« Die Sorge vor einem laschen Justizsystem war unbegründet. Nach einem kleinen Aufschub wurde der Oklahoma-Bomber am 11. Juni 2001 um 7.14 Uhr hingerichtet. Es war ein riesiges Spektakel. Sensationslust, Tourismus, Rache, Kritik, Abscheu, Freude, Trauer gaben sich vor dem Zaun des Exekutionsgefängnisses in Terre Haute (Indiana) ein unruhiges Stelldichein. Tausende Journalisten, Tausende Schaulustige waren da. Millionen sahen im Fernsehen und Internet die Sendungen, die von der ersten »federal execution« seit 1963 berichteten. CNN meinte, es sei die Hinrichtung gewesen, die den öffentlichen Exekutionen weit vergangener Zeiten am nächsten kam, als das Volk noch in karnevalesker Atmosphäre zu den Galgenplätzen strömte.

Und doch sahen die vielen Menschen in Terre Haute und dort, wo sich der Strom der Bilder zu Millionen hin ergießt, im TV und Internet, nichts von der Hinrichtung. Die Gerichte hatten die Übertragung verboten. Den Tod des Massenmörders erlebten nur wenige, die Masse durfte ihn nicht beobachten. Timothy McVeigh starb zwar keines einsamen, aber doch eines relativ ruhigen, ja geradezu versteckten Todes. Alles, was erzählt wurde und erzählt werden wird, wurde eben nur erzählt und wird eben nur erzählt werden können. Es wird herrschende Meinungen, abweichende Meinungen, keine Meinungen geben. Viele (vielleicht zwei Drittel) werden weiter daran glauben, mit einfachen Mitteln seien komplexe Probleme der Gesellschaft zu lösen. Rassen-, Sozial-, Kulturschranken – der Staat bewahrt die hinter der Schranke Stehenden vor denen, die davor herumlungern. Die Todesstrafe ist dabei ein einfach zu verstehendes Instrument des so archaischen wie menschlichen Talionsbedürfnisses. Eines Bedürfnisses, das nicht – wie zeitweise geglaubt und gehofft wurde – nur in den Vorhöfen der Zivilisation, in den wilden Schluchten des Balkan und den wüsten Weiten Afrikas seine Macht entfaltet, sondern wenn es darauf ankommt, auch im Herzen des rationalen modernen Staates, wie sich jetzt jedem in die Augen brennt.

Doch was würde geschehen, wenn der staatliche Mord aus der (extrem) beschränkt zugänglichen Ruhezone des Todestraktes in das Licht der medialen Öffentlichkeit gezogen würde, und zwar visuell? Was würde geschehen, wenn jeder Urheber des Zeugnisses wäre, den Mord am Mörder sehen könnte? Würde live übertragen, könnte jeder sehen, wie gestorben wird, wenn der Staat tötet. Jeder hätte es vermocht, in Zeitlupe, mit »Vorspulen«, »Rückspulen«, »Standbild« das Sterben des weiß besockten Mörders Allen Lee Davis, des brutalen Pedro Medina, des kalten Timothy McVeigh detailliert zu betrachten. Was passierte dann? Was ginge in den Betrachtern vor? Was würde die öffentliche Meinung sagen? Bliebe alles beim Alten? Zwei Drittel pro?

Wer weiß. Jedenfalls haben die im Fernsehen zu sehenden Autodafés die ubiquitäre Gemeinde von Fleischessern, die sich jahrzehntelang unbekümmert an tranchierten Teilen von ruhig, ohne Aufsehen in den Schlachthäusern getöteten Tieren labte, nicht unberührt gelassen. Plötzlich setzte das große Nachdenken ein. Es ist nicht ausgeschlossen, dass es, wenn es um Menschen geht, nicht anders wäre. Und waren nicht die live übertragenen Bilder der Vollstreckung des Todesurteils an der verderbten kapitalistischen Welt die wohl eindringlichsten Bilder, seit es bewegte Medienbilder gibt? Die Bilder, die weltweit geschauten Bilder, und gerade nicht (nur) das Geschehen am 11. September haben ein weltweites Nachdenken über die Grundlagen des Zusammenlebens von Menschen in der globalen Welt ausgelöst.

Sicher, immer wieder liest und hört man: auch – und gerade – Bilder lügen. Doch ist diese Erkenntnis allenfalls im erkenntnistheoretischen Seminar mehrheitsfähig. Der Zusammenbruch der beiden Leuchttürme der aufgeklärten Welt hat dem alten so religiösen wie intellektuellen Affekt gegen das Bild den Todesstoß versetzt. Alle haben gesehen. Und alle haben gesehen, dass Bilder nicht lügen. Die Liveübertragung vom 11. September hat das Bild, das gerade keine Ikone mehr ist, keine Ikone mehr sein kann, wenn Menschen aus dem hundertsten Stock in den Tod springen, in sein ursprüngliches Recht versetzt, Bild zu sein. Nein, Bilder lügen nicht. Bilder sind Bilder, nicht mehr, nicht weniger. Und damit verliert die Denunziation der Bilder als Lügner ihre Stichhaltigkeit. Denn das Bild des Bildes als Lügenbold setzt voraus, es gäbe etwas dahinter, eine belügensfähige Wahrheit, etwas, das der nicht durch Bilder verstellte Blick sehen könnte. Da ist aber nichts. Außer dem Bild gibt es nie etwas zu sehen. Das eben ist das Paradox des Bildes. Es ist immer manipuliert. Es zeigt immer die Wahrheit. Es ist immer Lüge und Wahrheit zugleich und damit ist es weder Lüge noch Wahrheit. Es ist als Bild ein Bild, aus dem alles und jedes werden kann. Ein Bild ist weder Lüge noch Wahrheit oder Lüge und Wahrheit oder, wie Thomas Bernhard in *Der Keller* schrieb, »immer wieder nichts anderes als die Lüge als Wahrheit, die Wahrheit als Lüge et cetera« und das heißt, und darauf kommt es an, ein Bild ist immer offen.

Die Gegner der Liveübertragung aus den Todeszellen sind gegen Bilder.

Wohlmeinend treten sie ein für Scham, politische Korrektheit, Geschmack, Zivilisation, Diskretion, Privatheit, mit zwei Worten, für: prüden Puritanismus. Nichts soll zu sehen sein. Nicht das staatliche Killen ist obszön, die Bilder sind obszön. Und wer sie anschaut, auf den überträgt sich die Obszönität dieser Bilder. Der Zeuge wird selbst zu einem obszönen Voyeur. Diese puritanische Theorie entspricht der alten Beobachtung und These Michel Foucaults, dass Bestrafung ein autonomer, also ruhiger, abgekapselter Sektor wurde, nicht zuletzt, weil dem Fest der Martern mit der Zeit nichts Glorioses mehr anhaftete und das Fest Abscheu auszulösen begann. Also mussten um das Schlachten hier um Mauern errichtet werden, die eine exklusive Innenwelt schufen. Das subtile Normalisierungsgeschäft der modernen Gesellschaft musste unsichtbar bleiben, damit die residuale Brutalität der staatlichen Biomacht, die doch jetzt auf das neue Leben und nicht mehr auf den alten Tod gerichtet sein sollte, nicht offenbar wurde.

Die Mauern der Unsichtbarkeit durch das Fernsehen einzureißen könnte den öffentlichen Ekel wieder aufleben lassen. So gesehen aber stellen sich die amerikanischen Richtersprüche zu den geplanten Hinrichtungsshows nicht als Sieg des Todes, des privaten Sterbens, gegenüber einer sich sensationsgeil gerierenden Pressefreiheit und gegenüber einem sadistisch lüsternen Volksmob dar, sondern schlicht als Schutzmaßnahmen für die Beibehaltung der Todesstrafe. Der jüngste Militärgerichtserlass des amerikanischen Präsidenten, der nichts anderes als die Wiedererweckung alter Geheimjurisprudenz ist, geht in dieselbe Richtung. Entscheidend ist die Unsichtbarkeit und Exklusivität von Bildern. Solange das Volk nicht sieht, so lange die Maschinerie des staatlichen Mordens und das reale Sterben nicht in jedes Wohnzimmer dringen, solange das Geheimnis und das Versteck regieren, so lange hat die Institution der Todesstrafe nichts zu fürchten. Die scheinbar den Menschen würdigenden, den Zivilisationsbruch verhindernden, restriktiven Urteile sind Signum eines Justizsystems, das die Todesstrafe prozessiert und gerade deswegen nicht zulassen kann, dass allzu viele zuschauen.

Sehen oder nicht sehen? Die Unsichtbarkeit der Todesstrafe und das Überleben der Todesstrafe gehören zusammen. Wer gegen die Todesstrafe (und gegen Geheimjustiz) ist, wer dafür ist, dass in der Demokratie das Volk sehen darf, alles sehen darf und selbst entscheidet, was es nicht sehen will, wer für Demokratie ist, der kann nur für sehen optieren, damit das Band zwischen Tod und Staat zerrissen wird. Der Mord am Mörder muss gnadenlos vorgeführt werden. Dieses Zeigen und das Eintreten für *sehen* bedeutet keine Rechtfertigung oder neue juristische Positionierung der Todesstrafe, etwa in der Weise, in der nun manch liberaler amerikanischer

Jurist im Hinblick auf eine etwaige Einführung der Folter fordert, gefoltert werden dürfe, wenn schon gefoltert würde, allenfalls auf der Grundlage eines richterlichen Beschlusses. Nein, Folter ist keine Hausdurchsuchung. Und die Todesstrafe bleibt eine archaische Schlachterei, die keine visuelle oder legalistische Strategie abmildert.

Sehen soll nur dem Sehen dienen. Und jedem Augenzeugen mögen sich die Bilder, Abbilder, Vorbilder, Nachbilder, Unbilder formen, die sich formen. Es wäre ein Experiment. Ein Experiment, ob die Wahrheit dem Menschen zumutbar ist. Und vielleicht würde dieses Experiment die Epoche der modernen, humanen, rechtsförmigen Menschenschlachtung, die mit dem Experiment vom 5. August 1890 so grausam begann, beenden. Mit Hilfe des Fernsehens könnte in Amerika dem modernen Recht der Schleier fortgerissen werden, hinter dem sich die Fratze des Killing State verbirgt. Das Risiko des sadistischen Ergötzens seitens des Publikums besteht. Aber die Chance des Entsetzens desselben Publikums eben auch. Amerika sollte gerade nicht zurückschrecken. Damit es erschrickt. Mit der richterlichen Entscheidung, die Hinrichtung nicht live im TV und Internet zu zeigen, blieb das wahnwitzige Spektakel, das sich letztes Jahr vor der Ruhezone des Todes des Oklahoma-Bombers abgespielt hat, eine ephemere Episode. Und so können die Amerikaner immer wieder vergessen, dass ihr Staat tötet. Sie können es vergessen, weil sie Bilder wie die von Allen Lee Davis' letzten Sekunden nie gesehen haben. Und so bleiben immer nur Zeugnisse übrig. Die *Chicago Tribune* schrieb: Gewiss, Davis' Tod war eine ziemlich unerfreuliche Erfahrung für ihn, aber es gibt eine Menge Dinge auf der Welt, die der Öffentlichkeit Sorgen bereiten könnten, Davis' »discomfort« gehört nicht dazu.

Den Grad der Annehmlichkeit des Todes sollte jeder selbst beurteilen können. Das Ergebnis ist offen. Aber das Volk muss überwachen dürfen, wie sich der Staat am Mörder rächt. Zeugnisse Einzelner reichen nicht aus. Der kalte Massenmörder hatte – völlig unabhängig von seiner persönlichen Motivation – Recht. Timothy McVeigh empfand es als ungerecht, die Zahl der Zeugen bei der Exekution zu beschränken. Der Kampf gegen die Todesstrafe braucht keine theoretischen, wissenschaftlichen, künstlerischen, poetischen, juristischen, philosophischen, statistischen Argumente mehr, alles ist gesagt. Der Kampf gegen die Todesstrafe braucht öffentliche Hinrichtungen, Albert Camus schlug einmal vor, das Blutgerüst mitten auf die Place de la Concorde zu stellen, die ganze Bevölkerung einzuladen und das Ganze im Fernsehen zu übertragen. Der Kampf gegen die Todesstrafe braucht vor allem eines: Zeugen.

Ina Hartwig

Aufklärung der Gewalt

(IN DER LITERATUR)

Die verstandene Gewalt

»Ihr gestriges Betragen, Herr Oberamtmann, hätte mich nimmermehr zu einem Geständnis gebracht, denn ich trotze der Gewalt. Die Bescheidenheit, womit Sie mich heute behandeln, hat mir Vertrauen und Achtung gegen Sie gegeben. Ich glaube, dass Sie ein edler Mann sind.« Mit diesen wohlgesetzten Worten leitet Schillers »Verbrecher aus verlorener Ehre« das Geständnis ein, der berüchtigte, gefürchtete, gesuchte »Sonnenwirt« aus der »... schen Landstadt« zu sein. Er war auf der Flucht gewesen, denn er hatte zu diesem Zeitpunkt bereits alle Verbrechen begangen, von der Wilderei über Raub bis hin zum Mord, für die das Gesetz kein Erbarmen mehr kannte. Ein Gnadengesuch beim Fürsten war ohne Antwort geblieben, und so sah der Sonnenwirt Christian Wolf nur noch eine Möglichkeit, sein tristes und verkommenes Leben zu retten: ins preußische Ausland zu gelangen, wo er eine Anstellung als Soldat zu bekommen hoffte. Daraus wird nun nichts, denn er ergibt sich dem Oberamtmann jenes Ortes, in dem er während seiner Flucht nach Preußen festgenommen wird.

Damit – Schiller sagt es gleich auf den ersten Seiten seines 1786 erschienenen Erzähltraktats – ist das Leben des Sonnenwirts in die Hand des Henkers gelegt. Man kann dies, nach allem, was der Mann im Laufe seines Lebens an Schändlichkeiten und Verbrechen begangen hat, Gerechtigkeit, Recht, Unrecht oder bloß Konsequenz nennen; entscheidend ist, aus Schillers Sicht, etwas anderes: nämlich dass der Sonnenwirt seine Ehre in dem Moment wiederzuerlangen scheint, als ein Vertreter des Rechts ihn behandelt, als habe er seine Ehre gar nicht verloren. Die Folge ist, dass er »aus freier Wahl« zu seinem eigenen Verräter wird. Damit entlässt Schiller den Leser, von dem er am Anfang dieser kleinen, dichten, vor Gewaltvokabeln nur so strotzenden Abhandlung gefordert hatte, er müsse entweder »warm werden wie der Held, oder der Held wie der Leser erkalten«. Erkalten soll der Leser aber auf keinen Fall, im Gegenteil, er soll verstehen.

Warm – kalt: Mit der heute so gern gebrauchten Metapher der Gewaltspirale, in der stets eine Mischung aus Verurteilung und Hilflosigkeit mitschwingt, hätte ein idealistischer, dennoch nicht gerade zur Naivität neigender Mann wie Schiller sich niemals zufrieden gegeben. Nur oberflächlich betrachtet will er sagen, dass es der Verlust der Ehre sei, der einen Menschen zum gewalttätigen Verbrecher werden lässt; und nur oberflächlich betrachtet will er sagen, dass der Verbrecher seine Ehre zurückerlangt, wenn man ihn mit entsprechender Würde, eben »edel«, behandelt. In Wahrheit berührt einen die Geschichte vom armen, schrecklichen Sonnenwirt Christian Wolf, weil es Schillers einfühlendes Verständnis ist und damit die gewählte, analytische Sprache der Aufklärung, die er aus dem Verbrechermund sprechen lässt. Zu den Kunstgriffen dieser empathischen Erzählung einer Verbrechens- und Verbrechergenese gehört, den negativen Helden selbst zu Wort kommen zu lassen. Doch spricht Christian Wolf in Worten, die zu seinem Werdegang – seiner kriminellen Biographie, wie man heute sagen würde – nicht passen. Bereits wie er den edlen Oberamtmann anzureden in der Lage ist, widerspricht seiner Vorgeschichte. Und erst recht die Selbstbeschreibung seines dritten Gefängnisaufenthalts (wegen Wilderei), bei dem er erstmals mit Mördern zusammengesperrt wird (er ist zu diesem Zeitpunkt noch kein Mörder). Das Gefängnis ist eine Vorstufe der Hölle, in der »schändliche Lästerungen gegen den Erlöser« tagtäglich zu hören sind. »Ich betrat die Festung als ein Verirrter, und verließ sie als ein Lotterbube. Ich hatte noch etwas in der Welt gehabt, das mir teuer war, und mein Stolz krümmte sich unter der Schande. (...) Die Arbeit war hart und tyrannisch, mein Körper kränklich, ich brauchte Beistand, und wenn ichs aufrichtig sagen soll, ich brauchte Bedaurung, und diese musste ich mit dem letzten Überrest meines Gewissens erkaufen. So gewöhnte ich mich endlich an das Abscheulichste, und im letzten Vierteljahr hatte ich meine Lehrmeister übertroffen.« Es folgte des Sonnenwirts unaufhaltsamer Abstieg, dessen Klimax nicht durch die Sittenzersetzung des Gefängnisses, sondern mit seinem Ehrverlust erreicht ist. Dies geschieht durch die tief kränkende, unerklärliche Abscheu eines Dorfjungen, der dem Sonnenwirt einen angebotenen Groschen ins Gesicht wirft. »Die Verachtung dieses Knaben«, fasst Christian Wolf vor Gericht zusammen, »schmerzte mich bitterer als dreijähriger Galliotendienst, denn ich hatte ihm Gutes getan, und konnte *ihn* keines persönlichen Hasses beschuldigen.« Bis dahin war er ein Wildjäger gewesen, danach wurde er Mörder. Danach will er Böses tun.

Die Gewaltneigung des Menschen ist von Schiller als etwas Verstehbares, Erklär- und Entschuldbares erfasst worden: Die »unveränderliche Struktur der menschlichen Seele«, so lautet seine anthropologische Formulierung, steht den »veränderlichen Bedingungen, welche sie von außen bestimmen« gegenüber. Jedoch, wer so spricht wie Schillers »Verbrecher aus verlorener Ehre«, scheint ans »Abscheulichste« weniger gewöhnt zu sein als ans gute Formulieren. Was Christian Wolf von sich gibt, ist so gepflegt auf den Begriff gebracht, dass einem Zweifel daran kommen, ob dieser Mann tatsächlich, wie Schiller vorgibt, ein so verderbtes Leben geführt habe. Doch folgen wir ruhig der Vorgabe; man wird sehen, dass die Gewalt, die bald auf den Sonnenwirt übergreift, in vielerlei Hinsicht bereits angelegt ist: a) in der Natur, die »seinen Körper verabsäumt« hatte, b) in der Erziehung: »Wolf hatte müßige Stunden« und war »schon von der Schule her für einen losen Buben bekannt«, und c) in den Reaktionen der Umwelt: »Eine kleine unscheinbare Figur, krauses Haar von einer unangenehmen Schwärze, eine plattgedrückte Nase und eine geschwollene Oberlippe, welche noch überdies durch den Schlag eines Pferdes aus ihrer Richtung gewichen war, gaben seinem Anblick eine Widrigkeit, welche alle Weiber von ihm zurückscheuchte, und dem Witz seiner Kameraden eine reichliche Nahrung darbot.«

Die Jungen lachen über ihn, und seine Johanne – um deretwillen er zu wildern beginnt – gewährt ihm ihre Gunst erst, als sie beschenkt wird mit Diebesgut. Vorbildliche Soziologie? Zumindest eine vorbildliche Rekonstruktion sozialer Kausalität. Nur ein Fünkchen Ungleichheit führt dazu, dass der Sohn eines früh verstorbenen Gastwirts, der in der schlecht laufenden Wirtschaft von seiner Mutter keinen rechten Sinn für Pflicht und Arbeit vermittelt bekommt, der unschön aussieht, wenngleich er begabt ist, dass dieser Mensch von früher Kindheit an Ablehnung erfährt, von den Frauen nicht begehrt wird, und schließlich seine Vergehen immer mehr steigert, so dass ihm schließlich der Anschluss an ein anständiges Leben unumgänglich verbaut ist. Und das alles, weil am Anfang die simple psychologische Regung gestanden hatte: »Er wollte ertrotzen, was ihm verweigert war; weil er missfiel, setzte er sich vor zu gefallen.«

Nun, der Plan ist gründlich gescheitert, wobei Schiller die Schuld eben nicht beim Täter sucht. Man kann im Gegenteil sagen, er schildere den Täter als Opfer. Nachzuholen, was die Richter unterlassen haben – sie »sahen in das Buch der Gesetze, aber nicht *einer* in die Gemütsfassung des Beklagten« –, ist sein erklärtes Ziel. Diese Innenschau ergibt, dass noch die fürchterlichsten Ausschweifungen des Sonnenwirts angebunden sind an die menschlichsten Regungen wie Neid, Eifersucht, Wollust, Rachebedürfnis und Rausch; und zuletzt sogar an die edle Regung, sich zu ergeben. Im Angesicht der zu erwartenden Hinrichtung, so muss man wohl resümieren, erlangt der Verbrecher aus verlorener Ehre dieselbe zurück.

Die genossene Gewalt

Der Dialog, das Zahlenspiel, die Körperöffnungen, die Penetration, die Kombinatorik, die Körpersäfte, die Ausscheidungen bilden die Folie, auf der Marquis de Sade sein obesessives Lust- und Schmerz-Universum entwirft. Es ist ein hochgradig dekadentes, libertäres, alles andere als gesetzestreues Gewalt-Universum, in dem stets die Tugendhaften von den Libertins zu Objekten ihres »sadistischen« Rausches degradiert werden. Quälen oder Gequältwerden, Lust oder Schmerz, Libertin oder Opfer, Laster oder Tugend – das sind die binären Codes, die zur Zeit ihres Entstehens kalt, schockierend und blasphemisch wirkten und im zwanzigsten Jahrhundert die intellektuelle und künstlerische Avantgarde tief beeinflusst und inspiriert haben. Klossowski, Bataille, de Beauvoir, Foucault oder Barthes, um nur einige zu nennen, haben fasziniert begriffen, dass die von de Sade deklarierte Lust an der Gewalt eine gezielte Provokation, mehr noch: ein Denkabenteuer war – und keineswegs ein Verbrechen. Legendär ist de Sades Geständnis: »Ja, ich bin ein Wüstling; alles, was man sich auf diesem Gebiet vorstellen kann, habe ich mir vorgestellt; aber ich habe durchaus nicht alles getan, was ich mir vorgestellt habe, und werde es auch nie tun. Ich bin ein Wüstling, aber ich bin weder ein Verbrecher noch ein Mörder.« Was wohl ein wenig beschönigend war, denn ebenso legendär wie dieses Geständnis ist jene skandalträchtige Orgie in Marseille im Jahr 1776, bei deren Gelegenheit de Sades treuer Diener und vier Prostituierte – die später Anzeige erstatteten – mit Aphrodisiaka betäubt, dann vergewaltigt und geschlagen worden sein sollen.

Die Zeitgenossen Schiller (1759–1805) und de Sade (1704–1814) haben mehr oder weniger gleichzeitig – und natürlich nicht zufällig im Umfeld der Französischen Revolution – den Stellenwert der Gewalt zu erfassen versucht und auf denkbar unterschiedliche Weise interpretiert. Man könnte sagen: Die »verstandene« Gewalt Schillers kontrastiert mit der »genossenen« Gewalt de Sades. Eindeutiger als dessen Haltung gegenüber der bedrohten Monarchie – de Sade hatte als Adliger immerhin sein schönes Schloss La Coste zu verlieren – war sein Hass auf die katholische Kirche und ihre Vertreter, in der *Histoire de Juliette* wird ein Papst kurzerhand zum Libertin. Wird damit die wahre Natur der Gläubigen entblößt?

Jedenfalls lautet das antimoralische Dogma des »homme du plaisir«, den anderen stets als Werkzeug seiner Lust zu betrachten und zu benutzen. Die Versuchsanordnung des Doppelromans über Justine und Juliette sieht vor, dass das schöne junge Schwesternpaar nach dem Bankrott und Tod der Eltern von einem Tag auf den anderen verwaist ist und bettelarm. Das Erste, was Juliette ihrer Schwester anvertraut, ist, dass sie schon lange heimlich masturbiert. Justine ist schockiert. Im Unterschied zu ihrer Schwester will sie auf keinen Fall von den Prinzipien der Tugendhaftigkeit abweichen, während die Ältere sich beglückt zeigt, endlich das Leben im Kloster, wo sie erzogen worden waren, hinter sich lassen zu können. Die Mädchen trennen sich also, und nun beginnt einerseits Justines lange Tortur als Tugendhafte innerhalb einer libertär-lüsternen Gesellschaft, die sich an ihren Qualen erfreut (*La Nouvelle Justine ou les malheurs de la vertu*, 1791), andererseits der schnelle Aufstieg Juliettes als Prostituierte, die es ebenso liebt, gequält zu werden wie zu quälen (*Histoire de Juliette, sa sœur ou les prospérités du vice*, 1797). Auf wessen Seite ihr Erfinder steht, wem seine Sympathie gilt, ist dabei gar nicht so einfach zu entscheiden. Der Umgang mit Justine, der Tugendhaften, ist zwar grausam und wird auch als grausam deklariert – dennoch heißt es immer wieder einfühlsam »unsere Heldin«, »die arme Justine«, »das unglückliche Opfer«, und die vermeintliche Identifikation mit dem Opfer ist keineswegs nur zynisch zu nennen; nicht, weil die Identifikation »echt« wäre, sondern weil dieses Opfer ohnehin nach den Regeln der Unwahrscheinlichkeit konstruiert wurde.

Auf Bataille geht die Pointe zurück, die de Sadesche Lust sei identisch mit dem Paradox. Tatsächlich ist de Sades Denken nicht nur binär, sondern auch paradox strukturiert. So ist es etwa paradox, dass Justine trotz ihrer zunehmenden Erfahrungen in libertinen Praktiken nicht zu zweifeln beginnt an den Vorteilen der Tugend, die ihr nur Nachteile bringt. Seltsam ist auch, dass die schlimmsten Martern über Hunderte von Seiten keine Spuren an ihrem Körper hinterlassen. Ihren Höhepunkt aber erreicht die erzählerische Paradoxie, als Justine und Juliette wieder zusammentreffen und sich ihre – angeblich gegensätzlichen – Geschichten erzählen: Wäre Justine wirklich so keusch und gottgläubig, wie allenthalben behauptet wird, dann könnte sie gar nicht erzählen, was ihr widerfahren ist. Das Vokabular, das sie im Mund führt, passt nicht zu einer Tugendhaften. Trotzdem – und das wiederum ist entscheidend – werden ihr Opferstatus und ihre Qualen bis zur letzten Konsequenz getrieben: Die vollkommen geschwächte Justine trifft ein veritabler Blitz »durch und durch«, und ihr entstellter, blutender Leib wird von den Libertins noch als Leiche missbraucht, derweil ihre grausame Schwester lüstern daneben steht.

Dieser Tod, surrealistisch avant la lettre, ist wahrlich keine letzte Ehrenrettung einer auf Abwege gekommenen Verbrecherin, vielmehr radikale Demütigung durch die Natur und ultimative Rache am guten Willen, dem keine, aber wirklich keine Chance eingeräumt wird im Experiment de Sades. Mit dem Tod Justines spielt sich die Naturgewalt selber auf als »homme du plaisir« – als reines, zerstörerisches Genießen.

Trotz seiner filigran-impressionistischen Gedächtnis-Romantik zählt auch Marcel Proust zu den vielen Erben de Sades. Man braucht nur an die bekannte Flagellationsszene im letzten Band des Romanzyklus *Auf der Suche nach der verlorenen Zeit* zu denken. Diese Szene ist eine mehr als augenzwinkernde Anspielung auf de Sadesche Praktiken, allerdings in absichtlich komischer Wendung: Baron de Charlus wird von einem Jungen ausgepeitscht, dessen Brutalität ihm zu seinem großen Bedauern schlecht gespielt vorkommt. Er verlangt nach einem anderen Jungen, aber ob der Charlus' Lust auf Gewalt befriedigen kann, lässt der Erzähler offen. Überhaupt hat der alte Baron Pech mit seinen Liebesobjekten, denn er muss sie aushalten oder, wie in jenem Fall, bezahlen; freiwillig scheint sich niemand seinen Neigungen zur Verfügung stellen zu wollen.

An anderer Stelle erzählt Proust von zwei jungen Frauen, Mademoiselle Vinteuil und deren (namenloser) Freundin, die in diesen Dingen um einiges erfolgreicher wirken – auch deshalb, weil sie eben Freundinnen sind und nicht Geldfragen das Arrangement beeinträchtigen. Im ersten Band der *Recherche* nähert sich der Erzähler heimlich dem Haus, in dem die beiden jungen Frauen nach dem Tod des Komponisten Vinteuil wohnen. Der Erzähler wird Zeuge eines besonderen, ihn verstörenden und zugleich anziehenden Vergnügens, das Proust nicht zögert »sadistisch« zu nennen. Der Tonfall wird zum Teil erstaunlich theoretisch, wenn es etwa heißt: »Nicht das Böse gab ihr die Vorstellung von der Lust, die sie freute; die Lust vielmehr kam ihr böse vor.« Oder: »(...) tatsächlich ist ja der Sadismus ungefähr das einzige im Leben, was der Ästhetik des Melodramas als Vorlage dienen kann.« Oder: »Sadisten vom Schlage der Mademoiselle Vinteuil sind rein gefühlsbetonte Wesen, die, von Natur tugendhaft, in der Sinnenlust etwas Schlechtes sehen, eine Art Vorrecht der Bösen.« Und schließlich: »Eine Sadistin wie sie ist eine Künstlerin des Bösen.«

Gegenstand dieser Betrachtungen ist die Schändung des Gedächtnisses eines Toten, nämlich des Vaters von Mademoiselle Vinteuil, des begnadeten Komponisten der für den Roman leitmotivischen »kleinen Sonate«. Und es schadet auch nicht zu wissen, dass ausgerechnet die Freundin von Mademoiselle Vinteuil – übrigens eine Bewohnerin der Terra incognita namens Gomorrha – als Einzige in der Lage ist, die krakelige Notenschrift des Komponisten zu entschlüsseln, zu transkribieren und somit für die Nachwelt zu retten.

Das sollte man im Kopf haben, um die Schändung, die Profanation des

Totengedächtnisses, in ihrer Ambivalenz zu erfassen; sie ist aggressiv und konservierend zugleich. Diese Ambivalenz gehört bereits dem Zeitalter der Psychoanalyse an, das heißt der Einsicht in die doppelte Triebstruktur des Menschen. Die Mädchen turteln, flirten, jagen einander durch das Zimmer und sinken schließlich gemeinsam auf ein Sofa, wo sie die auf einem Beistelltischchen plazierte Fotografie des Toten anzuschauen scheint. »Weißt du, was ich am liebsten mit diesem alten Ekel machte?«, sagt daraufhin die Freundin, nimmt das Konterfei in die Hand und flüstert Fräulein Vinteuil etwas ins Ohr. »Oh! Das würdest du niemals wagen«, lautet deren vermeintlich empörte Antwort. »Was? Ich würde nicht wagen, darauf zu spucken? Auf *das* hier?«

Grausam und verrucht nennt Prousts Erzähler das Geschehen; von dem festen Bestandteil liturgischer Responsorien ist die Rede und davon, Mademoiselle Vinteuil könne »der Lockung der Lust nicht widerstehen, dass eine gegen einen wehrlosen Toten so unerbittlich strenge Person ihr Zärtlichkeiten erwies« – hier ist offenkundig ein Hermeneutiker der Gewalt-Lust im Einsatz. Die Formulierungen verraten, dass – ganz wie bei de Sade – ein strenges Regelsystem die Verschmelzung von Grausamkeit und Lust ermögliche. Allerdings muss dieser Vergleich eingeschränkt werden: Mademoiselle Vinteuil und ihre Freundin mögen noch so sehr auf den Toten schimpfen, mögen ihn einen »alten Affen« nennen und als überfürsorglichen Vater verhöhnen – das Bespucken der Fotografie ist im Erzählgeschehen nur ein Plan. Denn das Fenster, durch das der Erzähler-Voyeur der Szenerie zusieht, wird im entscheidenden Augenblick geschlossen. Es ist ungewiss, ob die Fotografie tatsächlich bespuckt wird. Der eigentliche Gewaltakt bleibt somit virulent. Aber in seiner Virulenz, als Bereitschaft zur Schändung, wird die Gewalt auch hier genossen.

Die groteske Gewalt

Frauen, die sich das Genital blutig schneiden *(Die Klavierspielerin)*, Frauen, die ihre Söhne mit Tabletten betäuben und mit einer Plastiktüte ersticken *(Lust)*, Söhne, die ihre ganze Familie killen *(Die Ausgesperrten)*, Frauen, die sich mit Phenylbarbiturat umbringen, Frauen, die so zudringlich und lüstern sind, dass sie am Ende von ihrem gestressten Liebhaber erwürgt werden, Frauen, die in den Schnee geworfen und getreten werden und das auch noch gerne haben *(Gier)*: Das alles ist keineswegs nett, soll es auch nicht sein. Bis zur Aufdringlichkeit ist Elfriede Jelinek nicht nett – und die Frage, ob diese schon wegen ihrer Gewalt-Obsession bemerkenswerte Autorin womöglich die Geduld der Leserschaft hier und da überstrapaziert, soll an dieser Stelle nicht weiter verfolgt werden.

Depressiv und wie drogensüchtig wirkt die Abhängigkeit von Gewaltphantasien im Werk Jelineks. Womöglich soll die hier allgegenwärtige Gewalt, die dem Alltag durchaus apokalyptische Dimensionen verleiht, am Ende sogar verurteilt werden. Es wäre dann jedoch die Verurteilung der eigenen Obsession; eine schwierige Sache. Zumindest auf den ersten Blick spielt Jelinek immer wieder mit dem feministisch und moralisch deutbaren Muster der vom Mann unterdrückten, ausgebeuteten, misshandelten Frau. Aber auf den zweiten Blick fällt auf, dass ihr weibliches Personal entweder genauso dumm oder genauso gewalttätig ist wie das männliche. Täter und Opfer, Sadisten und Masochisten, werden einem misanthropischen Strom überantwortet, in dem pornographische mit restmarxistischen Versatzstücken munter durcheinander gewirbelt werden, gewürzt mit einer kräftigen Prise Österreichhass.

Nehmen wir ein Beispiel aus Jelineks jüngstem Roman *Gier*. Erzählt wird die Geschichte des Verkehrspolizisten und Ehemanns Kurt Janisch aus Mürzzuschlag, der die Sexualsucht und Liebessehnsucht vermögender Damen ausnutzt, um seinen Besitz zu vergrößern, und dabei vor Mord und Totschlag nicht zurückschreckt. Dran glauben muss eine gewisse Gabi Fluch (!), eine appetitliche, kleinbürgerliche Schülerin, die ein Jahr lang jeden Morgen im Auto des Gendarmen Kurt Janisch heimlich mit diesem Verkehr gehabt hat: Während das Mädchen sich über ihm zu schaffen macht, drückt der Polizist auf eine sensible Stelle an ihrem Hals namens »glomus caroticum«, ein »an sich sympathisches Ganglion«, wie die lakonische Ich-Erzählerin mal eben so findet. Danach spukt Gabi Fluch als Wasserleiche durchs Buch. Gerti dagegen – Hobby-Pianistin in mittleren Jahren, zugezogen, mit eigenem Haus – ist eine jener Damen, deren Immobilienbesitz Kurt Janisch ins Auge fasst. Soeben hat eine Begegnung mit dem rabiaten Verkehrspolizisten stattgefunden, während der Gerti geschlagen und in den winterlichen Gebirgsdreck gestoßen wurde. Hören wir, wie Jelinek das gewaltsame Rendezvous zusammenfasst: »Nein, diesmal ist es leider nicht so schön ausgefallen wie neulich, da die Frau nicht selber ausgefallen ist, sie ist ja jetzt fast ohnmächtig, he, komm wieder zu dir!, aber die Frau wird doch, wenn sie Bilanz zieht, viel später, glücklich und zufrieden gewesen sein über soviel Zuneigung und dass er sie wenigstens nicht umgebracht haben wird. (...) Nein, da ist kein geheimes Mitleid in diesem Mann, sage ich an seiner Statt, mit niemandem. Doch für das, was er tut, nimmt er sich wenigstens Zeit, das muss man zugeben. Allerdings dauert für manche Leute sogar die Zeit selbst schon zu lang. Sie wollen eine komprimierte Kurzversion der Zeit, damit sie danach die Endlosigkeit, die

Ewigkeit der Lust umso länger genießen können. Jedenfalls vor der Scheiße hat der Mann schon längst keine Angst mehr, das kann ich Ihnen garantieren.«

Die Schrecken der Freiheit, die schrecklichen Vorrechte der Männer und ein theoriefixiertes Kalauern hat Jelinek bereits in ihrem umstrittenen Roman *Lust* (1989) in Szene gesetzt. In diesem »Antiporno«, wie Jelinek ihr zweifellos anstrengendstes Experiment gelegentlich nannte, ging es vor allem um die sprachliche Vernichtung des Sexus – was von den bekanntesten deutschen Kritikern auf hysterische Weise verkannt wurde. Nur äußerlich betrachtet geht es in *Lust* um ein durchschnittlich grassliches Ehepaar in einem österreichischen Skinest; er Fabrikdirektor, sie Hausfrau mit Liebhaber Michael, der sie quält, und einem Sohn, der ihr auf der Nase herumtanzt (und zum Schluss umgebracht wird). Unendlich monoton sind die Schilderungen der ewigen, geradezu sportiven Sexualaktionen. Zur erwähnten Vernichtung des Sexus gehört eine absichtlich primitiv überdehnte Geschlechterfixierung auf der einen, und eine semantische Entleerung pornographischer Absichten auf der anderen Seite. Nur ein Beispiel unter vielen möglichen: »Der Mann beschließt, der Frau das Einhalten des Ehevertrags zu gebieten. Er presst ihr die Hand auf den Mund und wird mit ein paar Prozent ihrer Kieferkraft gebissen. Da muss er die Hand wieder wegziehen. Er deckt die Frau mit Nacht zu, steckt ihr aber seine elektr. Leitung zu ihrer Erleuchtung und seiner Zufriedenheit in den Hintern. Sie versucht ihn abzuschütteln, erlahmt aber bald, sie muss bleiben, die Augen zu. Nicht liebt er Wildes, wild ist er selber. (...) Linkisch wird der Frau ins warme Ohrloch getröpfelt, was die Macht des Mannes alles kann, da braucht's keiner Listen und keiner Waffen.«

Jelinek verfolgt keine ungetrübte Lust an der Gewalt, wie de Sade es tut. Hier wird nicht genossen. Aber sie steht dennoch in dieser Tradition, der aggressive, sarkastische Ton verrät es. Allerdings werden die Positionen des Libertins und des Opfers, die sie unter anderen Namen und Vorzeichen übernimmt, bis zur Unkenntlichkeit identisch: weil beide gleich dumm sind. Die Gewalt implodiert in ihrer sprachlichen Abrichtung, und die Sprache ist ein Zeugnis der Unfreiheit. Was dabei herauskommt, ist Sexualgewalt als Groteske.

Die begehrenswerte Gewalt

Ein Mord ist begangen worden. An einem Matrosen namens Vic. Man fand ihn, mit durchgeschnittener Kehle, auf den Wällen von Brest; neben ihm, als einziges Corpus delicti, ein Feuerzeug. Das Feuerzeug gehört nicht dem Mörder Querelle, dem Helden des Buchs. Dieser ist, genauso wie sein Opfer, Matrose auf einem Kriegsschiff mit dem theatralisch-vielsagenden Namen »Vengeur« (zu deutsch »Der Rächer«), mit dem der schöne Mann nach langer Abwesenheit in seiner Heimatstadt Brest angelegt hat. Um des Mordes an jenem anderen Matrosen nicht verdächtigt zu werden – er wollte das Geld für das geschmuggelte Opium nicht mit ihm teilen –, lenkt Querelle den Verdacht auf einen jungen Maurer, Gilbert Turko, dem er das Feuerzeug noch in der Mordnacht in einer Kneipe entwendet, um es neben der Leiche zu plazieren. Und Querelles Plan geht auf: Gilbert Turko zieht den Verdacht auf sich und wird wegen des Mordes an Vic verhaftet und, höchstwahrscheinlich, hingerichtet.

Doch das erfährt man erst gegen Ende dieses berühmt-berüchtigten Romans über *Querelle de Brest* von Jean Genet aus dem Jahr 1947. Vorher kommt der eigentliche Urheber des Verbrechens, trotz seines Kalküls, dennoch in Bedrängnis – weil er eben doch Verdacht erregt; einmal bei dem Kommissar des Ortes, einem ausgesprochen harten Burschen namens Mario, dessen Körperkraft und Schmuck Querelle den allerhöchsten Respekt abverlangen, zum anderen – und darauf soll es hier ankommen – bei dem Leutnant der »Vengeur«, Seblon. Dass Querelle in Gefahr gerät, als Mörder erkannt zu werden, wird ihm letztlich nicht schaden: weil jene, die ihn (aus unterschiedlichen Gründen) begehren, kein Interesse daran haben, ihn auszuliefern. Die Aufklärung seines Verbrechens wird bewusst verhindert – zum Schaden von Gilbert Turko und zum Nutzen von Querelle. Der »Engel der Apokalypse«, wie er einmal barock-pretiös genannt wird, bleibt frei.

»Wenn dieser Querelle nun der Mörder von Vic wäre!«, träumt Leutnant Seblon. »Aber das ist unmöglich. Querelle ist von Natur aus zu schön, um sich auch noch die Schönheit des Verbrechens anzueignen. Was sollte er mit diesem Schmuck machen?« Dessen furchteinflößende Männlichkeit, seine Härte und Schönheit – das Versprechen seiner Gewaltsamkeit – werden von dem verliebten Blick des Leutnants förmlich aufgesogen. Als Querelle, der nach jedem begangenen Mord rituell in den Heizraum des Schiffes hinuntersteigt, von schwarzem Kohlenstaub eingehüllt vor dem Leutnant steht, geht der in die Knie. »Man wusste, dass dieser Staub nur ein Schleier war. Querelle hob ihn manchmal kokett, sozusagen mit Gefühl, empor, indem er auf seinen Arm blies oder eine Haarlocke aufstörte. (...) Seine Nacktheit blieb unberührt unter dieser Schminke, sie machte ihn zum Gott.«

Selbstverständlich stehen auch hier de Sade und seine Antimoral Pate, und doch ist die Idolatrie des Mörders Querelle, wie überhaupt die Idolatrie der harten Jungen bei Genet, eine Spur komplizierter als die dialogische Kälte des Marquis: Denn die fast ausschließlich männlichen Helden Genets werden mit einer sensiblen Innensicht ausgeschmückt, ja mit einer Seele (weniger mit einem Charakter allerdings). Das gilt sowohl für die schwächeren Männer als auch für jene zur Gewalt fähigen und bereiten Monstren wie Querelle. Einfühlsam, fast ein bisschen sophistisch, heißt es über die Mordsituation. »Als er (Querelle) Vic eingeholt hatte und dessen blauer, von der Feuchtigkeit schwerer Mantelärmel seinen Arm streifte, fühlte er in seinem ganzen Körper die Gegenwart des Mordes. Wie eine verliebte Regung, auf demselben Wege, oder vielmehr auf dem Negativum dieses Weges, ergriff ihn dies Gefühl ganz allmählich.«

Man möge sich diese Formulierungen einmal auf der Zunge zergehen lassen. Genet hat die Gewalt bestimmter Männer nicht verdammt, nicht erklärt, nicht entschuldigt, nicht benutzt für ein philosophisches Experiment, sondern er hat sie als etwas Begehrenswertes überhöht. Eine poetische Extremposition, die mit der Wirklichkeit vielleicht mehr zu tun hat, als wir bis vor wenigen Monaten uns einzugestehen wagten.

Die gute Gewalt

Schillers »verstandene« Gewalt, de Sades »genossene« Gewalt, Prousts »virtuelle« Gewalt, Jelineks »groteske« Gewalt, Genets »begehrenswerte« Gewalt – all diese Beispiele, denen so unendlich viele hinzuzufügen wären, belegen: Die Literatur rechnet mit der Gewalt. Und: Die Aufklärung der Gewalt findet in der Literatur nach anderen Maßgaben statt als in der Politik, im Krieg, in der Kriminalistik oder schlicht in der Geschichte. Eine Literatur, die nicht dem Größenwahn verfallen ist, sich mit Moral zu verwechseln, muss die Gewalt gar nicht bis zu ihren vermeintlichen Ursprüngen verfolgen und dann bekämpfen, eindämmen, verurteilen oder bejubeln. Aber auch das darf sie natürlich, wenn sie will.

Abschließend ein Beispiel aus dem Bereich der Rêverie, der Träumerei. Es entstammt einem Buch, von dem man wissen muss, dass es in der Zeit des Zweiten Weltkriegs in Schweden geschrieben wurde. 1945 erschien das nach seiner Heldin *Pippi Langstrumpf* benannte Buch in seinem Heimatland – wenig später folgten noch zwei weitere Bände –, 1949 kam schon die erste deutsche Übersetzung heraus. Die Autorin dieses Klassikers der Kinderliteratur hat nie einen Hehl daraus gemacht, wie sehr sie Hitler und sein Treiben gehasst habe.

Die kleine Geschichte, mit der diese Reihe beendet werden soll, handelt von einem Zirkusbesuch, den Pippi Langstrumpf – allein lebend, steinreich, neun Jahre alt, Tochter eines Negerkönigs namens Efraim Langstrumpf – mit ihren beiden Freunden Thomas und Annika unternimmt. Zuerst stellt sie sich blöd (»ob ich mit in den Surkus gehen kann, weiß ich nicht, denn ich weiß nicht, was Surkus ist. Tut das weh?«), um am Ende triumphierend den Zirkusartisten die Show zu stehlen. Da für das Kassenfräulein Pippis Goldtaler, den sie mit einem kräftigen Biss ihrer Zähne auf seine Echtheit hin geprüft hat, für den zweiten oder gar dritten Rang nicht in Frage kommt, landen Thomas, Annika und deren rothaarige Freundin directement in der ersten Reihe. Das entspricht Pippis Temperament, die sich gleich einmischt, indem sie einem Pferd das Vorderbein hochhebt und ihm sehr freundliche Grüße von ihrem eigenen Pferd ausrichtet. Kurz darauf schwingt sie sich auf das Pferd einer gewissen Miss Carmencita, die das gar nicht witzig findet; es folgt der erste, selbstverständlich vergebliche Versuch eines Rausschmisses seitens des Zirkusdirektors. Als Nächstes hopst Pippi auf das Seil der Künstlerin Miss Elvira, die sich daraufhin vor Schreck ihrem Vater, dem Direktor, an den Hals wirft. Der zweite, abermals vergebliche Versuch, Pippi – diesmal von gleich fünf Männern – hinauswerfen zu lassen, geht einher mit einem Stimmungsumschwung: »Lasst sie da!«, rufen die Zirkusbesucher. »Wir wollen das rothaarige Mädel sehen!«

Den Höhepunkt dieses kunterbunten Zirkusbesuchs stellt ein Kampf dar. Genauer, ein Ringkampf. Mit seinem seltsamen Akzent kündigt der Zirkusdirektor voller Stolz an: »Meine Damen und Herren! Jetzt wärden Sie zu sehen bekommen das greeßte Wunder aller Zeiten, den schdarken Adolf, den bis jetzt noch keiner besiegt hat. Bitte sähr, meine Damen und Herren, jetzt kommt der schdarke Adolf.« Auftritt ein großer, zufrieden aussehender Kerl, fleischfarbenes Trikot, Leopardenfell auf dem Bauch. Der Direktor preist die »Muschkeln« des starken Adolf an und unterbreitet sein »Angebohd«. Wer es wage, in den Ring zu steigen gegen diesen Mann, wer den starken Adolf besiegen könne, soll hundert Kronen bekommen. »Bitte sähr! Wer tritt vor?«

»Was hat er gesagt?«, fragt die wieder einmal etwas begriffsstutzige Pippi. »Und warum spricht er arabisch?« Man braucht wohl kaum zu betonen, dass es für das stärkste Mädchen der Welt eine Herausforderung bedeutet, dem stärksten Mann der Welt eins auf die Rübe zu geben. Wild entschlossen betritt sie die Manege. Dem verärgerten Zirkusdirektor (»Geh! Värschwind! Ich will dich nicht sehen«) erwidert sie in aller Unschuld, sie wolle »ja bloß mit dem starken Adolf kämpfen«. Gesagt, getan. Nachdem sie herzlich die große Hand des starken Adolf geschüttelt hat, legt sie ihn flach; einmal, zweimal, dann ein drittes Mal. Pippi feuert den schockierten Mann noch an, nur, um ihn im nächsten Augenblick hoch in Luft zu stemmen und rund um die Manege zu tragen. Dann legt sie ihn ein letztes Mal hin und hält ihn fest. »Na, Alterchen, ich glaube wir machen nicht weiter«. Die Menschen im Zirkus toben vor Begeisterung – nicht so der Zirkusdirektor: »Er war wütend. Aber der starke Adolf war noch wütender. In seinem ganzen Leben war ihm so etwas Furchtbares noch nicht passiert.«

Den Triumph, den starken Adolf besiegt zu sehen, teilt Astrid Lindgren mit den Zirkusbesuchern. Heute denkt vielleicht kaum noch jemand daran, aber wer hätte damals nicht gewusst, welcher Mann sich hinter diesem starken Adolf verbirgt? Pippi Langstrumpf hat das Böse bekämpft. Ihre phantastische Körperkraft – die immer reagiert, nie provoziert – wird als gute Gewalt eingesetzt. Das ist Lindgrens Prinzip, und es ist sehr beruhigend für die Kinder und für die Erwachsenen auch. Aber es ist eine Rêverie, eine Träumerei, mehr nicht. Ihren Gewinn übrigens, den Hundertkronenschein aus der Hand des gedemütigten Direktors, verschmäht unsere Heldin der guten Gewalt verächtlich. »Was soll ich mit diesem Papierlappen? Den kannst du behalten und Heringe darin einwickeln, wenn du willst.«

Svetlana Alpers
In Erwartung des Todes

Velázquez' »Merkur und Argus«

Es gibt viel Gewalt in der europäischen Malerei. Gewalt ist etwas, das die Maler stets mit Stolz dargestellt haben, und sie haben ihre Sache gut gemacht.

Das hängt teilweise damit zusammen, dass der menschliche Körper in ausdrucksvoller Pose im Mittelpunkt der Renaissancemalerei stand. Lesen wir die zeitgenössischen Traktate, so stellen wir fest, dass die am höchsten geschätzte Form der Kunst jene war, die Figuren aus kulturell bedeutsamen Erzählungen abbildete – aus der Bibel oder aus dem antiken Mythos. Lebendige Figuren, aber natürlich waren auch tote Körper und die von Sterbenden wichtig. Und jene Körperhaltungen, die mit dem Sterben zu tun hatten, galten als die am schwierigsten darzustellenden. Sie lassen sich am schwierigsten malen, weil sie die extremsten sind – sie zeigen den Menschen in höchster Anspannung.

Der bethlehemitische Kindermord war beispielsweise besonders beliebt als ein Sujet, das die Demonstration malerischer Virtuosität erlaubte. Ghirlandaio, Raffael, Guido Reni und viele andere Künstler führten ihr Talent vor, indem sie anlässlich dieses Themas eine lange Reihe von *effetti* malten (um den italienischen Begriff zu verwenden): die Körper vieler grausam tötender Männer, vieler händeringender Frauen, vieler sterbender Kinder. Man kann sagen, dass der Maler seine reiche Begabung unter Beweis stellt, indem er uns ein Massaker zeigt. Was sollen wir davon halten?

Natürlich gilt Gewalt in der Kunst nicht immer gleich. Es gibt böse Gewalt wie den Mord an den unschuldigen Kindlein oder die Erschießung der Aufständischen in Goyas »Drittem Mai«, und es gibt gute Gewalt wie etwa Judiths heroische Enthauptung des Holofernes. Schließlich fällt manche Gewalt auch irgendwo zwischen die beiden Kategorien und ist weder gut noch böse – etwa die Szene, wie Abraham das Messer hebt und sich anschickt, seinen Sohn Isaak zu opfern, oder der Anblick eines christlichen Märtyrers wie des heiligen Sebastian, der von Pfeilen durchbohrt an einen Baum gefesselt ist.

Das Problem lautet allerdings: Wie kann man den Unterschied erkennen? Oder besser gesagt: Wie kann uns der Maler bei der Verfertigung des Bildes den Unterschied zwischen der gerechtfertigten Gewalt zeigen und jener, die nicht gerechtfertigt ist? Müssen wir denn den Gegenstand eines Bildes bereits vorher kennen, um das jeweils feststellen zu können?

Es liegt in jeder Kunst, die Gewalt zu ihrem Thema macht, eine Gefahr: Sie kann das, was sie darstellt, verherrlichen oder legitimieren. Denn der Künstler will uns bewegen, will uns zu einer Reaktion herausfordern. Man denke an das berühmte verschollene Fresko von Leonardo, das die Schlacht von Anghiari zeigte und uns durch Kopien bekannt ist. Der Künstler hat hier seine malerische Souveränität demonstriert, indem er mit wunderbarem Geschick eine Schlachtenszene konstruierte, in der sich kämpfende Pferde und Männer ineinander verschlingen. In gewissem Sinne bedient und ermuntert die europäische Malerei den Geschmack an der Gewalt, sowohl beim Künstler wie beim Betrachter.

Es gab alternative Strategien. Manche nordeuropäischen Künstler waren an der monumentalen menschlichen Figur nicht besonders interessiert oder mieden sie, weil sie nicht sehr geschickt mit ihr umzugehen wussten. Pieter Bruegel mit seinem »Triumph des Todes« oder Altdorfer mit der »Alexanderschlacht« stellen das Töten als ein Massenereignis dar. Doch indem sie die einzelne menschliche Figur zu kleinem und kleinstem Format schrumpfen lassen, schrumpft auch die Bedeutung des individuellen Lebens oder Todes. Durch die Miniaturisierung übt die Gewalt keine massive Wirkung aus, aber auch die Frage nach Leben oder Tod spielt keine große Rolle mehr.

Velázquez' Gemälde »Merkur und Argus« ist kein unbedingt nahe liegendes Beispiel, wenn es um das Thema Gewalt geht. Eben deswegen habe ich es ausgewählt. Das Thema enthält implizit eine Gewalttat, zumindest hat ein anderer Maler es so aufgefasst: Rubens hat »Merkur und Argus« als Hinrichtung dargestellt. Dieses Bild war Velázquez bekannt. Aber er schuf etwas vollkommen anderes. Anstatt einer Feier oder einer Miniaturisierung von Gewalt zeigt uns Velázquez etwas, was man die fatalistische Ansicht von Leben und Tod nennen könnte.

Der Mythos erzählt, wie Merkur im Auftrag Jupiters den wachsamen Hirten Argus einschläfert und sodann tötet, damit er Io, Jupiters jüngste Liebschaft, befreien kann, die in Gestalt einer Kuh auf Befehl der eifersüchtigen Juno festgehalten wird. Es handelt sich um eine jener verwickelten Göttergeschichten, wie sie Ovid in den *Metamorphosen* erzählt.

In Velázquez' Darstellung lagern zwei Männer – das Bein des einen überdeckt achtlos das des anderen – nebeneinander auf dem Boden. Der barhäuptige Argus ist rechts im Schlaf in sich zusammengesunken; Merkur, dessen Flügelhut sich gegen den Himmel stemmt, lehnt nach links. Die Flanke und das Haupt einer Kuh – man beachte das ragende Horn und die sich abzeichnenden Wimpern – erstrecken sich hinter den beiden. Auf den ersten Blick geschieht hier nicht viel.

Dem oberflächlichen Anschein nach könnten wir in diesem Bild, so, wie Velázquez es gemalt hat, einen verstohlen zu Werk gehenden Viehdieb erkennen, der sich gerade mit einem wertvollen Stück davonmachen will. Das Gefühl, dass man hier einem tatsächlichen Vorfall beiwohnt, ermuntert den Betrachter zu solch einer Beschreibung; es scheint, als sei dies ein Stück Leben und kein Mythos.

Und zumindest, wenn man das Bild aus einer gewissen Entfernung betrachtet – so dass der Farbauftrag, die Pinselspuren nicht sichtbar sind –, ist es auch Leben und nicht Kunst. Velázquez hatte einen präzisen Begriff von der vor seinen Augen liegenden Wirklichkeit, und seine Malerei erfasst diese Wirklichkeit mit Schärfe und Witz. Wir sollten daran denken, dass seine hauptsächliche Aufgabe am spanischen Hof die Anfertigung von Porträts der königlichen Familie war.

Aber hier ist noch mehr im Spiel als Witz. Merkur holt zum Zustoßen aus, seine Waffe ist ein wenig über die Panflöte erhoben, die er benutzt hat, um Argus einzulullen. Dieser ist schlafend zurückgesackt, er bietet die verletzliche Brust dar. Mörder und Opfer, der Verletzbare und der Ungefährdete, sind in diesem Bild und durch dieses Bild vereint.

Die Wirkung der Vereinigung hängt teilweise damit zusammen, dass Velázquez für den Entwurf beider Figuren ein und dasselbe Modell verwendet hat. Es handelt sich um die antike Statue, die als »Sterbender Gladiator« beziehungsweise – heute die herrschende Meinung – »Sterbender Gallier« bekannt ist. Diese Statue stellt einen sterbenden Krieger dar, der sich auf einen Arm und die Hand aufstützt, während der Kopf vornüberknickt und die am Boden ruhenden Beine kraftlos daliegen. Velázquez verteilt diese Körperhaltung auf zwei Figuren: Merkur hat die Arme jenes sterbenden Galliers, Argus den Kopf und die Beine. Eine einzige Gestalt in der Agonie verwandelt sich in etwas anderes: sowohl in einen Mörder, der soeben dabei ist, zuzustoßen, wie in ein ahnungsloses Opfer. Eine explizite Pathosformel – wie Aby Warburgs Begriff lautet – ist zerlegt worden. Was nun von ihr bleibt, ist unentschieden und von widersprüchlicher Wirkung.

Arme, Beine, Leiber, Köpfe und die verschiedenen Kleidungsstücke, welche sie bedecken, füllen die niedrige Leinwand über die ganze Breite. (Das ungewöhnliche und schwierige Format war durch den Platz vorgegeben, wo das breite und niedrige Bild hängen sollte.) Ein Horn und zwei Schwingen stehen gegen den Himmel sowie als Kulisse eine geduldige Kuh. Der Mörder wird nicht im Akt des überwältigenden Zugriffs gezeigt, das Opfer leistet keinen Widerstand. Alle Handlung ist in der Schwebe. Die Gesichter sind dem Blick des Betrachters weitgehend entzogen oder ihre Züge durch die Farbigkeit verdeckt. Die beiden Gestalten erscheinen gleichberechtigt. Der beiläufige Blick könnte sie für Brüder halten. Aber die Drohung des Todes hängt über der Szene.

Eine solche Gleichheit entspricht dem menschlichen Wesen, wie es Velázquez darstellt. Er hat, daran sollte man denken, die Hofzwerge mit demselben Interesse gemalt wie den König. Oder man erinnere sich an die merkwürdige Ähnlichkeit zwischen Sieger und Unterlegenem, Ambrogio Spinola und Justin von Nassau, in der »Übergabe von Breda«, Velázquez' einzigem Schlachtengemälde. Velázquez hat hier das Glück – könnte man angesichts seiner Malweise sagen –, dass der Kampf schon vorüber ist. Qualmwolken steigen vor dem Schlachtfeld auf, Soldaten drängen sich. Ein Pferd hebt spielerisch rastend einen Hinterhuf. Die beiden früheren Feinde begegnen einander mit eleganter Höflichkeit. Das Ganze mutet nicht an wie der spanische Triumph, der es historisch gesehen sehr wohl war.

Velázquez macht nicht nur die Dargestellten gleich, er weigert sich auch, auf eine Seite zu treten. Er ist unparteiisch. Gleichheit ist ein Attribut der Menschen, die dieser Maler darstellt; Unparteilichkeit gehört zu seiner Perspektive. Ohne Position zu beziehen, zeigt er schlicht die Dinge, wie sie sind. Merkur und Argus unterliegen beide einem Zwang, dem keiner von ihnen entrinnen kann. Obwohl sich noch nichts ereignet, sind sie in dem Tod und durch den Tod verbunden, der bevorsteht. Im Mythos hat sie beide das Handeln der Götter an den Punkt gebracht, wo sie nun sind. Das erklärt zumindest teilweise die Schicksalhaftigkeit der Szene. Der Rest der Erklärung ist, wie ich darlegen möchte, in Velázquez' Malweise zu suchen.

Ich habe die Vorstellung von einer Schicksalhaftigkeit der Dinge (der eine fatalistische Haltung des Menschen entspricht) einem ganz anderen Kontext entliehen – der griechischen Antike. Insbesondere beziehe ich mich hierbei auf eine eindrucksvolle Analyse der *Ilias* durch die französische Schriftstellerin und Philosophin Simone Weil; jedenfalls war das mein ursprünglicher Ausgangspunkt. Ich habe ihren Essay »L'Iliade, ou le poème de la force« durch Zufall in die Hände bekommen, doch bei der Lektüre schien mir der Text eigenartig bedeutsam für die Interpretation jenes von Velázquez dargestellten Todes. Ich bin eigentlich keine große Bewunderin von Simone Weils Schriften. Auch haben ihre Sicht der Welt, ihre Entscheidung, wie man in der Welt zu leben habe, mit Velázquez ganz und gar nichts zu tun. Und ihre bizarre Idee, die christlichen Evangelien seien der letzte und wundervollste Ausdruck des griechischen Genius, wird durch ihre eigene Interpretation der *Ilias* widerlegt.

Und doch: Trotz alledem findet man in ihrer Schilderung der griechischen Welt Begriffe, mit denen sich über Velázquez' Gemälde sprechen lässt. Sie begann ihren Aufsatz knapp vor Ausbruch des Zweiten Weltkriegs in Paris. Und um den Krieg geht es ihr. Wie für Homer ist für sie der Krieg das angemessene Bild der menschlichen Existenz. Wie für Homer ist für sie der Tod von entscheidender Bedeutung für das Leben.

Ihr erster Satz lautet: »Der wahre Held, der wahre Gegenstand, der Kern der *Ilias* ist die Gewalt (la force).« Und sie schließt ihren Essay mit der Bemerkung, das Epos lehre uns »zu erkennen, dass nichts vor dem Schicksal Schutz findet, niemals die Gewalt zu bewundern, den Feind nicht zu hassen und die Unglücklichen nicht zu verachten«.

Ihr Text läuft darauf hinaus, dass jeder der Männer in der *Ilias* schließlich einmal auf dem Schlachtfeld fallen wird. Sie drückt ihr Entsetzen darüber aus, dass jeder, sobald er getötet worden ist, nur noch den Status eines Dinges hat. Die Wirkung der Gewalt ist es, Menschen zu Dingen zu machen. Doch während sie das Entsetzen darüber empfindet, dass Menschen zu Dingen werden, frohlockt sie auch darüber – falls man dieses Wort hier verwenden darf –, dass niemand diesem Schicksal entrinnt. In ihrer Interpretation ist das Schlachtfeld Homers eine Instanz, die alle gleichmacht. Es gibt keinen Unterschied zwischen dem Sieger und dem Besiegten, zwischen dem, der tötet, und dem Getöteten. Am Ende sind beide in derselben Lage. Keiner steht über oder unter dem gewöhnlichen Menschenmaß, denn keiner wird verschont.

Es gibt, wie man vielleicht erwähnen sollte, eine andere – eine völlig andere Lesart der *Ilias*: als ein Sängerepos, das die Taten jener jungen Helden rühmt, die eines herrlichen Todes sterben. Die Vorstellung vom herrlichen Tod ist ein zentraler Bestandteil des epischen Gesangs. Liest man die *Ilias* so, macht das Epos einen radikalen Unterschied zwischen den jung in der Schlacht fallenden Helden und dem gewöhnlichen Rest der Menschheit.

Diesen beiden Lesarten liegen verschiedene Sichtweisen zugrunde. Simone Weils Interpretation ist eine partielle – sie sieht den Text von außen. Man könnte auch sagen, dass es ihr mehr um das geht, was sie für die Botschaft Homers hält, als um das Medium. Die epische Dichtung als solche interessiert sie nicht. Deshalb liest sie die *Ilias* nicht als ein Preislied. Das Wort »Gewalt«, »la force«, ist ihre eigene Extrapolation, sie hat es nicht im Text gefunden. Trotzdem ist die Schicksalhaftigkeit, die sie so hervorhebt, gewiss grundlegend für das griechische Epos. Man findet sie auch in den griechischen Tragödien späterer Jahrhunderte. Diese Vorstellung von universaler Gewalt und einem hinzunehmenden menschlichen Schicksal gehört zur griechischen Kultur, und sie hat sich als sehr langlebig erwiesen. Jenes Griechenland war noch für Simone Weil von Bedeutung, jedenfalls in der Version, die sie im zwanzigsten Jahrhundert heraufbeschwört.

Kehren wir zu Velázquez zurück. Es gibt Passagen in Simone Weils Essay, die geradezu als eine Beschreibung seines Gemäldes dienen könnten. Der Leser kann diese Behauptung überprüfen, wenn er eine Reproduktion des Gemäldes betrachtet, während er den folgenden Satz liest, wobei er »Dichter« und »Zuhörer« durch »Maler« und »Betrachter« ersetzt: »Die Sieger und die Besiegten werden uns aus derselben Nähe gezeigt, sie sind mit demselben Recht die Nächsten des Dichters und des Zuhörers.«

Warum ist das so? Weshalb kommt Simone Weils Beschreibung der griechischen Weltsicht so nahe an Velázquez heran? Ein Grund ist technischer Natur. Indem sie von der »Nähe« von Siegern und Besiegten spricht, behandelt sie den Text der *Ilias* wie ein Gemälde; sie kommt dem Maler hier entgegen. Aber eine Verbindung zwischen Simone Weil und Velázquez gibt es noch auf einer tieferen Ebene. Das Gefühl einer Fatalität, das in Europa bei den Griechen seinen Ursprung hat, erkennt man auch bei Velázquez. Beides gehört zu einem kulturellen Kontinuum.

Ich glaube, die Aura selbst von Velázquez' »Merkur und Argus« genügte, uns – mit ein wenig Hilfe von Simone Weil – diese Affinität mit dem Griechischen erkennen zu lassen. Doch unerwarteterweise ergibt sich noch eine andere Verbindung. Die Skulptur »Der sterbende Gallier«, die Velázquez als Modell sowohl für seinen Merkur als auch für seinen

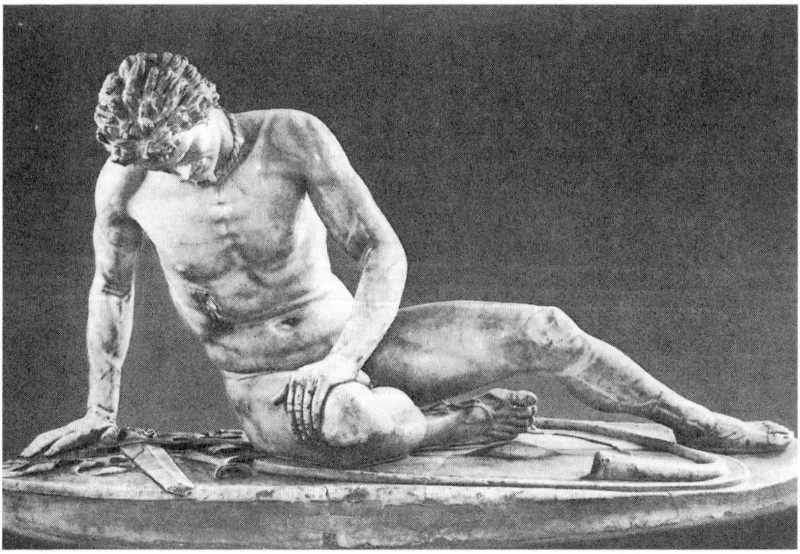

Argus diente, war eine römische Kopie eines griechischen Originals. Und heute nimmt man an, dass das griechische Original eine Bronzestatue war, die einen jener Gallier zeigt, welche von griechischen Soldaten in einer Schlacht des dritten Jahrhunderts v. Chr. getötet wurden. So sind durch die Vermittlung des »Sterbenden Galliers« Velázquez' Merkur und Argus die Erben jener, deren Schicksal es war, auf einem antiken Schlachtfeld zu sterben. Über diese Skulptur ist Velázquez' Paar in seiner Ausweglosigkeit weitläufig mit den Kriegern der *Ilias* verwandt.

Das wusste der Maler natürlich nicht. Doch da ihn die Statue anzog, stellte sich eine Verbindung her. (Es hat übrigens den Anschein, als sei Velázquez der Erste gewesen, der einen Gipsabguss dieser eben in Rom ausgegrabenen Skulptur herstellen ließ. Aber das ist eine andere Geschichte.) Die griechische Kultur hat teilweise durch solch unwahrscheinliche Verbindungen als Nährstoff der europäischen Kultur überdauert.

Wie kam es, daß Velázquez »Merkur und Argus« in dieser Art dargestellt hat? Wie sehr hing dies von seiner Malweise ab? Die Fragen lassen sich unmöglich eindeutig beantworten. Aber sie berühren wichtige Wahrheiten über Malerei.

Rubens war ein Meister, dem Velázquez in Spanien begegnet war. Er bewunderte den Mann und seine Werke sehr und mit gutem Grund. Unter den vielen Bildern von Rubens, die Velázquez am spanischen Hof kennen lernte, war dessen eigene Version des Themas »Merkur und Argus«. Merkur, die Flöte in der einen Hand, das Schwert in der anderen, schickt sich an, dem schlafenden Argus den Kopf abzuschlagen. Wir sehen den Augenblick, ehe der tödliche Hieb fällt. Der Künstler versetzt uns in die Position dessen, der auf das Eintreten eines Ereignisses wartet, von dem er bereits weiß, dass es geschehen wird. Selbst die Kuh dreht den Kopf, um es nicht zu versäumen. Rubens' Interesse gilt der Handlung selbst. Es gibt hier einen Gewinner und einen Verlierer. Anstatt des Zögerns, der Stille, der neutralen Urteilslosigkeit von Velázquez hat Rubens zum Schlag ausgeholt.

Es handelt sich um ein weniger bedeutendes Werk eines höchst bedeutenden Malers. Aber es ist repräsentativ für Rubens' Malerei. Sein Anliegen war es, den menschlichen Körper in einer langen Reihe ausdrucksstarker Haltungen zu erfassen. Der Konflikt zwischen verschiedenen Figuren liegt in der Natur seiner Malerei. Dem Beispiel früherer italienischer Künstler folgend, hat er einen wilden Kindermord zu Bethlehem gemalt. Sein herrliches Gemälde »Die Schrecken des Krieges« ist zu Recht berühmt. Man sieht dort Venus bei dem vergeblichen Versuch, ihren Geliebten, Mars, zurückzuhalten, der aufbricht, um Krieg zu führen. Das Bild ist ein verzweifelter Kommentar zur historischen Wirklichkeit des Malers. Doch Rubens' »Allegorie des Friedens« sieht überraschenderweise ganz ähnlich aus: Dort wird die weibliche Figur des Friedens wiederum vor dem Angriff des Kriegsgottes Mars beschützt, dem man in den Arm fallen muss. Der Frieden entsteht, indem eine Figur eine andere bekämpft. Selbst der Friede wird also von Rubens durch einen gewaltsamen Konflikt dargestellt. Das gehört zum Wesen seiner Malerei.

Velázquez bietet eine Alternative zu dieser Konfliktmalerei. Und das hängt mit seiner ganz eigenen Malweise zusammen. Er lebte ja in mehr oder weniger derselben Welt wie Rubens. Man sagt, dass es während der gesamten Regierungszeit von Philipp IV., des Herrschers, in dessen Diensten er stand, keinen einzigen Tag gegeben habe, an dem nicht Krieg geführt wurde. Und einige Jahre lang begleitete Velázquez den König auf den Feldzügen in Aragon. Er porträtierte den König dort aus Anlass eines großen Sieges. Der Krieg war Velázquez nicht fremd. Aber er hielt Distanz zum Konflikt.

Velázquez malte in venezianischer Manier, wie man es schon zu seinen Lebzeiten bezeichnete. Das Interesse richtet sich darauf, wie der Pinsel mit der Farbe umgeht: ein scheinbar rascher, »abgekürzter« Auftrag dünner Pigmentschichten. Velázquez lernte diese Technik durch das Studium der Bilder von Tizian und Tintoretto. Das Gemälde wirkt, als sei allen Zonen der Malfläche eine gleichmäßige Aufmerksamkeit zuteil geworden, ohne Privilegierung bestimmter Inhalte. Der Umgang mit der Farbe ließe sich als eine Art egalisierende Technik bezeichnen. Es entsteht eine komplexe Oberfläche, von der sich weder die Figuren noch ihre großen Gebärden wirklich abheben können.

Man betrachte, wie die Schwingen auf Merkurs Hut am Himmel kratzen, oder wie die üppig gemalten Falten von Argus' Kleid ihn niederzudrücken scheinen. Vergleichen wir das mit Rubens' willensstark handelnden Figuren, so erscheinen Velázquez' Merkur und sein Argus als Geschöpfe aus Pigmenten. Velázquez muss den Unterschied gespürt haben. Eine Möglichkeit, diesen Unterschied auszudrücken, wäre es, zu sagen: Velázquez' Absicht, sein Kunstwollen, zeigt sich im Akt des Malens selbst, nicht so sehr als Eigenschaft seiner Figuren. Der Pinsel hat den großen Auftritt. Menschliche Handlungen verlieren ihr Pathos.

Um nun die vorher gestellte Frage aufzunehmen: Die Malweise macht einen Unterschied bei der Darstellung von Gewalt.

Für manche Maler, bei denen die Farbmaterie als Substanz große Bedeutung hatte, konnte rotes Pigment Fleisch und Blut sein, geradezu buchstäblich. Rembrandt ist ein Beispiel. Man denke an die Gewalttätigkeit seines »Geschlachteten Ochsen« oder an das Blut, welches das Kleid seiner »Lukrezia« färbt. Doch ist es merkwürdig, dass Rembrandt als Künstler, der mit Blut malt, sich sowohl mit dem Schlachter wie mit dem Schlachtopfer identifiziert. Es ist der Maler selbst, der die Eingeweide des Ochsen in der Hand hat und der Lukrezias Blut vergießt. Unter all den Malern Europas, die Gewalttätigkeiten dargestellt haben, ist Rembrandt einer der ganz wenigen, welche die eigene Teilhabe an der Gewalt zeigen.

Im Allgemeinen aber glaube ich, dass die reflexive Konzentration auf ein

Medium als Gegengift zur Gewalt dient. Wir sehen in Goya – zumindest da, wo er als Kritiker und nicht als ein Lobpreiser des Bestehenden auftritt – einen Erfinder von Albträumen. Er bevölkert seine Drucke mit monströsen Gestalten und ebenso monströsen Handlungen. Aber es gibt einen anderen graphischen Duktus bei ihm, den ich offen gestanden vorziehe. Und das ist der seiner Zeichnungen in den privaten Skizzenbüchern. Hier, wo die Bilder – betrachtet man sie nur im Hinblick auf ihren Erfindungsreichtum – weit weniger komplex sind, kommt es auf ein inneres Gleichgewicht des Zeichnerischen an.

Auf dem Katalog einer kürzlich in der Londoner Hayward Gallery gezeigten Ausstellung war eine denkwürdige Zeichnung Goyas abgebildet: Eine Frau stürzt kopfüber eine Treppe hinunter. Als Zeichner besaß Goya einen ausgeprägten Gleichgewichtssinn, einen Sinn für das Gleichgewicht seiner Figuren – dafür, dass der Verlust dieses Gleichgewichts genügt, um das Schicksal einer Person zu besiegeln. Das ist keine Kritik, die auf das gesellschaftliche Grauen zielt. Es ist ein Zeugnis für die prekäre Conditio humana: für unsere generelle Schwierigkeit, im Gleichgewicht zu bleiben. Kaum jemand kann (ein Zeichner wie Goya musste es wissen) ein vollkommen ausgewogenes Gleichgewicht erzielen. Es verliert sich so leicht. Tatsächlich erleben wir ironischerweise unser Gleichgewicht durch seine Abwesenheit.

Velázquez' »Merkur und Argus« wirft einen düsteren Blick auf die Conditio humana: Zwei Männer sind fatal in eine tödliche Situation verstrickt. Velázquez stellt weder willensstarkes Handeln dar, noch ruft er dazu auf. Seine Malerei nimmt eine Schicksalhaftigkeit hin. In diesem Sinne hat seine malerische Leistung etwas Hellsichtiges, aber auch etwas Friedfertiges.

Doch ist es offensichtlich, dass Velázquez dabei das Malen genießt. Die Arbeit an der Farboberfläche interessiert ihn. Das zeigt sich an der Üppigkeit der Stoffe, dem Aufblinken des Stahls, der Präzision der Kuhwimpern. Vielleicht ist dieses Entzücken an der Technik des Malens eskapistisch. Aber wäre das Entzücken am Töten vorzuziehen?

Aus dem Englischen von Joachim Kalka

Wolfgang Kraushaar
Clowneske Gewalt und Revolte

Nicht wenigen Fernsehzuschauern stockte Mitte der achtziger Jahre der Atem, als ein zu einer Talk-Show eingeladener Bürgerschreck der ersten Stunde eine Pistole herauszog und damit auf einen ihm gegenübersitzenden Mann, den damaligen sozialdemokratischen Finanzminister Hans Matthöfer, zielte. Als der Angreifer abdrückte, kam aus dem Lauf jedoch keine Kugel, sondern lediglich ein Tintenstrahl heraus. Die Pistole war, wie bereits im selben Augenblick klar wurde, lediglich aus Plastik.

Der ebenso erschrockene wie verwirrte Minister zögerte einen Augenblick lang, griff dann nach dem vor ihm stehenden, bis an den Rand gefüllten Rotweinglas und leerte es kurzentschlossen über dem Angreifer aus. Doch während die hässlichen Rotweinflecken in dessen Kleidung haften blieben, verschwanden die Tintenkleckse auf dem Ministeranzug bereits nach wenigen Minuten spurlos. In der Spielzeugpistole war eine so genannte, unter Kindern besonders beliebte Zaubertinte, die sich nach einiger Zeit wieder auflöst. Der Minister, ein erklärter Linker, zeigte sich anschließend seiner Unbeherrschtheit wegen beschämt.

Dieser Bluff, der von dem Ex-Kommunarden und späteren »Spaß-Geriljero« Fritz Teufel wirkungsvoll in Szene gesetzt worden war, trägt die Handschrift einer phantasiebegabten Bewegung, die sich selbst als antiautoritär bezeichnet hat. Die ebenso simple wie raffinierte Aktion lief darauf hinaus, einen staatlichen Repräsentanten zu einer Reaktion zu provozieren, die dessen vermeintlich hinter seiner Höflichkeitsfassade verstecktes Aggressionspotential sichtbar machen und den zunächst als Aggressor erscheinenden Akteur umgekehrt auf die Rolle eines bloßen Katalysators reduzieren sollte.

1. Die Kommunarden in der Tradition der »Subversiven Aktion«

Wenn nach dem politischen Selbstverständnis der antiautoritären Bewegung gefragt wird, die den traditionellen Politikbegriff massiv in Frage gestellt hat, dann kann nur bedingt auf die Ideen- und Organisationsgeschichte des SDS zurückgegriffen werden. Spuren lassen sich zuallererst in einer zwar kleinen, letztlich aber wirkungsmächtigen Gruppierung ausfindig machen.

Ihr Name »Subversive Aktion« war zugleich ihr Programm. Aus der Münchner Künstlergruppe »Spur« zu Beginn der sechziger Jahre hervorgegangen, die sich in der Tradition der »Situationistischen Internationale« begriff, bestand die »Subversive Aktion« aus dem Zusammenschluss mehrerer Intellektuellenzirkel, so genannten »Mikrozellen«, die sich in München, Stuttgart, Tübingen, West-Berlin und Frankfurt gebildet hatten. Zu ihren wichtigsten Mitgliedern zählten Frank Böckelmann, Dieter Kunzelmann, Karl-Heinz Neumann, Günther Maschke, Johanna Ensslin, Christofer Baldeney und Rodolphe Gasché sowie die beiden DDR-Flüchtlinge Rudi Dutschke und Bernd Rabehl.

Schon in ihren Zirkularen, die mal »Unverbindliche Richtlinien«, mal »Suchanzeige«, mal »Anschlag« hießen, drückte sich ein strikt antikategorischer und aktivistischer Duktus aus, mit dem die Aporien einer intellektuellen Textproduktion in politisches Handeln aufgelöst werden sollten. Charakteristisch war die vehemente Ablehnung aller totalisierenden Theorien, die Abwehr einer Kanonisierung der eigenen Analysen und Aktionen und die Überzeugung, dass es genauso unmöglich geworden sei, sich in tradierten globalen Erklärungszusammenhängen zu bewegen wie auf eine intakte Arbeiterbewegung zu hoffen. In bissig ironischen Persiflagen auf die versteinerten Verhältnisse am Ende der Adenauer-Ära durchbrach die »Subversive Aktion« die Grenzen der Ideologiekritik, indem sie in öffentlichen Manifestationen staatliche, kirchliche und kulturelle Institutionen gleichermaßen provokativ bloßzustellen suchte.

Ausgangspunkt war die Überzeugung, dass nur in der Befreiung der innersten Triebe und Strebungen die Möglichkeit zum Ausbruch aus dem Repressionszusammenhang der Gesellschaft liege. Stichpunkt innerer wie äußerer Unterdrückung sei die Sexualität, Auseinandersetzungsobjekt die Doppelmoral der Kirche und ihre verschwiegene Herrschaftsfunktion. Kristallisationspunkte der Kritik waren gewohnte Denk- und Verhaltensstrukturen wie Kategorismus, Konsumismus und Urbanismus, deren systematisch ausgeblendete Spurenelemente einer unverwirklichten Utopie zurückgerufen werden sollen. Die Demaskierung des Tabuierten, Domestizierten sollte eine Rebellion der unterdrückten Wünsche auslösen, mit der das Vakuum des ungelebten Lebens durchbrochen werden könne. Die Subversion war in dieser Vorstellung als Lunte an das Unbewusste der so genannten Wohlstandsgesellschaft gelegt worden.

Solche Anschauungen blieben von der Form her den Denkmodellen der Situationisten eng verhaftet, vom Gehalt her setzten sie jedoch auch auf Ideen der Kritischen Theorie, insbesondere was ihre Verknüpfungsversuche von Marxismus und Psychoanalyse anging. Es war insofern alles andere als Zufall, dass von dieser Gruppe nicht nur die frühen Schriften Max Horkheimers, sondern auch die eines Außenseiters wie Wilhelm Reich wiederentdeckt und in ersten Raubdrucken neu aufgelegt wurden. Das Intime und scheinbar Unpolitische – die Sexualität – wurde hier als das entscheidende Politikum aufgefasst. Eine gesellschaftliche Befreiung schien nur dann möglich, wenn es gelänge, das Triebleben aus den Fesseln der bürgerlichen Zwangsinstitutionen herauszulösen und zur libidinösen Basis aller Emanzipation zu machen.

Die praktische Schlussfolgerung aus diesem Gedanken lautete, zuerst müsse die alte Gesellschaft in ihrer Grundzelle, der als repressiv-neurotischer Zwangsverband angesehenen Familie, angegriffen werden. Denn hier, so die Überzeugung, werde der autoritäre Charakter ausgebrütet, der den Faschismus soziopsychisch überhaupt erst habe ermöglichen können. Der autoritäre Charakter ist ja Adorno zufolge dadurch geprägt, dass er kein autonomes Ich auszubilden vermag. Dieser Mangel, eine strukturell verankerte Ich-Schwäche, sei vor allem das Resultat einer rigiden, unterwürfigen, anal orientierten Erziehung. Der verdrängte Hass gegen die Eltern werde projektiv gegen Minderheiten und Fremdgruppen gelenkt. Die Peinigungsrituale durch die Elternautorität würden in Aggressionsformen gegen Schwache umgewandelt. Daraus resultiere die Anfälligkeit für gewaltverherrlichende Führerprogramme.

Um den »Repressionszusammenhang bürgerliche Kleinfamilie« aufzubrechen, entwickelten die Subversiven auf ihrem ersten Konzil in Bad Wiessee das »Projekt revolutionärer Kommunen«. Wenngleich dieser Plan noch im theoretischen Rahmen verblieb, so wurde hier der Grundstein für jene Entwicklung gelegt, die zur Gründung der Kommune I führte. Wie weit der Bogen mit diesem zentralen Punkt gespannt wurde, das lässt sich exemplarisch in Kunzelmanns »Notizen zur Gründung revolutionärer Kommunen in den Metropolen« ablesen.[1] Dort wird die »Mikrozelle Kommune« in den globalen Zusammenhang einer antiimperialistischen, die Länder der Dritten Welt einbeziehenden Strategie gestellt. Ein wahrlich größenwahnsinnig anmutendes Unterfangen.

Das Kommune-Projekt, als dessen populärste Protagonisten bald Fritz Teufel und Rainer Langhans galten, war die Keimzelle der antiautoritären

Bewegung. Was dann als antiautoritäre Erziehung, Kritische Universität, Freie Schule u. a. m. ausprobiert wurde, das strahlte von dieser Idee einer psychosozialen Umwälzung der elementarsten Lebenszusammenhänge aus. Die antiautoritäre Haltung war gegen die Keimzellen des autoritären Charakters in den Institutionen gerichtet. Der viel beschworene antifaschistische Kampf wurde libidinös umdefiniert – das Subpolitische sollte zum Politikum werden. Gerade die deutsche Geschichte hatte in den Augen der Aktivisten der »Subversiven Aktion« nachhaltig gelehrt, dass eine Revolutionierung ohne eine Befreiung des Trieblebens in die Barbarei führen müsse. Aus dieser Überlegung schien das Kommune-Projekt seine subpolitische Brisanz zu gewinnen.

2. Die Brückner-Habermas-Kontroverse über die Rolle der Provokation

Wie faszinierend und umstritten zugleich ein derartiges, ins gesellschaftliche Nervenzentrum abzielendes Konzept war, wurde rasch deutlich. Auf dem Kongress, der unter der Überschrift »Hochschule und Demokratie – Bedingungen und Organisation des Widerstands« am 9. Juni 1967 unmittelbar nach der Beerdigung Benno Ohnesorgs in Hannover stattfand, kam es nicht nur zu dem allseits bekannten Streit zwischen Jürgen Habermas und Rudi Dutschke um die Legitimität von Widerstandsformen in einer parlamentarischen Demokratie, die den Frankfurter Soziologen schließlich zu dem berüchtigten Linksfaschismus-Vorwurf veranlasste, sondern auch, damit eng verbunden, zu einer Kontroverse über die Rolle von begrenzten Regelverletzungen bei Demonstrationen, genauer den Stellenwert von Provokationen. Kontrahenten waren Habermas und der Hannoveraner Psychologe Peter Brückner, der wie kein zweiter unter den Ordinarien mit der antiautoritären Revolte sympathisierte.

Brückner setzte mit seinen Ausführungen ein, nachdem Hans-Jürgen Krahl, der Vordenker des Frankfurter SDS, behauptet hatte, dass die »traditionelle Dezisionismuskritik«, der zufolge »die Provokation der Gewalt faschistisch« und deshalb kategorisch abzulehnen sei, sich überholt habe und ihm Michael Bärmann mit dem schlichten Gedanken beigepflichtet hatte, man müsse zur direkten Aktion greifen«, wenn es »nicht mehr anders« gehe. Brückner sprach emphatisch davon, dass der »Wahrheitsfindung über die Aktion« eine »explanatorische Kraft« zukomme: »... der Demonstrierende deckt mit der Brutalität der Aktionen auf die er stößt, auf, was sich für den, der sich passiv anpasst, der integriert ist in der so oft beschworenen pluralistischen Gesellschaft einfach versteckt hält ... ich würde sagen, diese Brutalität liegt fertig in allen Teilen gut ausgebildet und artikuliert unter einer sehr dünnen Schale des sozialen Friedens, und viele dieser sogenannten Provokationen sind Instrumente, mit denen man, wie mit einer Sonde, diese dünne Decke vielleicht hinweg zieht, um dann zu sehen, wie ein Teil der Realität aussieht, in der wir uns bewegen.«[2] Aus seiner Sicht bestand die Rolle der Provozierenden darin, einen gesellschaftlichen Mäeutiker zu spielen.

Habermas leitete die Erläuterung seiner Gegenposition, die auch auf die Bemerkungen der beiden Frankfurter SDS-Mitglieder reagieren sollte, mit der Bemerkung ein, der »Sinn« von Provokation müsse erst einmal »terminologisch geregelt« werden. Dabei unterschied er zwischen zwei Formen: »Soweit Sie mit Provokation die Ausübung demonstrativer Gewalt meinen, ist sie hier völlig legitim, und ich glaube, es gibt niemanden, der sie sinnvollerweise in Frage stellen könnte. Demonstrative Gewalt ist die Gewalt, mit der wir uns Aufmerksamkeit für Argumente erzwingen, und d. h., dort die Herstellung von Bedingungen für eine Diskussion erzwingen, wo sie stattfinden sollte. Das hat man bisher nicht Provokation genannt. Provokation nannte man und nennt man folgendes: Was die Probleme in den Institutionen selbst verankert, wird Gewalt, auf die sich herrschende Positionen stützen, herausgefordert zu Aktionen, die diese sublime Gewalt zu einer manifesten Gewalt machen, um sie dadurch zu deklarieren und zu denunzieren. Wenn ich Provokation in diesem Sinne verstehen darf, dann heißt systematisch betriebene Provokation von Studenten ein Spiel mit dem Terror, mit faschistischen Implikationen.«[3]

Damit war eine Unterscheidung von erheblicher Brisanz hergestellt worden. Habermas hatte allerdings keineswegs im Sinn, den studentischen Aktionismus mit dem Terror der Nationalsozialisten gleichzusetzen. Er dachte dabei, wie sich schon bald herausstellte, eher an den Mythos der Gewalt bei Georges Sorel, wie er in der französischen »action directe« und bei den italienischen Faschisten im Umfeld Mussolinis eine maßgebliche Rolle spielte. Bereits im Oktober 1962 hatte Habermas in einer ganz ähnlichen Weise SDS-Vertreter nach ihrem Hinauswurf aus der SPD auf einer Delegiertenkonferenz vor der Wahl einer berufsrevolutionären Perspektive außerhalb der Hochschule gewarnt.[4]

3. Von der Persiflage zur Adaption: die Warenhausbrandstiftung

Wer den Weg eines Stichworts verfolgt, das kurze Zeit darauf sogar Gegenstand eines Gerichtsverfahrens wurde, könnte meinen, Jürgen Habermas habe mit seinen Befürchtungen völlig Recht behalten. Es dauerte nicht einmal ein Jahr, bis aus einer Katastrophenmeldung eine provozierende

Persiflage und aus dieser eine Nachahmungstat wurde, die wiederum das Fanal für eine Gruppe jüngerer Leute bildete, die zum Teil von der Peripherie der Kommune I stammten, den Weg in den terroristischen Untergrund einzuschlagen. Aus dem »Spiel mit dem Terror« schien bald blutiger Ernst geworden zu sein.

Das Stichwort lautete Warenhausbrandstiftung. Als am 22. Mai 1967 bei einem Brand in dem Brusseler Kaufhaus »A l'Innovation« mehr als 300 Menschen umkamen, griffen die Kommunarden die Schreckensmeldung auf und verteilten zwei Tage darauf vor der Freien Universität in West-Berlin Flugblatter, mit denen sie suggerierten, dass es sich bei dem Unglück um eine gezielte Brandstiftung belgischer Anarchisten gehandelt habe. Unter der Überschrift »Neue Demonstrationsformen in Brüssel erstmals erprobt« schrieben sie zunächst im Sprachstil eines fingierten Zeitungsberichts: »In einem Großhappening stellten Vietnamdemonstranten für einen halben Tag kriegsähnliche Zustände in der Brüsseler Innenstadt her.«[5] In einem weiteren Flugblatt vom selben Tag hieß es dann im Stile einer fingierten Reklameseite gar: »Ein brennendes Kaufhaus mit brennenden Menschen vermittelte zum ersten Mal in einer europäischen Großstadt jenes knisternde Vietnamgefühl (dabeizusein und mitzubrennen), das wir in Berlin bislang noch missen müssen.«[6] Und in einem dritten Flugblatt, das von Dieter Kunzelmann verfasst worden war, stand unter der Überschrift »Wann brennen die Berliner Kaufhäuser?« in einer nochmaligen Zuspitzung: »Wenn es irgendwo brennt in der nächsten Zeit, wenn irgendwo eine Kaserne in die Luft geht, wenn irgendwo in einem Stadion die Tribüne einstürzt, seid bitte nicht überrascht. Genausowenig wie beim Überschreiten der Demarkationslinie durch die Amis, bei der Bombardierung des Stadtzentrums von Hanoi, beim Einmarsch der Marines nach China. Brüssel hat uns die einzige Antwort darauf gegeben: burn, warehouse, burn!«[7] Auf Folgen dieser gezielten Provokation musste nicht lange gewartet werden.

Die Polizei zeigte sich alarmiert, sie hielt eine Verbindung der Flugblattschreiber mit den – lediglich in der Phantasie existierenden – Brandstiftern für durchaus wahrscheinlich und nahm umgehend Kontakt mit den Ermittlungsbehörden in der belgischen Hauptstadt auf. Und die *BZ*, der die radikalen Studenten bereits seit langem ein Dorn im Auge waren, bezeichnete die Verfasser als »gemeingefährlich« und forderte Polizei und Staatsanwalt auf, wegen Verherrlichung und Aufforderung zu einer gemeingefährlichen Straftat eine Fahndung nach den Urhebern der Flugblätter einzuleiten.

Das war zwar überflüssig, weil bekannt war, wer zur Kommune I zählte und wo diese untergebracht war, jedoch erhob der Generalstaatsanwalt beim Moabiter Landgericht kurz darauf Anklage wegen Aufforderung »zur Begehung strafbarer Handlungen«, genauer »zum vorsätzlichen Inbrandsetzen« von Kaufhäusern. In der Anklageschrift wurden nur Rainer Langhans und Fritz Teufel genannt, woraufhin Kunzelmann und drei andere Kommunarden mit einer Selbstanklage reagierten. Der Verteidiger der Kommunarden, Rechtsanwalt Horst Mahler, holte schließlich unter Schriftstellern und Literaturwissenschaftlern Stellungnahmen zu den inkriminierten Flugblättern ein.

Die gutachterlichen Äußerungen hätten kaum unterschiedlicher ausfallen können. Während Alexander Kluge den Verfassern bescheinigte, dass sie sich in ihren Schriften einer in der modernen Literatur gebräuchlichen Methode bedienten, indem sie Unrecht durch Vergleiche radikalisierten, um damit den Gewöhnungsprozess der Bürger zu durchbrechen, lehnte es Günter Grass kategorisch ab, die Flugblätter als »Schwarzen Humor« zu verharmlosen; den Kommunarden attestierte er schlicht »Unzurechnungsfähigkeit«. Eine Mittelposition nahm Walter Jens ein. Der Tübinger Ordinarius glaubte in den Texten zwar auch einige Elemente der modernen Literatur wiedererkennen zu können, jedoch nur in dilettantischer Form. Die Flugblätter dokumentierten »abgesunkenes Kultur-Gut«, »Gammler-Theorie in der Wohlfahrtsgesellschaft«, »pubertären Anarchismus« – jedoch nichts, wofür Gerichte zuständig seien.

Als Gutachter vor Gericht traten schließlich die FU-Professoren Fritz Eberhard, Peter Szondi, Jacob Taubes und Peter Wapnewski auf. Sie waren sich trotz unterschiedlicher Argumentationslinien darin einig, dass die Anklageerhebung auf einem Missverständnis beruhe. Der Literaturwissenschaftler Szondi etwa vertrat die Ansicht, es handle sich bei den Texten um Übertreibungen, die mit den Mitteln der »satirischen Parodie« den Sprachduktus von Zeitungsmeldungen und Reklamespots hätten ad absurdum führen wollen.[8] Der Generalstaatsanwalt verkenne offenbar die »ironische Struktur« der Texte. Als Einziger stellte der Philosoph und Religionswissenschaftler Taubes die Kommunarden in die Tradition der europäischen Avantgarde. Ihre Vorläufer müssten im Dadaismus und Surrealismus zu suchen sein. Bei den Flugblättern, die in ihrer Übertreibung und Maßlosigkeit auf die Erzeugung eines Schocks abzielten, handle es sich um »surrealistische Dokumente«. Die von den Surrealisten ebenso wie den Kommunarden programmatisch vertretene »Vernichtung der bürgerlichen Welt« stehe »außerhalb von Geschichte und Politik« und stelle deshalb nichts anderes dar als »eine poetische Fiktion«. Am Ende seines Gutachtens zog er die Schlussfolgerung: »Die Kommune I ist ein Objekt für die Religionsgeschichte und Literaturwissenschaft, aber nicht für Staatsanwalt und Gericht.«[9] Das Gericht wollte sich den Argumenten der Gutachter nicht grundsätzlich anschließen, sprach die Angeklagten jedoch schließlich frei.

Das Verfahren wäre vermutlich anders ausgegangen, wenn ein paar Monate vorher geschehen wäre, was sich in der Nacht vom 2. zum 3. April 1968 in der Frankfurter Innenstadt abspielen sollte. Eine unbekannte Frau rief am späten Abend im Büro der Deutschen Presse-Agentur an und sprach lediglich die Worte: »Gleich brennt's bei Schneider und im Kaufhof. Es ist ein politischer Akt.« Kurze Zeit später alarmierte ein Fußgänger über einen Notruf das Polizeipräsidium. In zwei an der Haupteinkaufsstraße Zeil gelegenen Kaufhäusern waren Brände ausgebrochen. Wenige Minuten vor Mitternacht begann es im dritten und im ersten Obergeschoss des Kaufhauses Schneider zu brennen, zehn Minuten später auch in dem nur hundert Meter entfernten Kaufhof an der Hauptwache. Der Feuerwehr gelang es erst nach anderthalb Stunden, alle drei Brandherde unter Kontrolle zu bekommen. Zwar war niemand verletzt worden, der angerichtete Schaden betrug jedoch 2,2 Millionen DM.

Bereits am Abend des darauf folgenden Tages verhaftete die Polizei in einer im Universitätsviertel gelegenen Wohnung vier Personen unter dem Verdacht der menschengefährdenden Brandstiftung. Es waren, wie sich schon bald herausstellte, die Täter: Die 27-jährige Germanistik-Studentin Gudrun Ensslin, der 26-jährige Student Thorwald Proll, der 25-jährige Schauspieler Horst Söhnlein und der 24-jährige Andreas Baader, der als Berufsbezeichnung Journalist angab. Mit Ausnahme von Söhnlein, der beim Münchner »action-theater« um Rainer Werner Fassbinder mitgespielt hatte, stammte die Gruppe aus der West-Berliner APO. Mit ihrer Tat wollten sie ein Fanal gegen den Kapitalismus, die Unterstützung des US-Krieges in Vietnam und den »Konsumterror« setzen. Der SDS, der diese Motive durchaus teilte, distanzierte sich jedoch von der Warenhausbrandstiftung und bezeichnete sie als »unbegründbare Terroraktion«.

Ende Oktober verurteilte das Frankfurter Landgericht die vier Kaufhausbrandstifter wegen versuchter menschengefährdender Brandstiftung zu einer Zuchthausstrafe von jeweils drei Jahren. Der Gerichtsvorsitzende stellte in seiner Urteilsbegründung allerdings fest, bei den Angeklagten handle es sich um »keine kriminellen Typen«. Ihnen seien »gewisse ideelle Motive« nicht abzusprechen. Aus den bei den Angeklagten aufgefundenen Notizen gehe hervor, dass sie mit ihrer Brandstiftung ein »Fanal« hätten setzen wollen.

Gudrun Ensslin, die von Beobachtern als der intellektuelle Kopf der Gruppe bezeichnet wurde, hatte während der Verhandlung erklärt: »Wir haben es aus Protest gegen die Gleichgültigkeit gegenüber dem Krieg in Vietnam gemacht.«[10] Ihre Tat, fügte sie noch hinzu, sei »ein Fehler und ein

Irrtum« gewesen. Darüber werde man mit anderen reden müssen. Sie könnten jedoch zu Protokoll geben, dass es Ohnmacht sei, die ihrer Tat zugrunde liege. Aber häufig stehe »auf der Seite der Ohnmacht das Recht«.

Nur wenige Tage später widmete die Journalistin Ulrike Meinhof ihre *konkret*-Kolumne dem Urteilsspruch des Frankfurter Landgerichts. Unter der Überschrift »Warenhausbrandstiftung« stellte sie Überlegungen an, was gegen und was für einen solchen Gewaltakt hätte sprechen können. Gegen eine solche Brandstiftung spreche, schrieb sie, dass dabei Menschen hätten gefährdet werden können und dass ein solcher Angriff auf die Konsumwelt diese nicht aus den Angeln hätte heben können. »So gesehen, ist Warenhausbrandstiftung keine antikapitalistische Aktion, eher systemerhaltend, konterrevolutionär. Das progressive Moment einer Warenhausbrandstiftung liegt nicht in der Vernichtung der Waren, es liegt in der Kriminalität der Tat, im Gesetzesbruch.«[11] Am Ende ihres Kommentars berief sie sich auf Fritz Teufel. Dieser hatte auf einer SDS-Delegiertenkonferenz die von den Brandstiftern aufgeworfene Frage mit dem Bonmot bedient, es sei »immer noch besser«, ein Warenhaus anzuzünden, als eines zu betreiben.

Damit schien, von heute aus betrachtet, der weitere Weg vorgezeichnet zu sein. Baader, Ensslin und Meinhof gründeten mit anderen zusammen, darunter Rechtsanwalt Mahler, die RAF. Zuvor bereits hatte Kunzelmann, der im Herbst 1969 in Jordanien in einem Trainingscamp der Palästinenser an der Waffe ausgebildet worden war, nach südamerikanischem Vorbild eine erste deutsche Gruppierung der Stadtguerilla aufgebaut – die »Tupamaros West-Berlin«. Auch Teufel, der im Sommer 1968 nach München gegangen war, tauchte wenig später unter. In einer Sendung des Fernsehmagazins »Monitor« erklärte er im Februar 1970, er werde nun »Sachen« machen, wegen denen er »einige Jahre Gefängnis« zu erwarten habe. Freunden gegenüber hatte er ultimativ festgestellt: »Der Clown Teufel ist tot.« Mit geradezu innerer Notwendigkeit schien die surrealistische Provokation in die Propaganda der Tat, das Happening in den Sabotageakt und die direkte Aktion in den terroristischen Gewaltakt zu münden.

Waren damit die Gutachten der FU-Professoren nicht dementiert worden? Hatten sie sich nicht unendlich blamiert, indem sie so arglos waren, den studentischen Provokateuren zu attestieren, sie hätten nichts anderes als eine »poetische Fiktion« im Sinn gehabt? Und hatte nicht vor allen anderen Habermas mit seinen Kassandrarufen Recht behalten, in denen er bereits frühzeitig und so eindringlich vor einer Illegalisierung der politischen Opposition gewarnt hatte?

4. Benjamin und Habermas: die beiden Grundlinien der Revolte

Wenn nicht alles täuscht, dann hat es in der 68er-Revolte zwei Linien gegeben – die der Rationalität und die der Phantasie. Die eine wurde repräsentiert von jenen SDS-Mitgliedern, die Mitte der sechziger Jahre eine Konzeption der Hochschulreform entwarfen[12], die andere von der Kommune I, deren Mitglieder bereits nach wenigen Monaten wegen »falscher Unmittelbarkeit« aus dem SDS ausgeschlossen worden waren. Der theoretische Herold der einen Linie war zweifelsohne Jürgen Habermas, der der anderen auf den ersten Blick Herbert Marcuse, insgeheim jedoch Walter Benjamin. Beide, der Soziologe, der wie kein zweiter das Selbstverständnis der Bundesrepublik verkörpert, ebenso wie der Philosoph, der schon in der Weimarer Republik nicht heimisch werden konnte, gehörten dem Spektrum der Kritischen Theorie an – jedoch an ihren jeweiligen Endpunkten.

Als im Juli 1972 zu Benjamins 80. Geburtstag die ersten Bände seiner *Gesammelten Schriften* auf einer Konferenz an der Frankfurter Universität vorgestellt wurden, hielt Habermas unter dem Titel »Bewusstmachende oder rettende Kritik« den Hauptvortrag.[13] Was sich als Beitrag zur »Aktualität Walter Benjamins« ausgab, wie es im Untertitel hieß, war in Wirklichkeit eine Abrechnung erster Klasse. Doch das von Habermas in seiner Auseinandersetzung mit dem Kunstbegriff an Warntafeln gegenüber den mystischen, den theologischen und den anarchistischen Implikationen in Benjamins Ästhetik Aufgebotene besaß noch einen ganz anderen Adressaten. Es war jene radikale Linke, die aus der antiautoritären Bewegung hervorgegangen war und die damals magisch gebannt war von der RAF, deren Protagonisten kurz zuvor gerade verhaftet worden waren.

Um die immanente Disparatheit der Benjaminschen Theorie anzudeuten, hatte Habermas auf die tiefgehenden und letztlich unvereinbaren Divergenzen zwischen Benjamins Freunden verwiesen. Es sei »nur als surrealistische Szene« vorstellbar, meinte er, dass Scholem, Adorno und Brecht zu einem Symposion an einem Tisch zusammenkämen, unter dem wiederum Breton und Aragon hockten. Dieser, den Surrealisten zugewiesene Platz war bezeichnend für das Misstrauen, das Habermas gegenüber all jenen Autoren besaß, die sich anmaßten, das Unbewusste zum Sprechen bringen zu wollen. Einen solchen Ort der Degradierung hätten – in einer Parallelkonstruktion zur 68er-Revolte – auch Kunzelmann, Langhans und Teufel einnehmen können. Schließlich hatten sie beansprucht, durch gezielte Provokationen Situationen hervorzurufen, in denen ein gesellschaftlicher Latenzzusammenhang sichtbar und erst dadurch politisch veränderbar werden sollte. Als Situationisten waren sie ebenso wie einst die Surrealisten aufgetreten – als Vorkämpfer der Phantasie.

Als im Januar 2001 die Debatte über die politische Vergangenheit von Bundesaußenminister Joschka Fischer ausbrach, versuchte als einer der wenigen Karl Heinz Bohrer mit Vehemenz eine Lanze für die Militanz der 68er-Bewegung und ihre surrealistischen Evokationen zu brechen.[14] Die allenthalben grassierende, abstrakt »moralisierende Bewertung des Gewaltbegriffs« wies er mit dem Argument zurück, sie würde im Nachhinein darauf hinauslaufen, sich auch noch den reaktionärsten Traditionen in Deutschland zu unterwerfen. Eine bedingungslose Ablehnung von Gewalt würde notwendigerweise auch jene revolutionäre Gewalt verwerfen müssen, ohne die die bürgerlichen Revolutionen des 18. und 19. Jahrhunderts nicht möglich gewesen wären.

Bohrer traf unter denjenigen, die den Marsch durch die Institutionen absolviert hatten, die Unterscheidung zwischen »Funktionalisten«, die an Universitätsstädten wie Freiburg und Bielefeld reüssierten, und »poetischen Situationisten«, die dem »geistigen Abenteuer« auch weiterhin verbunden geblieben seien. Durch die Verbannung der Phantasie aus dem geistes- und sozialwissenschaftlichen Denken habe sich eine weitreichende Banalisierung des Theoretischen durchgesetzt. Dazu passe, dass die insbesondere von der Parteibasis der Grünen betriebene pauschale Rede von der Gewalt schlechthin zum »Erkennungszeichen des Bösen« gemacht worden sei. Diese Tabuisierung der Gewalt sei so erfolgreich, dass sie sich in der Sprachpraxis der deutschen Öffentlichkeit weitgehend durchgesetzt habe.

Ganz so, als wollte er sich für seine nach der 68er-Revolte eingetretenen Enttäuschungen trösten, konstatierte Bohrer am Ende seiner Überlegungen einen grundlegenden Widerspruch. Eine Phantasie, die, wie im Pariser Mai gefordert, an die Macht käme, stellte er ernüchtert fest, könne keine Phantasie mehr sein.

5. Joschka Fischer: vom Berufsrevolutionär zum Berufspolitiker

Die vom *Stern* im Januar 2001 publizierte Bilderfolge zeigt gewiss keinen Clown.[15] Sie zeigt, wie ein junger, mit Helm und Lederjacke ausgerüsteter Mann aus einer Gruppe Gleichgesinnter heraus einen Polizisten verprügelt und selbst dann noch auf ihn eintritt, als dieser bereits wehrlos ist. Die Sequenz offenbart nicht nur, welche Irritationskraft für die Öffentlichkeit von einer derartig hässlichen Szene ausgeht, in der ein späterer Minister, der damals 24-jährige Joschka Fischer, einen Staatsdiener vermöbelt. Sie zeigt auch, wie einseitig und verzerrend der nur durch einen photographischen Ausschnitt vermittelte Eindruck ausfallen kann. Es sind im Wesentlichen drei Aspekte, die sich dem unbefangenen Betrachter nicht erschlossen und ohne deren Kenntnis er sich kein angemessenes Bild vom Ablauf der Szenerie machen konnte:

1. Die Demonstration vom 7. April 1973 war auch für Frankfurter Verhältnisse außergewöhnlich. Sie stand im Zusammenhang mit der seinerzeit einzigartigen Hausbesetzerbewegung und fand zwei Tage nach Räumung eines heftig umkämpften Hauses im Westend statt. Ihr Verlauf verriet, dass es in der Bereitschaft zur Gewaltanwendung eine Steigerung auf beiden Seiten gab. Die Polizei hatte Dutzende von als Demonstranten getarnten und speziell ausgebildeten Zivilpolizisten eingesetzt. Da sie in den Blocks der Demonstranten rasch erkannt wurden, kam es zu einer Reihe gefährlicher Konfrontationen. Nach Aussagen der Veranstalter sind viermal, nach Aussagen der Polizei zweimal Schusswaffen gezogen worden, um aufgebrachte Demonstranten in Schach zu halten. In diesen Situationen haben sich zahlreiche Protestierende auf den Boden geworfen, um vor möglichen Schüssen in Deckung zu gehen. Der Verlauf der Demonstration markierte in doppelter Hinsicht eine neue Qualität: zum einen im Hinblick auf die Bereitschaft der Polizei, verkleidete und bewaffnete Zivilpolizisten unter den Demonstranten einzusetzen, und zum anderen im Hinblick auf die Demonstranten, dieser Methode mit aller Entschlossenheit entgegenzutreten.

2. Diese Eskalation war die Voraussetzung für die gesamte Prügelszene. Die Gruppe um Fischer verfolgte offenbar die Absicht, das Abfilmen und Abfotografieren von Demonstranten durch Polizeikräfte zu verhindern. Die Ironie der Geschichte bestand nun darin, dass gerade ein solcher Versuch das Gegenteil von dem, was er beabsichtigte, erreicht hat. Die Tatsache, dass vermummte Demonstranten mehrfach eingriffen, um derartige Aufnahmen zu verhindern, weckte gerade das Interessen von Presseleuten. So kam es, dass ein solcher Übergriff nicht nur von zwei Fotografen, sondern auch von einem Kamerateam des Hessischen Rundfunks aufgenommen wurde. Und diese Aufnahmen wiederum haben in gewisser Weise zweimal Karriere gemacht.

3. Die eine Karriere ist bekannt. Sie bestand darin, den Bundesaußenminister in seiner politischen Biographie bloßzustellen. Die andere hingegen ist in Vergessenheit geraten. Am Abend jenes 7. April 1973 wurde die Filmsequenz um 20 Uhr – sozusagen zur »prime time« – in der »Tagesschau« gezeigt. Natürlich war seinerzeit keine der agierenden Personen, darunter auch ein Polizeispitzel, bekannt. Zwei Tage darauf reagierte die Presse in ihren Montagsausgaben auf die Gewaltszene. Die wichtigsten

Zeitungen widmeten sich dem Vorfall in epischer Breite und gaben einschlägige Kommentare ab.[16] Geboren wurde in diesem Zusammenhang der Ausdruck »Politrocker«. Diese Wortverbindung, die eine neue Gewaltbereitschaft von Demonstranten aufzeigen sollte, wurde von der Boulevardpresse ebenso aufgegriffen wie von den überregionalen Tageszeitungen. Falls jemand auf die Idee käme zu behaupten, Fischer sei der »Phänotyp des Politrockers« gewesen, dann wäre dem nur deshalb zu widersprechen, weil die Verwendung dieser Vokabel offensichtlich kein anderes Ziel verfolgt, als zu kriminalisieren. Zumal Fischer später für sich und seine Gruppe explizit in Anspruch genommen hat, für die »Politrocker« sprechen zu wollen. Auf dem so genannten »Folter-Tribunal« am 12. März 1974 im Frankfurter Volksbildungsheim erklärte er vor zweitausend Teilnehmern: »Ich will hier für den Häuserrat reden, für die Genossen, die in den letzten Tagen gewöhnlich als Politrocker bezeichnet wurden …« Hier liegen jedenfalls die Wurzeln für jene militanten Demonstranten, die am Ende der siebziger Jahre als »Schwarzer Block« klassifiziert wurden und die seit den achtziger Jahren als »Autonome« bezeichnet werden.

Eine von Fischers Galionsfiguren war Walter Benjamin. Als sich im Spätsommer 1983 der junge türkische Emigrant Kemal Altun vor Verzweiflung über die Ablehnung seines Asylersuchens aus dem sechsten Stockwerk des Berliner Verwaltungsgerichts in den Tod stürzte, nahm Fischer das zum Anlass, um in einer aufsehenerregenden Bundestagsrede auf Benjamins Selbstmord aus Furcht, der Gestapo an der spanisch-französischen Grenze in die Hände zu fallen, hinzuweisen.[17] Er war der Erste, der im Parlament das Schicksal des jüdischen Philosophen thematisierte, um damit zugleich vor einer Aushöhlung des Asylrechts zu warnen.

Der ehemals Antiautoritäre, der militant Linksradikale, der Phänotyp der »Politrocker«, der Vorläufer der »Autonomen« nun an den Schalthebeln der Macht? Ja und nein. Aus dem einstigen Berufsrevolutionär ist zweifellos seit langem ein Berufspolitiker geworden. Wie lautete noch die Parole aus dem Pariser Mai? »Seid realistisch, verlangt das Unmögliche.« Doch nicht die Phantasie hat die Macht errungen, sondern die Realpolitik. Eine Läuterung, eine Katharsis? Wie auch immer, der Stauraum in der Identität des Bundesministers für Auswärtige Angelegenheiten muss jedenfalls außergewöhnlich groß sein. Bohrer hat in dem im Bundestag abgegebenen Sündenbekenntnis des Außenministers »eine Art Selbstverbrennung seiner Identität« gesehen. Diese dürfte sich, sofern das Urteil nicht überzogen ist, jedoch bereits zwei Jahrzehnte zuvor vollzogen haben – als Fischer seine politische Phantasie in ein bloßes Instrument zur Machterringung verwandelte. Als er Utopien kategorisch unter Totalitarismusverdacht stellte und sich unbefangen zur »Realpolitik« bekannte, ohne zu wissen, dass er damit dabei war, wenn auch nicht in die Fußstapfen Bismarcks zu treten, so doch sich zumindest in kategorialer Hinsicht bei der preußischen Staatsideologie des 19. Jahrhunderts zu bedienen.

Anmerkungen

1 Dieter Kunzelmann, »Notizen zur Gründung revolutionärer Kommunen in den Metropolen«, in: Frank Böckelmann/Herbert Nagel (Hg.), *Subversive Aktion. Der Sinn der Organisation ist ihr Scheitern*, Frankfurt/Main 1976, S. 143.

2 Peter Brückner (Diskussionsbeitrag), in: Uwe Bergmann (Red.), *Bedingungen und Organisation des Widerstandes. Der Kongreß in Hannover*, West-Berlin 1967, S. 74.

3 Jürgen Habermas (Diskussionsbeitrag), in: ebenda, S. 75.

4 »Ihnen bleibt nur die eine Alternative, entweder werden Sie die intellektuellen Kader für eine neue Partei oder Sie unternehmen den Versuch einer action directe und gehen in die berufsrevolutionäre Untergrundarbeit.« *Civis*, 9. Jg., Nr. 11, November 1962, S. 12.

5 Kommune I (Hg.), *Gesammelte Werke gegen uns*, West-Berlin 1967, S. 20.

6 Ebenda, S. 21.

7 Ebenda, S. 22.

8 Peter Szondi, »Aufforderung zur Brandstiftung? Ein Gutachten im Prozess Langhans/Teufel«, in: *Der Monat*, 19. Jg., Heft 227, August 1967, S. 24–29.

9 Jacob Taubes, »Surrealistische Provokation. Ein Gutachten zur Anklageschrift im Prozess Langhans – Teufel über die Flugblätter der ›Kommune 1‹«, in: *Merkur*, November 1967, XXI. Jg., Nr. 236, S. 1079.

10 Zit. nach: Stefan Aust, *Der Baader-Meinhof-Komplex*, Hamburg 1986, S. 69.

11 Ulrike Meinhof, »Warenhausbrandstiftung«, in: *konkret* vom 4. November 1968, 14. Jg., Nr. 14, S. 5.

12 Wolfgang Nitsch/Uta Gerhardt/Claus Offe/Ulrich K. Preuß, *Hochschule in der Demokratie – Kritische Beiträge zur Erbschaft und Reform der deutschen Universität*, Neuwied/West-Berlin 1965.

13 Jürgen Habermas, »Bewusstmachende oder rettende Kritik – die Aktualität Walter Benjamins«, in: Siegfried Unseld (Hg.), *Zur Aktualität Walter Benjamins*, Frankfurt/Main 1972, S. 173–223.

14 Karl Heinz Bohrer, »Fantasie, die keine war«, in: *Die Zeit* vom 8. Februar 2001, Nr. 7, S. 33 f.

15 »Ja, ich war militant«, Interview mit Joschka Fischer, *Der Stern* vom 14. Januar 2001, Nr. 2, S. 28–33.

16 »Hundert ›Polit-Rocker‹ haben es wieder geschafft. Die Szene, Millionen Fernsehzuschauern am Samstagabend gezeigt, kann keiner leugnen. Drei, vier Jugendliche nahmen einen ihnen so verhassten ›Bullen‹ ihrerseits auf die Hörner. Sie prügelten auf ihn ein, als er schon hilflos am Boden lag. Und jeder wird urteilen: Die Gewalt ging von den Demonstranten aus.« Lothar Vetter, »Sprache der Gewalt«, in: *Frankfurter Rundschau* vom 9. April 1973.

17 Joschka Fischer, »Der Minister und ein Toter – Rede vor dem Deutschen Bundestag vom 8. September 1983«, in: ders., *Von grüner Kraft und Herrlichkeit*, Reinbek 1984, S. 150.

Andres Veiel
Black Box BRD

Textliste zum Film

Der Film »Black Box BRD« stellt zwei deutsche Biographien einander gegenüber: die von Alfred Herrhausen, Vorstandssprecher der Deutschen Bank, der am 30. 11. 1989 Opfer eines Attentats wurde, der von Wolfgang Grams, seit 1984 als mutmaßliches Mitglied der RAF gesucht, der 1993 bei einem Festnahmeversuch unter bis heute nicht restlos geklärten Umständen in Bad Kleinen ums Leben kam.

Die Interviews für den Film wurden im Frühjahr und Sommer 2000 von Andres Veiel geführt; sie sind sämtlich autorisiert.

Traudl Herrhausen: Dann kam dieser, dieser Schlag, also wie eine Explosion. Und dann hab ich die Autotelefonnummer angewählt, und da hieß es: Dieser Teilnehmer ist im Augenblick nicht erreichbar. Und das hat mir noch mehr Angst gemacht, weil ich weiß genau, wann das Autotelefon anspringt, und das musste entweder besetzt sein oder eben durchläuten. Und dann hab ich mich sofort ins Auto gesetzt und bin einfach diesen Weg, also bin einfach nachgefahren.

Und   und da waren die Bewacher aus dem, aus dem nachfahrenden Wagen und, und einer hat gerufen: Da kommt Frau Herrhausen! Und beide haben sie mich festgehalten, und ich wollte unbedingt zu dem Auto und wollte unbedingt einfach hin. Und ich will da hin! Und hab gesagt: Ist er tot? Und einer hat gesagt, hat glaub ich gar nichts gesagt, sondern einfach nur so … Und ich hab gesagt, lass mich da hin, ich hab mehr in meinem Leben gesehen als ihr, und man hat mich einfach nicht hingelassen, wegen – ich kam nicht, kam nicht hin.

Rainer Grams: Tja, das werden wohl die letzten Schritte gewesen sein. Hier ist mein Bruder hochgelaufen, kam hier um die Ecke, wie ich eben auch, und wurde dann von allen Seiten so angegriffen, dass er hier rückwärts vom Bahnsteig gefallen ist, mit dem Kopf aufgeschlagen und dann eben dort lag. Dann sind zwei Beamte ihm nachgejagt, sind hier aufs Gleisbett nachgesprungen und haben – einer wohl, einer auf seinem

Bauch gekniet, der andere nebendran und haben eben die Pistole gezogen.

Thomas R. Fischer *(Vorstandsmitglied der Deutschen Bank)*: Wenn Alfred Herrhausen darüber sprach, mit wem er sich, uns vergleicht, da kamen eben nicht mehr die Dresdner, die Commerzbank und die anderen vor, das war der Unterschied. Da kamen die vor, die er in seiner internationalen Perspektive sah. Die Peer-Group, die große Vergleichsgruppe, das waren eben die in der Welt. Die-Ambitionen-weiter-spannen, das zeichnete ihn auch aus. Zu sagen, wenn das nun schon alles so ist und wir uns von soviel Ballast befreien, können wir dann nicht auch 'ne mindestens europäische, wenn nicht sogar globale Brille aufsetzen? Und wenn ich das tue, da gibt's einiges nachzuholen, aufzuholen. Und – auch das wieder 'n Element, was für ihn eingenommen hat: Das können wir auch. Wir haben das. Das ist in uns angelegt. Wir, wir sollten unsere Grenzen nicht an unseren rechtlichen, geographischen Grenzen finden. Wir können mehr! Und wir sind dem gewachsen, intellektuell, emotional – in jeder Beziehung. Das ist für junge ehrgeizige Menschen, die 'ne Heimat brauchen, 'ne gute Nachricht.

Hilmar Kopper *(Aufsichtsratsvorsitzender der Deutschen Bank)*: Ja, der wollte kein Gequatsche. Auch auf Sitzungen nicht. Er wollte zu Zielen kommen. Sehr gut. Das hat natürlich auch eine andere Seite. Die andere Seite ist, dass alle, die mit ihm umgingen, die mit ihm zusammenarbeiteten, das Gefühl hatten, er hatte keine Zeit mehr für sie. Das Gefühl hatten, hier fehlte irgendwo ein bisschen Zuwendung, ein bisschen menschliche Wärme. Es wurde fast maschinell abgehakt, er war immer ein, er war wie ein Getriebener durch die Zeit.

Thomas R. Fischer: Es musste schnell gehen. Wenn gebohrt wurde, tief gebohrt. Und aus irgendeinem Grunde heraus war es immer vorne auf den Füßen stehen; hetzen, um nicht gehetzt zu werden. Es hatte in diesem Sinne etwas sehr, sehr Wettbewerbliches. Das haben viele nicht verstanden. Der Deutschen Bank ging's gut. Wir hatten diesen phänomenalen Flick-Deal gemacht, die Ergebnisse waren gut. Warum also diese Unruhe?

Rolf E. Breuer *(Vorstandssprecher der Deutschen Bank)*: Auch wenn man Alfred Herrhausen geraten hätte, möglicherweise weniger häufig in der Öffentlichkeit aufzutreten, was schon sehr schwierig ist bei dem Amt, das eben da der Sprecher der Deutschen Bank auszufüllen hat, oder sich in dieser oder jener Richtung nicht so präzise auszudrücken, oder in den Formulierungen eher kompromisslerisch vorsichtig zu sein, ich glaube Alfred Herrhausen hätte dem gar nicht gefolgt. Es hätte ihm nicht entsprochen, es hätte zu einer Verbiegung seines Charakters, seiner Persönlichkeit geführt. Er wäre mit sich selbst nicht im Reinen gewesen und deswegen auch nicht so erfolgreich. Und auf Letzteres kam es ihm an.

Werner Grams: Der Volksschullehrer hat in ihm eine große Musikalität erkannt und hat damals schon gesagt: Ich sehe ihn hier als Chorleiter oder als Dirigenten vor mir stehen.

Ruth Grams: Er bekam dann Geigenunterricht, und da hat man ihm bestätigt, dass er ein absolutes Gehör hat.

Werner Grams: Es hat irgendwie im Alter von 16 Jahren instrumental irgendwie 'n Knacks gegeben, ja, und hat gesagt, nee, das mach ich nicht weiter.

Albert Eisenach: Der hat immer original das, was er im Kopf hatte an Ideen und Sachen, das hat er gemacht. Und ist dann irgendwann an Grenzen gestoßen. Das hat zum Beispiel auch dazu geführt, dass er dann ab und zu mal eine von seinen Eltern gewischt bekommen hat, ja. Anfänglich so in unserem Beisein, und später hat er dann ja mehr verhalten, wenn man danach gefragt hat, davon erzählt, wenn er mal was gefangen hatte.

Was dann immer passiert ist, ist, dass er dann abgetaucht ist. Er ist verschwunden. Da haben wir dann vermutet, dass er sich da abends immer in sone Gartenhütte geschlagen hat, ja. Das war nie lang, mal 'n Tag oder zwei, aber dann war er einfach weg, und die Mutter hatte entsprechende Panik dann, ja?

Ruth Grams: Wenn unsere Familie vollzählig war, wir vier, hatte jeder seinen festen Platz. Wolfgang mir gegenüber, Rainer dir gegenüber. Ja. Ja, manches Mal kamen wir schon son bisschen ins Streiten, besonders Vater und Sohn. Aber unsereiner war froh, wir kommen ja aus dem Osten und waren Flüchtlinge, und uns ging's ja wirklich nicht so gut. Wir waren wirklich froh, dass der Mann Geld verdient hatte, und wir konnten uns was anschaffen. Es ging uns immer 'n bisschen besser und besser, und das fanden wir eigentlich gar nicht mal so schlecht. Aber er wollte, wollt so nicht werden wie der Vater: jeden Morgen um dieselbe Zeit aufstehen und immer dasselbe, immer dasselbe, und das, das wollt er nicht machen. Überhaupt nicht.

Matthias Dittmer: Wolfgang, also Gaks, hatte 'n großes Interesse an Theater. Er war damals auch Statist gewesen am Wiesbadener Theater, wo ich auch Statist gewesen war. Er hatte mit Sicherheit 'n schauspielerisches Talent, und es wäre vielleicht vernünftig gewesen, wenn er zur rechten Zeit die Schauspielschule besucht hätte.

Albert Eisenach: Wenn wir zusammen waren, haben wir unsere eigene Premierenfeier gemacht, ja. Wir wollten diese ganzen betulichen Frackleute da, da wollten wir nichts mit zu tun haben. Und dann sind wir in 'n Kurpark in Wiesbaden, der ist also so da vor diesem ganzen Kulturbetrieb, und haben uns 'n Joint gedreht und einen durchgezogen, kamen auch die Polizisten, die wir oftmals, die waren dann immer ganz freundlich, weil, die haben nie was gefunden. Weil wir es dann meistens schon fertig hatten. Naja, da hat man sich immer wieder getroffen – am Theater. Aber da hab ich schon gemerkt, der Wolfgang geht woanders hin, ja, also der hat – bewegt sich woanders, ja.

Jürgen Schneider: Ja, Wiesbaden ist ja Armeestützpunkt der Amerikaner, Wiesbaden-Erbenheim ist der, einer der größten Flughäfen außerhalb der USA. Und der Vietnamkrieg war sozusagen vor der Haustür erlebbar. Also ich musste beispielsweise nicht sehr weit laufen von der Wohnung meiner Eltern, um zu sehen, wie eben Maschinen von Wiesbaden-Erbenheim gestartet sind.

Werner Grams: Er wusste zunächst mal gar nicht. Er hatte alles Mögliche im Kopf, aber nichts Hundertprozentiges. Er wollte unter Umständen Förster werden. Er wollte Pastor werden. Ich sag, und wenn das beides nicht kommt, und du bist musikalisch schon vorgebildet, dann geh doch zur Bundeswehr, das wusste ich damals noch nicht, in den Musikzug, und versuch da deinen Weg zu finden. Eventuell auf musikalischem Gebiet.

Rainer Grams: Ja, es gab halt, gab ja dann auch lautstarke Auseinandersetzungen, und die endeten teilweise sogar so, dass er aufgestanden ist und einfach gegangen ist. Weil er gemerkt hat, es gibt keinen Konsens.

Werner Grams: Und der Wolfgang hat von Anfang an gesagt: Mit der Waffe in der Hand ist für mich nichts drin. Und er hat sich als Wehrdienstverweigerer bekannt. Ihm hat das doch wohl irgendwie gelegen, sich um Hilflose zu kümmern. Bis zum Totenbett. Einlegen der Toten und Wegbringen des Sarges.

Sicher haben wir auch über den Krieg gesprochen, klar, also, der Wolfgang wollte natürlich wissen, ja Mensch, was hast du als Soldat gemacht? Ja, was hab ich als Soldat gemacht? Ich hab mich halt beworben bei der Waffen-SS. Als Kriegsfreiwilliger. Ganz einfach. Naja, war was Besonderes, aber wenn ich's heute sehe, dann war es praktisch ein innerer, ein innerer Zwang. Damit will ich nichts schönreden. Ein innerer Zwang, der, der ganzen, also unseres ganzen Umkreises, sagen wir mal so. Oder Umfeldes. Ich – ich bin Kriegsfreiwilliger geworden, um dem, dem Staat zu dienen, so wie es jeder andere normal sterbliche Hitlerjunge auch gemacht hätte. Nicht wahr?

Hugo Lang *(ehemaliger Klassenkamerad von Alfred Herrhausen)*: Liebe Klassenkameraden! Nach 55 Jahren konnten wir uns heute hier wieder versammeln, wo wir zweieinhalb Jahre Schulzeit miteinander verbracht haben. Und stellvertretend vielleicht für die Toten, die wir hier nicht mehr begrüßen können, möchte ich unseren Alfred Herrhausen nennen, der bedauerlicherweise durch einen sehr hinterhältigen, gemeinen Überfall ums Leben gekommen ist. Ich persönlich war sehr stolz darauf, mit ihm einmal eine Klassengemeinschaft geteilt zu haben. Er wäre mit Sicherheit heute auch dabei, und wir würden mit ihm genauso unsere alten Erlebnisse austauschen können, wie das für uns heute hoffentlich auch gilt.

Helmut Bub *(ehemaliger Klassenkamerad von Alfred Herrhausen)*: Ich weiß noch als Truppführer so, da hatten wir aber alle Respekt vor ihm. Er war sehr energisch, damals schon, gell? Ein guter Kamerad, immer freundlich und nett, aber er konnte auch sehr energisch sein. Wenn wir nicht so wollten, wie er wollte als Truppführer, dann hat er sich schon durchsetzen können.

Anne Koch *(Schwester von Alfred Herrhausen)*: Feldafing war eine Eliteschule, nannte sich Reichsschule der NSDAP. War zwar 'ne nationalpolitische Schule, aber in der Ausbildung hervorragend. Der Vater hat immer uns gesagt, wenn ihr also im Leben etwas erreichen wollt, dann müsst ihr immer mehr, mindestens eine Stunde mehr arbeiten als die Masse. Womit er ja auch Recht hat. Eine Stunde reicht natürlich nicht, aber so, das war so seine Vorgabe für uns. Also immer ein bisschen mehr, und 'n bisschen besser versuchen zu sein als andere, als die Menge, die Masse. Und da ist ja, das ist ja auch sicherlich richtig. Hat sich auch erwiesen.

Meine Schwägerin *(Ulla Herrhausen)* kam aus so 'm großbürgerlichen Haushalt, wurde alles geboten. Sie wurde mit 'm Auto mit Fahrer zur Uni gebracht, und das hat natürlich meinen Bruder, der damals ja noch sehr jung war, sicherlich in seiner Entscheidung, sie zu heiraten, bestärkt. Das glaub ich schon. Ja, und dann ist er gleich zu VEW, da war sein Schwiegervater Generaldirektor, und stieg dann da auch ganz schnell auf. Was mein Vater zunächst ja nicht so gut fand und gar nicht so gutgeheißen hat, verständlicherweise, weil er immer sagte, ich möchte nicht, dass mein Sohn da als Protektionskind groß wird, er soll aus eigener Kraft was erreichen. Aber das wurde dann ja ganz schnell klar, dass es nicht Protektion war, die ihn dann da so aufsteigen ließ.

Ruth Grams: Ihn hat ja vieles gestört hier. Hat immer gesagt, hier gibt's so viel Armut bei uns in Deutschland. Wir sollten da was dagegen tun. Wir sollten auch nicht so viel, den Konsum sollten wir nicht mitmachen. Das wollt er alles nicht. Das ist fast, fast beschämend, wenn man so, wenn man weiß, der Sohn geht zum Roten Kreuz und holt, kauft sich pfundweise die Sachen. Also ich konnt's fast nicht glauben. Er hat auch manchmal was von mir bekommen natürlich. Ja. Ging ja auch um die berufliche Existenz von Wolfgang, und sein Vater wollte dann immer gern wissen, wie's nun weitergeht. Ob er nun da studiert, oder was.

Roswitha Bleith-Bendiek: In der Mittagspause ist er gekommen, ich kann mich gut erinnern. Er hat son grauen Arbeitskittel angehabt, und er hat nach Fisch gestunken, und ja, ich hab ihm hier aufgemacht, und wir sind sofort in mein Zimmer gegangen. Sehr gut, sehr gut. Trotz Fisch, das hat überhaupt nichts, hat nichts gemacht.

Kurt Rehberg: Damals haben wir schon in der Grabenstraße gewohnt, also der Gaks, Gerd und ich. Das war einfach, ja, 'ne schöne Zeit. Das ist sone Zeit, von der ich vorher in meiner politischen Laufbahn geträumt hab, also dass man, dass man intensiv politisch diskutiert und auch die ganzen menschlichen Aspekte, alles mit reingespielt hat.

Gerd Böh: Und das war eine Nähe, oder eine Intensität, wie ich sie eigentlich davor und danach nie wieder erlebt hab. Mit – eine Nähe mit anderen Menschen. Und das ist mit ein Grund, warum mir das so viel bedeutet mit Gaks. Warum mir die Freundschaft mit Gaks so viel bedeutet.

Transparente:
Hier wurde mit Polizeigewalt Wohnraum zerstört
Wir sollen am 28. 02. raus. Wir bleiben drin

OFF-Stimme: Polizeipräsident Müller lobte inzwischen die Polizisten dafür, dass sie nicht von der Schusswaffe Gebrauch gemacht haben. Alle Voraussetzungen dafür seien bei der Straßenschlacht, die von Augenzeugen als bürgerkriegsähnlich beschrieben wird, gegeben gewesen.

Gerd Böh: Kann mich nur da dran erinnern, dass der Gaks mir in der Situation sehr beigestanden hat, weil ich doch ziemlich Angst hatte, weil das für mich das erste Mal sone harte Konfrontation war und der Gaks das eigentlich relativ gelassen genommen hat.

Paul Brand: Der erste Beweis unserer gemeinsamen Freundschaft. Beide Herrhausens, er wie auch sie, luden meine Frau und mich in ein neutrales Lokal. Da saßen wir dann, und das Thema des ganzen Abends war die Überlegung, gehe ich zu – ich nicht, vom Alfred her gesehen –, gehe ich zur Deutschen Bank oder bleib ich sauber bei der VEW?

Almut Pinckert: Herr Dr. Herrhausen war so in seiner frischen Art: Ich bin Ihr neuer Chef … Und das Erste, was er aufgetragen hatte, war, sagte, besorgen Sie einen Blumenstrauß. Ich möchte in die Telefonzentrale gehen. Kommen Sie mit. Und dann haben wir den Blumenstrauß besorgt, und dann ist er mit mir in die Telefonzentrale gegangen, Tür auf: Ich bin Alfred Herrhausen, ich wollte mich bei Ihnen vorstellen. Und den Telefondamen, denen fiel vor lauter Überraschung bald der Stift aus der Hand. So was hatten sie noch nicht erlebt.

Thomas R. Fischer: Das Besondere – bei den jugendlichen Mitarbeitern hatte er natürlich Anhänger; leidenschaftliche Anhänger. Und zwar für etwas, was mit weichen Faktoren zu tun hatte. Das war eben so – wie er es darstellte: Man durfte über Elite reden. Wir waren in der Macht-der-Bank-Diskussion, wieder mal, mittendrin. Und er hat uns 'n Weg gewiesen, wie man das mit Anstand, mit der Betonung auf Honorigkeit, durchstehen kann. Man muss nicht sich ducken und verstecken, sondern ja, wir haben Macht. Schaut auf uns, wie wir damit umgehen! Das ist das Entscheidende. Das hat uns Stolz gegeben. Das war auf einmal mehr als ein Job. Ich arbeite für die Deutsche Bank. Wir verdienen nicht nur viel Geld, wir tun das auch noch honorig. Und wir reden drüber. Das war ja neu. Wir sind nicht verhuscht und verschämt, verstecken uns – aus welchen Gründen auch immer. Irgendwie war es vorbei mit dem schlechten Gewissen. Und dafür war er sicherlich ein Protagonist.

Hilmar Kopper: Er war unverdorben durch eine anhaltende Bankkarriere. Er kam an, er war ein – wie ich immer sage –, ein jugendlicher Held eigentlich, er war ein Siegfried. Nicht? Der pfiff fröhlich und sagte: Was soll mich denn hier schrecken? Wo ist das Ungeheuer?

Festnahme Andreas Baader und Holger Meins

Lautsprecher *(aus dem Off)*: Überlegen Sie's sich! Was wollen Sie denn jetzt? Wie wollen Sie sich aus dieser Situation befreien? Es gibt keinen …

Ruth Grams: Angefangen hat's ja eigentlich, muss ich sagen, mit den Gefangenenbesuchen *(1972)*. Er hat Freunde gehabt, die sind inhaftiert gewesen, und die hat er besucht, im Knast. Denen ging's so schlecht.

Gerd Böh: Ein ganz wichtiger Punkt waren die politischen Gefangenen, die Haftbedingungen der politischen Gefangenen. Das ging ziemlich schnell darum, dass die unmenschlich sind, dass das Isolationshaft ist. Dass es aber auch gar kein rechtsstaatliches Verfahren in dem Sinn gibt, dass alle normalen Bedingungen da außer Kraft gesetzt sind.

Ich glaub, es war der erste Hungerstreik, der darum ging, Gleichstellung mit den anderen Gefangenen. Als Forderung. Und dass aber auch sehr schnell gemerkt worden ist, dass man damit nichts erreicht.

Wolfgang Grundmann: Irgendwann kam dann der richterliche Beschluss, 'ne richterliche Anordnung zur Zwangsernährung. Und 'ne Zwangsernährung, ja, ist eine der demütigsten, der demütigendsten Methoden, Menschen überhaupt zu ernähren. Da, wenn ich jetzt hier auf dem Stuhl sitze, wirste hier überall angeschnallt, der Kopf wird nach hinten gerissen, dann kommen die mit som dicken Schlauch und schieben dir, ob du schluckst oder nicht, schieben die dir den einfach hier durch den Mund irgendwo hin, wo er rauskommt, wissen die in dem Moment selbst nicht, oftmals ist er in der Lunge gelandet, und da hat man erstmal 'n Hustenanfall oder Weißgottwas gekriegt. Und dann hat man ihn wieder rausgezogen, hat den Schlauch ein bisschen gedreht, dass er in die Speiseröhre kam, und sobald der Schluckreflex da war, kam dann, kam dann sone große Spritze, da war flüssige Nahrung drin, und dann wurde die da vollkommen reingepumpt. Und dann war die Prozedur zuende, und du bist nur noch in die Zelle getorkelt, und es wurd dir schwarz vor Augen. Ja?

Also ich denke, auch für Wolfgang war klar, dass irgendwas nicht stimmt an der Situation, ja? Jeder, der diesen Zustand einmal erlebt hat, wie so Besuche ablaufen, hat sich bestimmt entschieden, entweder, da geh ich nie wieder hin, das macht mich einfach fertig, ja. Oder hat ihn auf den Weg geführt, jetzt mach ich tatsächlich was.

Werner Grams: Und da hat er dann schon Anknüpfungspunkte gefunden, diese Behandlung kann nicht recht sein. Die kann einfach nicht wahr sein. Dagegen muss ich mich auflehnen.

Helmut Schmidt *(Bundeskanzler, 1974)*: Jeder Sozialdemokrat muss jedes Todesopfer beklagen, das als Konsequenz blindwütiger Ideologie erbracht wird. Im Übrigen wird eine unabhängige Kommission von Ärzten die Sache untersuchen. Und darüber hinaus soll hier niemand vergessen, dass der Herr Meins Angehöriger einer gewalttätigen, andere Menschen vom Leben zum Tode befördert habenden Gruppe, nämlich der Baader-Meinhof-Gruppe war. Und nach alledem, was die Angehörigen dieser Gruppe, Bürgern unseres Landes angetan haben, ist es allerdings nicht angängig, sie, solange sie ihren Prozess erwarten, im Erholungsheim unterzubringen. Sie müssen schon die Unbequemlichkeiten eines Gefängnisses auf sich nehmen.

Transparente:

Schmidt und Genscher haben Holger Meins ermordet!

Schluß mit den Gefängnismorden! Die wahren Mörder sitzen im Staatsapparat. Freiheit für alle politischen Gefangenen!

Jürgen Schneider: Wir saßen in unserer Wohngemeinschaft beim Essen, als der Anruf kam: Ulrike Meinhof ist tot. Und da ging, wir wohnten da mit sehr vielen Leuten, 15 Erwachsenen, da ging quasi ein Riss durch die Wohngemeinschaft. Das war das Ende quasi der, des politischen Zusammenhangs Sozialistische Initiative Wiesbaden. Und es war meines Erachtens auch das Ende der Wohngemeinschaft, weil die einen, für die einen war eben klar, Ulrike ist ermordet worden. Und für die anderen – die wollten zum WG-Business übergehen und Spülprobleme und sonstwas diskutieren.

Roswitha Bleith-Bendiek: Ich konnt mich nicht so aus vollem Herzen empören, wie Wolfgang das zum Beispiel konnte. Ich hab eher gedacht, mir sind auch so oft Gegenargumente eingefallen. Also ich, mir ist es schwer gefallen, so, so klar einzuteilen in, ja die Schweine und die, die guten Revolutionäre. Aber das hab ich eher als ’n Fehler von mir angesehen. Wir haben da drüber gesprochen, aber es hat nicht zu, also es hat nicht zu 'ner Trennung geführt. Das kann man nicht sagen.

Paul Brand: An solch einem Abend fehlt der Alfred natürlich dann ganz besonders, weil man 'n ganzen Abend über Zeit hat, darüber nachzudenken, wie das früher gewesen ist, wenn wir unsere sehr, sehr netten, abwechslungsreichen Ausflüge in alle möglichen Richtungen in solch einem Milieu beendeten.

Die Damen nahmen dann meistens doch bei uns auf dem Sofa Platz, nicht, dann brauchte man, konnte man sich näher unterhalten und brauchte nicht immer nur schweigend ihnen da zu applaudieren. Das war auch sehr schön. Der Alfred war ein ganz ausgesprochen charmanter und sehr fesselnder Plauderer, das konnen Sie sich ja vorstellen. So wie er das fachlich alles brillant brachte, so brachte er das am Abend fast noch brillanter in kleinem, engem Kreise. Das war sehr schön. Und der hat das auch sehr gerne genossen. Das weiß ich. Naja.

Und dann gab es eine Zeit, da hatte dann der Alfred nach seinen weiten Dienstreisen keine richtige Meinung mehr, in dieses Haus zurückzukommen. Er stand dann vor der Tür mit dem Schlüssel in der Hand und dachte: Was mag mich jetzt dahinter wieder erwarten? Die Missstimmung zwischen den beiden Partnern war inzwischen schon weiter vorgeschritten. Sie sagte ganz deutlich: Die großen Einladungen, die bis ins Ausland mitunter zu Empfängen gingen, die galten ja doch nur ihm. Da hätte sie keine Lust, dahin zu gehen. Die Herren, die ziehen sich dann in das Rauchzimmer zurück und, bei Zigarre und Cognac, sprechen über die wirtschaftlichen Dinge, weshalb sie sich da überhaupt getroffen haben, und die Frauen bleiben in dem anderen zurück und sprechen über den Gärtner und über die Hausangestellte. Dafür fahrt sie nicht in ganz Europa rum.

Almut Pinckert: Er brauchte 'ne Frau an seiner Seite. Und, und dass sie ihm eigentlich den Rücken stärkte, wenn sie eingeladen waren: Frau *(Ulla)* Herrhausen ist dabei!

Paul Brand: Diese Reise nach, nach Texas, die sie dann plötzlich absagte, da war dann sicherlich auch wieder irgendein Punkt vom Alfred gesagt worden, der, auf den hatte sie nur noch gewartet, und das reichte ihr dann. Da bleibt sie lieber gleich zu Hause.

Traudl Herrhausen: Es kommt ein neuer Mensch herein, den ich vorher noch nie gesehen hab, und sage zu meiner Freundin: Wer ist denn der fesche junge Mann, der jetzt da hereinkommt? Und daraufhin sagt sie: Das ist der Herr Herrhausen. Und da war ich sehr verblüfft, weil ich hatte ja am Abend vorher beschlossen, er muss alt sein, weil er schon schlafen gegangen ist. Und außerdem Testamentsvollstrecker. Und tja, da hab ich, bin ich halt hingegangen, hab gesagt, jetzt muss ich Ihnen was Lustiges erzählen: Ich hab geglaubt, Sie wären uralt, aber in Wirklichkeit sind Sie ja ganz jung! Und das waren unsere ersten Worte.

Winni Wolff von Amerongen: Er hat sich da Knall auf Fall, wenn man so will, in die Traudl verliebt, würde ich sagen. Und wollte sie unbedingt haben. Und hat mich eben gefragt: Ja, also wie stell ich das jetzt an oder so, ne?

Paul Brand: Er erzählte mir dann, morgens, wenn er da in den See rausschwamm, dann war ruck zuck, tauchte die neben ihm auf, eine ganz vorzügliche Schwimmerin, und der Alfred ritt gern den Bonanza-Stil. Jippijee. Und das war auch ihr Reitstil, nech? Die jagten dann da in Texas, da war ja der Ort der ersten Begegnung, da rasten die da über das Gelände. Das war genau sein Geschmack! Da war er natürlich dann hellauf begeistert.

Traudl Herrhausen: Und dann hat er gesagt: Ich möcht Sie heiraten! Sie! Ja? Und dann, draufhin hab ich gesagt: Sie spinnen ja. Sie sind ja verheiratet! Und, und dann hat er gesagt: Das erklär ich Ihnen alles, wenn wir wieder in Deutschland sind.

Michael Endres (*Vorstandskollege von Alfred Herrhausen*): Und wenn ich's recht entsinne, las dann Ullrich als Sprecher einen Brief von ihm vor, in dem er mitteilte, dass sie sich scheiden lassen, eben der Herrhausen, der da sich scheiden lassen wollte, und dass er durchaus dafür Verständnis habe, wenn der Vorstand ihn bitten würde, aus dem Gremium auszuscheiden.

Traudl Herrhausen: Mitte der siebziger Jahre oder bis Mitte der siebziger Jahre gab es kein aktives Vorstandsmitglied der Deutschen Bank, das sich jemals hat scheiden lassen.

Winni Wolff von Amerongen: Wenn die gesagt haben, okay, dann musst du gehen, dann wär es das eben gewesen. Vielleicht wäre das auch viel besser für ihn gewesen, letztendlich.

Pater Augustinus: Als die beiden sich entschlossen haben zu heiraten, entstand ja die Frage, wie ist das eigentlich mit der ersten Ehe? Die erste Ehe war mit einer evangelischen Christin nach dem evangelischen Ritus geschlossen, ohne Zustimmung der katholischen Kirche, die damals, als sie geschlossen wurde, auch noch gar nicht möglich gewesen wäre. Also war eine Ehe im formaljuristischen Sinne überhaupt nicht zustande gekommen.

Traudl Herrhausen: An einem wunderschönen September-Herbstmorgen in Innsbruck, ganz, ganz konventionell. Im Cut und die Damen mit Hut.

Es war schön, ja.

OFF-STIMME: Am 5. September 1977 entführen Terroristen der Roten Armee Fraktion Hanns-Martin Schleyer.

OFF-STIMME: Einen Tag nach der Entführung stellte die RAF ihre Forderungen. Austausch von elf Terroristen gegen den Arbeitgeberpräsidenten. Schleyer in einem Begleitbrief:

Ich bin unverletzt und glaube, dass ich freigelassen werde, wenn die Forderungen erfullt werden. Das ist jedoch nicht meine Entscheidung.

KURT REHBERG: Kurze Zeit später war dann die ganze, das ganze Stadtviertel quasi von zivilen Polizei-, Polizisten umstellt. Und man wusste, dass die das alles, dass jetzt alles observiert wird.

JÜRGEN SCHNEIDER: Überall war eben dasselbe Bild, bewaffnete Einheiten und in der Wohnung, in der Gaks zu dem Zeitpunkt gewohnt hat, die war eben völlig ... Da waren Wände durchtrennt worden und alles kurz und klein geschlagen worden, und so nach zwei Stunden hatte ich die verschiedenen vier oder fünf Wohnungen abgelaufen, und eine Genossin, die bei 'ner Freundin übernachtet hat, die hab ich dann angetroffen. Alle anderen waren abgeräumt worden.

KURT REHBERG: Grade Gaks war das gewesen, der sich enorm gegen die erkennungsdienstliche Behandlung gewehrt hat. Und man hat ihn durch das ganze Polizeirevier hat man ihn schreien hören.

TRAUDL HERRHAUSEN: Damals zu der Zeit hat jeder Schleyer gekannt, und Schleyer, die Deutsche Bank und Daimler-Benz sind eng miteinander verbunden gewesen. Schleyer war ja im Vorstand von Daimler-Benz, und die haben sich gut gekannt.

Da hab ich den Brief gefunden. Und der lag immer, also so lang ich mich erinnern kann, lag der im Nachtkästchen. Traudl, für den Fall meiner Entführung bitte ich, der unterzeichnete Alfred Herrhausen, auf unverantwortliche Erpressungen, die sich gegen den demokratischen Rechtsstaat der Bundesrepublik, der Bundesrepublik Deutschland richten, nicht einzugehen. Solingen den 11. September 1977, Alfred Herrhausen.

OFF-STIMME: Dann meldet sich die RAF mit einem Brief an die Nachrichtenagentur AFP. Schleyers Leiche könne in Mühlhausen in der Rue Charles Péguy in einem Audi 100 abgeholt werden. Zitat: Wir haben nach 43 Tagen Hanns Martin Schleyers klägliche und korrupte Existenz beendet.

GERD BÖH: Also ich denke mal, ganz allgemein gesehen – moralisch – hatten wir da glaub ich keine Probleme mit, dass irgendjemand getötet wird. Weil man gesagt hat, weil wir gesagt haben, in der Dritten Welt werden Millionen Menschen getötet, durch Ausbeutung, Hunger, Armut. Und dass es schon ein legitimes Mittel ist, auch dafür Verantwortliche hier zur Rechenschaft zu ziehen.

Wenn ich mir vorstelle, wie die jetzt jemanden beobachtet haben, dass sie das natürlich mitgekriegt haben. Also das persönliche Leben desjenigen mitgekriegt haben, was es bestimmt nicht leichter macht. Da muss man dann einfach drüber wegsehen und denjenigen nur in der Funktion sehen.

Traudl Herrhausen: Ja, und dann kam im Februar 78 Anna auf die Welt. Und dann hatte das Leben erst recht einen Sinn. Ja, das war schön.

Anna Herrhausen: Wenn er dann zu Hause war, dann war er eigentlich immer sehr ausgeglichen, auch wenn er am Wochenende da oben gearbeitet hat, ja, hab ich daneben ferngesehen, bin mit meinen Freunden durchs Haus gerannt, und das hat ihn gar nicht gestört. Also es gab nicht dieses irgendwie man muss jetzt leise sein, weil Papa ist da und arbeitet. Sondern ich glaub eher, dass ihm das irgendwie gefallen hat und er sich wohl gefühlt hat, son bisschen da drin zu sein irgendwie in dem Familienleben.

Werner Grams: Nachts, einmal auf der Kirchgasse, was weiß ich, da saßen sie mit drei, vier Mann zusammen, da wurden die kontrolliert, die Pässe, naja Grams, selbstverständlich wurd er mitgenommen. Man hat ihm praktisch Sympathisanten-Szene vorgeworfen und Kurierdienste, und sogar soll er Waffen transportiert haben.

Und da hab ich dann zu ihm gesagt, ich weiß nicht, ob er schon aus dem Knast war oder noch als er damals im Knast war: Wolfgang, es ist deine Entscheidung, was du in deinem Leben tust, aber auf alle Fälle steht dir dein Elternhaus immer offen. Und das hat er auch ... Das schaff ich nicht.

Der Wolfgang war ein Mensch, der nicht sofort reagiert hat. Der alles zunächst mal in sich aufgenommen hat und 's verarbeitet hat. Und hat dann erst später seine Meinung dazu geäußert. Vielleicht war es manchmal 'n bisschen zu spät.

Roswitha Bleith-Bendiek: Ich hab das gesehen als, als Fortsetzung von dem, was er für richtig gehalten hat, und dass er dafür auch, ja, in Kauf nimmt, in den Knast zu gehen. Das fand ich schon bewundernswert. Sone klare Haltung zu haben, so entschieden zu sein.

Werner Grams: Und wenn man sich mal überlegt, dass ja Wolfgang dann 152 Tage gesessen hat, praktisch für meine Begriffe unschuldig, und dass man ihm dann nach einem Jahr für diese Zeit Haftentschädigung gebracht hat oder erstattet hat, 1980, dann sieht man doch, dass da irgendwas schon nicht gestimmt hat. Und dass hier für meine Begriffe der Punkt erreicht war, wo er sich gesagt hat, also jetzt ist Schluss! Die können nicht alles mit mir machen.

Kurt Rehberg: Die Wege von Gaks und mir haben sich getrennt, dass ich wohl ein größerer Angsthase war als er. Also ich hab eher, ja, der staatlichen Repression nachgegeben und hab mich zurückgezogen.

Hilmar Kopper: Ich habe von Alfred Herrhausen gelernt, wenn man nicht ehrgeizig ist, wenn man nicht irgendwas will, etwas erreichen, dann bekommt man es erstens nicht, und zweitens soll man's dann auch nicht bekommen. Er hat ganz offen da drüber gesprochen. Und er war ehrgeizig, er war sehr ehrgeizig, was seine Ziele anbelangte. Alfred Herrhausen wollte die Nummer eins sein in der Nummer eins. Alfred Herrhausen war der Typ des Primus.

FRIEDHELM OST (*Fernseh-Moderator*): Alfred Herrhausen, seit heute einer der beiden Sprecher im Vorstand der Deutschen Bank, in Deutschlands größtem Geld- und Kreditinstitut. Konzernbilanzsumme über 230 Milliarden Mark.

ALFRED HERRHAUSEN: Wir haben dieses unheilvolle Wort vor vielen Jahren gehört: Die Belastbarkeitsgrenze der Wirtschaft testen.

REPORTER: Geht überhaupt in der deutschen Wirtschaft noch was ohne die Deutsche Bank?

ALFRED HERRHAUSEN: Oh, Herr Botschafter, welch eine Freude, Sie zu sehen. Gehen wir hinein, gehen wir hinein.

HELMUT KOHL *(Bundeskanzler, 1982)*: Ich glaube, dass das, was auf uns zukommt, auch auf mich persönlich, bei aller Notwendigkeit der Lösung ökonomischer Probleme, zunächst eine geistig-moralische Herausforderung ist.

(Interview, 2000) Damals hatte ich ihn auf dem Flugplatz in Frankfurt, er kam von Amerika nach einer harten Woche, auf dem Flugplatz sozusagen abgefangen. Und hab ihm gesagt, ich hab da 'ne Maschine stehen, du musst jetzt sofort, heute Abend noch, nach Budapest fliegen. Und er war natürlich völlig außer sich. Er hätte jetzt die Nase voll und so weiter. Und ich hab ihm dann gesagt, aber ich habe mit Traudl, also mit seiner Frau, schon gesprochen, die ist genauso sauer, aber es, ich hab keinen anderen. Bitte mach das. Und da ist er knurrend und keineswegs also besonders glücklich über diese Veränderung seiner Pläne mit großem Erfolg dann auch für den darauf folgenden Tag für uns und für die Ungarn nach Budapest gegangen. Das ist übrigens nicht nur eine Frage der Freundschaft. Das mag's auch sein, aber das war gelebter Patriotismus.

Transparente:

Die Gefallenen leben in unseren Kämpfen, ihr Bild unauslöschbar in die Träume und Hoffnungen eingebrannt.

Im Kampf um Befreiung vereint.

Venceremos!

GERD BÖH: Dann hat er mich gefragt: Ja, wie ernst ist es dir damit, was zu machen, was zu verändern hier? Da hab ich ihm keine direkte Antwort drauf gegeben, aber die Frage war eben halt danach, ob wir, ob wir gemeinsam bewaffneten Kampf machen. So war die Frage gestellt.

IRENE EISENACH: Ich meine, er war einfach plötzlich da. Und hat sehr freundlich gefragt, wie's uns geht. Ja, hat sich nach uns erkundigt. Und begann dann, auch von sich zu erzählen, und es kristallisierte sich so langsam heraus, dass er in, Kontakt zu der RAF hatte, und hat mit uns dann eine sehr langwierige und anstrengende Diskussion über – sagen wir mal – Imperialismus im weitesten Sinne angefangen.

ALFRED EISENACH: Der springende Punkt war für mich, dass sie also auch die Tötung von Leben und so weiter, das war so der Inhalt dieser Diskussion, mit einkalkulieren im Interesse einer Idee. Und ich hab gesagt, das ist nicht richtig. Da hat kein Mensch das Recht dazu. Keine Idee, die Ideen sind auch nur von Menschen gemacht, keine Idee ist so stark, dass dafür ein Menschenleben geopfert werden kann.

IRENE EISENACH: Ich hab mir das dann irgendwann noch mal so vom Rande angehört. So, wo will er denn jetzt raus? Wo kommen wir denn hin?

ALBERT EISENACH: Ja, wer hat denn dich gewählt? Dich hat niemand gewählt! Du hast überhaupt keine Legitimation zu sagen, du kannst diskutieren mit mir über Tyrannenmord und dass man die und die Leute umbringen muss, aber du hast nicht das Recht, es zu tun. Das hat dir niemand gegeben. Niemand!

IRENE EISENACH: Nach bestimmt zwei Stunden oder so kam er dann mit seinem Anliegen heraus. Er ist zu uns gekommen, er hatte gehört, dass wir da auf 'm recht einsamen Gehöft wohnen, von wem auch immer, und wollte von uns, dass wir jemanden unterbringen.

ALBERT EISENACH: Er wollte das rechtfertigen, wollte uns überzeugen und wollte uns sozusagen mit ins Boot holen, zumindest so am äußeren Rand, ja.

Also der ist aufgetaucht als Quartiermacher, und das würde ja bedeuten, wenn wir das machen, wenn wir da Quartier geben, dass wir dann quasi mit im Boot sitzen. An diesem Punkt war für mich Schluss. Ganz klipp und klar: Ich habe dich, will dich in guter Erinnerung behalten als Freund meiner Jugend, ja, ein Weggefährte und Begleiter, das ist auch völlig in Ordnung. Und ich werde auch, wenn du hier rausgegangen bist, nicht ans Telefon gehen und die Polizei anrufen und das Vorhaben schildern, was du da hast. Das tu ich dir als letzten Freundschaftsdienst. Aber da ist Schluss. Da ist einfach rum für mich. Du kannst deiner Wege ziehen, aber zieh.

WERNER GRAMS: Birgit *(Hogefeld)* war ein ganz anderer Mensch. Die Birgit war impulsiv, hektisch, mit dem Kopf durch die Wand. Sie war nie ein Mensch, der nicht die eigene Meinung vertrat, und die war immer richtig.

RUTH GRAMS: Ich weiß jetzt nicht, ob das Liebe war, das weiß ich nicht.

Aber die sind zusammengezogen, und ich hab sie da auch besucht, und leider ist nachher alles anders geworden, wie wir uns das vorgestellt haben.

Werner Grams: Die wollten sich also prüfen, passen wir zusammen, können wir etwas zusammen durchstehen. Nicht wahr? Gehen wir weiter als dieses normale, tägliche Blablabla und wollen irgendetwas erreichen.

Gerd Böh: Wenn ich zum Beispiel so überlege, was wir diskutiert haben. Was das zum Beispiel bedeutet, jemand zu erschießen. Und da hat der Gaks mal gesagt, dann musst du dir vorstellen, musst du nicht nur, du musst in der Lage sein, jemanden mit der Hand zu erwürgen. Nicht nur, ihn von weitem zu erschießen, oder so, das ist ... Du musst jemanden so hassen, dass du ihn mit der Hand erwürgen könntest.

Also ich denke, ich wär dazu nicht in der Lage, ich hätte mir das zwar gewünscht, so sein zu können, aber ich, ich hätte das nicht gekonnt.

Werner Grams: Dann war es ja auch auf einmal so weit, da waren sie fort.

Michael Endres: Unser Sicherheitskonzept war gut. Und es war ja auch so, dass wir uns der Gefährdung insbesondere des Sprechers und des Aufsichtsratsvorsitzenden sehr bewusst waren. Alfred Herrhausen hat ja zum Teil dann die U-Bahn oder die S-Bahn benutzt, um nicht ständig gleiche Wege, gleiche Fahrzeuge, gleiche Transportmittel zu benutzen.

Pater Augustinus: Ich kann das nicht genau lokalisieren, also zeitlich lokalisieren. Hat er gesagt, wenn mir einmal etwas zustößt, dann möchte ich, dass du die Beerdigung hältst und die Predigt, und es soll niemand sonst reden, es sei denn, dass die Traudl und du zugestimmt haben.

Ihm eine Falle zu stellen, ihm aufzulauern war verhältnismäßig einfach. Und seine Replik darauf war immer: Letztlich sind wir in der Hand Gottes.

Tagesschau *(Februar 1987)*: Und nun bittet das Bundeskriminalamt um ihre Mitarbeit: Gesucht werden Wolfgang Werner Grams und Birgit Elisabeth Hogefeld. Sie sind dringend verdächtig, sich dem harten Kern der Rote Armee Fraktion angeschlossen zu haben. Grams ist 33 Jahre alt, 1 Meter 80 groß und spricht hessischen Dialekt. Er hat blaugraue Augen und eine dunkle Hautveränderung neben der Nase. Beide könnten ihr Erscheinungsbild inzwischen geändert haben, wie das Bundeskriminalamt mit Hilfe der Bildmontagen zu verdeutlichen versucht.

Thomas R. Fischer: Was war es denn nun wirklich? Wie wurde er zum Ziel? Dass einer als Bankier erfolgreich ist, macht einen doch wohl hoffentlich nicht automatisch zum Ziel?

Im Zusammenhang mit der Frage. Wofür stand er eigentlich? Wofür war er Symbol? Das muss ja 'ne politische Dimension gewesen sein. Hat es da eine Rolle gespielt, dass diese politische Dimension noch verstärkt wurde?

Daimler, Deutsche Bank war sehr nah. Daimler wird angereichert um einen Betrieb, den man in die Nähe der Rüstungsproduktion rücken konnte, ohne weiteres.

OFF-STIMME *(SWR, 1989)*: Mit MBB hat Daimler alles, was schießen kann. In der Luft, zu Lande oder zu Wasser. Und wenn der Bonner Verteidigungsminister zukünftig Raketen oder Militärflugzeuge bestellen will, gibt es in der Bundesrepublik nur noch eine Adresse: die Daimler-Zentrale in Stuttgart. Ein Rüstungsgigant, wie er in der bundesdeutschen Nachkriegsgeschichte ohnegleichen ist.

ALFRED HERRHAUSEN: Wir meinen, dass die Ordnung der deutschen Luft- und Raumfahrt eine Vorstufe ist und sein muss für die Ordnung der europäischen Luft- und Raumfahrt. Die kommen muss, weil andernfalls eine wirklich erfolgreiche Konkurrenz europäischer Luft- und Raumfahrtinitiative gegen die Amerikaner und vielleicht eines Tages auch gegen die Japaner kaum möglich wird.

THOMAS R. FISCHER: Ich weiß es nicht, ob er Todesahnungen hatte. Ich hab ihn einmal angesprochen, da wurde irgendwo eine Liste der RAF gefunden: Bundeskanzler, die Figuren, aber er war ganz oben mit auf der Liste der RAF.

RUTH GRAMS: Bin so glücklich, dass wir das haben. Das hat Wolfgang während seiner Abwesenheit im Untergrund gestickt. Find ich sehr schön. Wir haben wenig Erinnerungsstücke von ihm und deswegen ist mir das so kostbar.

Ich hab immer versucht, das Bild zu deuten. Ich hab gedacht, vielleicht ist er irgendwo in Afrika. Hier sieht man so ein Schiff und den Nil und Elefanten und Krokodile und unten einen Fesselballon. So hab ich mir vorgestellt, vielleicht ist er da ja irgendwo.

WERNER GRAMS: Nil vielleicht, vielleicht auch Vorderer Orient, aber es sind ja alles vage Vermutungen. Vielleicht war's ein Hinweis auf irgendetwas, aber ergründen werden wir das wohl nie mehr.

OFF-STIMME: Karl Heinz Beckurts, Siemens-Vorstandsmitglied und führender deutscher Wissenschaftler auf dem Gebiet der Zukunftstechnologie, wurde zusammen mit seinem Fahrer nur wenige Meter von seinem Haus entfernt am Münchner Stadtrand in die Luft gebombt.

RUTH GRAMS: Das waren schlimme Situationen, wenn ein Attentat passiert ist. Das war für mich sowas von Angst und, dass er da, dass er irgendwie, dass er auch dabei sein könnte, das war für mich furchtbar. Haben wir selbstverständlich alle Nachrichten uns angesehen. Das ist klar. Und wenn alles gut gegangen ist, dann ist uns ein Stein vom Herzen gefallen. Da hab ich immer gehofft, er ist sonstwo, aber nicht dabei. Gehofft, immer gehofft.

Pater Augustinus: Das denkwürdige Gespräch, das er mit dem damaligen Präsidenten von Mexico hatte, wo er von Washington aus einen Tag hingeflogen ist; der schickte ihm seine Maschine, um mit ihm über die Schuldenkrise zu reden. Das hat ihn in der Sache natürlich beeindruckt. Wir haben damals, vorher und nachher, stundenlang miteinander telefoniert, jeweils mitten in der Nacht.

Hurtado *(ehemaliger Präsident von Mexiko)*: Als ich Herrhausen im September 87 empfing, setzte ich ihm unsere Situation auseinander, dass die Regierungen der verschuldeten Länder in Mexiko ohne Erleichterungen nicht länger durchhalten würden. Ich sagte ihm, es lohnt sich, die Verschuldeten am Leben zu halten, denn ein toter Verschuldeter kann nicht zurückzahlen.

Pater augustinus: Das Argument, mit dem ihn dieser mexikanische Präsident auf das neue Gleis gesetzt hat, war, überlegen Sie sich, was passieren würde, wenn Sie in einem Land wie Ihrem eigenen Land von den Menschen verlangen würden, in Armut zu leben, und ihnen die Hilfe, die sie brauchen, verweigern. Das hat ihn bewegt.

Alfred Herrhausen: Mir ist durch den Kopf gegangen, dass wir hier einen anderen Lösungsansatz wählen müssen. Und dass es wohl nicht zu vermeiden ist, dass Banken gewisse Opfer bringen, um diesen Ländern zu helfen.

Von Anbeginn an gab es, meine Damen und Herren, zwei mögliche Opfer der Krise: die Gläubigerbanken und die Schuldner. Die gibt es immer noch. Aber die Stärke der Banken ist größer, die der Schuldner geringer geworden.

Hilmar Kopper: Herrhausen hatte gesagt, dass man ganz oder auf Teile dieser Forderungen verzichtet. Dann existieren sie nicht mehr, dann hat das Problem sich aufgelöst. Das war eine typisch intellektuelle Bemerkung, also zu sagen: Ja, wenn wir das alles theoretisch durchgehen, kann man auch ein Problem beseitigen, indem man den Ursprung des Problems nicht mehr weiter bestehen lässt.

Pater Augustinus: Und es kann nicht sein, dass einige wenige aus der Wirtschaft sehr hohen Profit ziehen und viele andere dabei unter die Räder kommen. Das war nicht seine Vorstellung von einer geordneten Welt. Die fatale Schwierigkeit bestand darin, dass es zu viele gegeben hat, denen es ausschließlich um ihre eigenen Renditen ging.

Michael Endres: Es wurde seine Kompetenz als Banker, als Fachmann von manchen Leuten da durchaus in Zweifel gezogen. Das hat ihn etwas verletzt, aber er hat nie da groß drüber gesprochen. Er war stolz darauf, dass er die Diskussion in Bewegung gebracht hat.

Hilmar Kopper: Es hat ihm eine wahnsinnige Unterstützung der damals schon in die Jahre und in die Funktionen kommenden 68er eingetragen. Die waren alle für Schuldenverzicht. Das war ja nicht ihr Geld. Das war das Geld der bösen Banken. Das konnte man ruhig vernichten. Das haben sie eben davon, dass sie den Brasilianern Kredit geben.

Pater Augustinus: Jetzt zu sagen, dieser oder jener hat sich gesperrt oder der war besonders hässlich mit ihm oder in der Sache, das führt im Grunde genommen nicht weiter, weil die viel aufregendere Frage, die dahinter steht, ja die Frage ist: Wie viel ist ein System wert, das in einer so entscheidenden Frage zu kurz greift und einfach versagt?

Und natürlich ist jemand, der so wach war wie er, dann sofort von der Frage umzingelt: Decke ich möglicherweise, wenn ich bleibe, etwas, was ich nicht decken will? Nicht decken kann? Und vielleicht auch nicht decken darf?

Traudl Herrhausen: Er saß da auf dem Bett und hat sich irgendwie Bergschuhe angezogen und war so niedergeschlagen und, oder hat einfach Menschen vermisst, die mitgezogen sind. Die das aufgenommen haben, was er wollte. Die mit ihm, ja – nicht immer diese Bedenkenträger, die hat er, ja, die hat er gehasst.

Und ich hab, glaub schon, dass er sich einfach zunehmend auch einsam gefühlt hat.

Rolf E. Breuer: Ich weiß noch sehr genau, dass Alfred Herrhausen äußerst deprimiert aus dieser Sitzung schied, die dann seine letzte werden sollte.

Es gab Widerstände in der ganzen Bank, jeder war überrascht von der Krassheit des angestrebten Strukturwandels, und jeder fragt sich natürlich in einem solchen Moment: Was bedeutet das für mich? Und viele mussten sich darüber im Klaren sein, dass der Wandel auch die ganz persönliche Position betreffen würde. Und das war der Grund für immense emotionale Widerstände.

Hilmar Kopper: Es war zu viel auf einmal. Der Sprung war zu weit. Und alle hatten Angst mitzuspringen, weil sie Angst hatten, sie landen im Graben. Und mit ihnen die ganze Bank.

Rolf E. Breuer: Scheu vor Neuem, auch Aversion gegen zu Modernistisches. Ein auf provinziellen Denkweisen aufbauender Fremdenhass. Hass gegen das, was aus dem angelsächsischen, anglo-amerikanischen Wirtschaftskreis hier importiert werden sollte, und Ähnliches.

Hilmar Kopper: Ich fand auch, dass er ein bisschen zu sehr abgehoben hatte und dass er in der Gefahr war, und er hat es selbst gemerkt, dabei die Verbindung, das Band zu der Bank und allem, was er mitziehen muss, in einen Höhenflug hinein, zu verlieren.

Traudl Herrhausen: Ich war irgendwie ganz ungläubig, weil ich ihn so noch nie gesehen hab. Dass er gesagt hat, es ginge an seine – an das berufliche Fortbestehen. Wörtlich: Also ich weiß nicht, ob ich – ich weiß nicht, ob ich das überlebe.

Almut Pinckert: Und dann hat Herr Dr. Herrhausen ganz gedankenverloren und richtig abwesend das Büro verlassen, ohne dass man sich verabschieden konnte.

Traudl Herrhausen: Dann hab ich auf den Alfred gewartet, und der kam so um halb zwölf ungefähr nach Hause, und wir saßen in der Küche und haben einen Schnaps getrunken, und dann hab ich zu ihm gesagt: Glaubst du nicht, dass du einfach zu schnell bist? Dass du einfach, du bist viel weiter als die. Und die müssen eine Chance haben mitzukommen; die Entwicklung zu begreifen und dann auch mitzutragen. Glaubst du nicht einfach, dass du zu schnell bist? Und dann hat er zu mir gesagt: Wenn sogar du so etwas sagst. Also wenn sogar du mich verlässt. Oder wenn sogar du das nicht mitträgst. Oder wenn sogar du zweifelst, dann weiß ich nicht mehr, wie es weitergehen soll.

Und am nächsten Morgen, als er um halb neun eben dann aufbrach, da hab ich ihn dann da umarmt, auf Wiedersehen gesagt und hab zu ihm gesagt: Es wird alles gut. Und hab irgendwie so das noch unterstrichen und so auf den Rücken geklopft. Es wird alles gut. Und er war irgendwie weg und hat gesagt: Jaja, wir werden sehen.

Drei Minuten später kam der Knall.

Ruth Grams: Wir haben ja überhaupt jahrelang nichts gehört. Wir wussten ja auch gar nicht mehr, ob er lebt. Und dann kam son Briefchen!

Werner Grams: Wir bekamen eine Nachricht, dass wir uns irgendwie treffen könnten, aber wie und wo wussten wir selbst noch nicht.

Matthias Dittmer: Das war im Herbst 92, plötzlich tippt's son bisschen auf meine Schulter, da waren das Birgit und Wolfgang. Das dauert dann 'ne Weile, bis man das verarbeiten kann. Ich kannte ihn eigentlich in den letzten Jahren nur noch von den Fahndungsplakaten.

Wir haben da sehr lange darüber gesprochen, über ihre Sehnsüchte auf ein Leben jenseits von Sichversteckenmüssen und jenseits von Gesuchtwerden, jenseits von Auf-der-Flucht-Sein. Und ihre Sehnsüchte nach bürgerlichem Leben, Familie mit 'nem Kind, mit Kindern. Und dann kamen wir hier zu sitzen, und da hab ich sie ganz direkt gefragt, warum sie nicht dieses Dings, was sie immer irgendwo hier, also diese Pistole, diesen Revolver oder was auch immer, dieses Gerät nicht jetzt nimmt und einfach in die Warno hineinschmeißt. Also um das zu materialisieren, was ihr Wunsch ist, was ihre Gedanken waren. Und da hab ich sie erlebt – vollkommen verunsichert.

Ruth Grams: Dieses Unternehmen war ein großes Risiko. Obwohl, ich hätte aber auch keine Sekunde überlegt, das nicht zu machen. Denn ich wollte unbedingt Wolfgang sehen. Das ist doch ganz klar. Und dann sind wir einige Male herumgereist im Taunus, und – um Verfolger vielleicht abzuhängen.

Und dann standen sie plötzlich beide auf dem Bahnsteig. Nein, ich hab das – ich dachte, ich träume. Ich dachte ich träume. Wir haben uns in den Armen gelegen wir drei, und Wolfgang hat nur gelacht und sich gefreut. Er kann sich so freuen. Hat sich so gefreut. Es war wie ein Wunder, wie ein Wunder.

Werner Grams: Es konnte natürlich in dem Gespräch keine Auskunft darüber erlangt werden, wo wart ihr denn die ganze Zeit? Wie ist es euch ergangen? Das haben wir natürlich nicht erfahren.

Ruth Grams: Ich hab viel zu wenig gefragt. Man denkt ja nicht, dass es das letzte Mal war. Wirklich nicht. Ich hab, an so was denkt man doch gar nicht, obwohl man, obwohl man doch rechnen muss, dass irgendwann mal was passieren könnte.

Werner Grams: Als wir uns verabschiedet haben an der Bushaltestelle, ja, da hat er sich so umgeguckt, und da standen zwei so Typen irgendwo.

Ruth Grams: Der Abschied war schwer. Da stand er da, und ich seh ihn winken, so weit noch, so lange, wie der Bus um die Ecke gefahren ist, und dann war er weg.

Nachspann:
Am 27. Juni 1993 sollten Birgit Hogefeld und Wolfgang Grams auf dem Bahnhof in Bad Kleinen festgenommen werden. Ein V-Mann hatte die Ermittler auf ihre Spur geführt. Birgit Hogefeld stellte sich widerstandslos; Wolfgang Grams und der Polizist Michael Newrzella kamen bei einem Schusswechsel ums Leben.

Die Eltern von Wolfgang Grams versuchen bis heute vergeblich, eindeutige Auskunft über die Ereignisse in Bad Kleinen zu erhalten. Bei der Untersuchung der Todesumstände kam es auf Seiten der Polizei zu zahlreichen Versäumnissen und Pannen. Der genaue Ablauf der Ereignisse ist nicht mehr zu ermitteln.

In einem Bekennerschreiben vom 2. Dezember 1989 übernahm die RAF die Verantwortung für den Anschlag auf Alfred Herrhausen. Ob und in welcher Form Wolfgang Grams an Anschlägen der RAF beteiligt war, ist ungeklärt. Mit dem Tod von Wolfgang Grams sind alle Ermittlungen gegen ihn eingestellt worden.

Das Attentat auf Alfred Herrhausen und neun weitere Anschläge aus den Jahren 1984 bis 1993 sind bis heute nicht aufgeklärt.

Rainer Keller

Fischer wirft einen Stein

Über Grenzen der Strafgewalt in Zeit und Raum

Letztes Jahr führte der Strom der Medienereignisse die Erinnerung mit, dass Joschka Fischer in den siebziger Jahren Polizisten mit Steinwürfen und Schlägen traktiert hatte. Sind das heute noch Taten des gegenwärtigen Fischer? Er selbst hat sich dazu »bekannt«: die Taten seien Teil seiner Biographie. Im Horizont des Strafrechts sind die Steinwürfe und Prügeleien allerdings nicht mehr Fischers Taten, weil sie verjährt sind. Das Strafrecht betrifft nicht Biographien, sondern die gegenwärtige Verantwortlichkeit von Personen für ihre vergangenen Handlungen. Als verjährte Taten werden die Steinwürfe et cetera Fischer nicht mehr zugerechnet, sind »historische Begebenheiten«, dem Schema Recht/Unrecht entglitten. Andererseits: Den einstigen RAF-Aktivisten wird Beteiligung an Morden vorgeworfen; diese schweren Taten sind nicht verjährt. Die RAF-Leute werden weiterhin verantwortlich gemacht, unabhängig davon, ob sich noch irgend ein Journalist oder Angehöriger der Tatopfer dafür interessiert.

1. Normgeltung und Vergessen

Das Strafrecht hat ein starres Verhältnis zur Zeit. Gegenüber dem beliebigen Aufgreifen und Vergessen von Kommunikationsthemen erzeugt es eine Stabilität. Solange die Verjährung nicht eingetreten ist, gilt die von einer Person vor Jahren begangene Tat als noch gegenwärtig. Der Täter mag sich nach der Tat tief greifend geändert, eine Familie gegründet, die Leitung eines Unternehmens übernommen haben. All dies wird mit Strafgewalt negiert, wenn etwa eine 18 Jahre zuvor von ihm begangene Vergewaltigung aufgedeckt wird. Der anpassungsfähige Mensch bleibt an seine Tat gekettet. Es wird ihm aufgezwungen, in den wechselnden Verhältnissen identisch zu bleiben.

Freilich geht es bei den nachtragenden Verurteilungen und Strafen nicht primär um Erziehung. Wichtiger sind wohl soziale Effekte. Zum einen wird mit der Verurteilung und der Strafe die Schuld des Täters als eine soziale Tatsache manifestiert, die Erinnerung der Gesellschaft an das in ihr begangene Unrecht festgehalten, ein soziales Gedächtnis gebildet und die Erniedrigung des Tatopfers symbolisch aufgehoben. Bezogen auf die Zukunft wird zum anderen die Norm, die der Täter gebrochen hat, in der Gesellschaft dargestellt als eine, die ernst zu nehmen und verlässlich bleibt. Mit der starrsinnig nachtragenden Bestrafung des Normbruchs setzt sich die Norm gewaltsam und demonstrativ durch gegen den Wechsel der Verhältnisse und Aufmerksamkeiten, die oft längst das Thema wechseln möchten.

Unter dem Aspekt der Normstabilisierung ist auch die Verjährung verständlich (die je nach Schwere des Delikts nach fünf, zehn, zwanzig oder dreißig Jahren eintritt). Im Laufe ihrer Frist sind in der Gesellschaft neben dem einen ungesühnten Normbruch meist viele weitere Normbrüche geschehen, und diese wurden meist regulär mit Strafe geahndet. Dadurch wurde im Laufe der Jahre die Normgeltung hinreichend demonstriert und stabilisiert, sodass es der Ahndung der einen ungesühnten Tat am Ende nicht mehr bedarf. Die beständig sich wiederholende allgemeine Strafpraxis erzeugt die Stabilität der Norm in der Zeit. Das ist eine Prämisse der Verjährung und des Vergessens einzelner Normbrüche. Dementsprechend lassen die Gesetzgeber die Verjährung nicht zu, wenn die Straftaten massenhaft erst nach Ablauf der Frist aufgeklärt werden. Die Verjährungsfrist wird dann verlängert – so in den sechziger Jahren für die lange Zeit nicht verfolgten schweren NS-Delikte, nach dem Beitritt der DDR für die in dieser nicht verfolgten Delikte sowie für die im Zusammenhang des Beitritts begangenen Wirtschaftsdelikte.

Indem die Verjährung soziales Vergessen zulässt, ermöglicht sie zugleich, dass die Gesellschaft und die Individuen sich von ihrer Vergangenheit schließlich distanzieren und sich neuen Gegenständen zuwenden. Dies, die Möglichkeit von Geschichte, gibt dem Vergessen erst seine Legitimität.

2. Amnestie und Rückwirkung

Mit der Amnestie wird auf Strafverfolgung verzichtet, ohne dass zuvor in jahrelanger Frist die Aburteilung gleichartiger Delikte stattgefunden hätte. Amnestien ordnen einen Bruch in der relativen Kontinuität der Normstabilisierung an. Sie werden oft am Ende politischer Konflikte verfügt mit der Intention, die gesellschaftliche Integration neu zu begründen. Der Einwand, damit würden die Geltung der Norm, das soziale Gedächtnis und die Anerkennung der Tatopfer negiert, ist berechtigt, aber einseitig, wenn die Gesellschaft sich tatsächlich in einem Zustand tief greifender Desintegration befindet und die Integration unmöglich ist ohne den Verzicht auf Beschuldigungen und Strafdrohungen. Diese Probleme kann freilich beiseite lassen, wer die Erhaltung spezifischer Gesellschaften mit ihrer je eigenen Kultur für obsolet oder nachrangig gegenüber einem überstaatlichen Recht hält. Dies war die Position der idealistischen Aufklärer in Deutschland, die Amnestie und Verjährung unerklärlich fanden.

In den neunziger Jahren wurde nach dem Beitritt der DDR diskutiert, ob das Töten von Flüchtlingen an der Grenze und andere in Ausübung von DDR-staatlichen Befugnissen begangene Taten amnestiert werden sollten. Auch in diesem Kontext war die These, das soziale Gedächtnis und die Anerkennung der Tatopfer stünden der Amnestie entgegen, einseitig, denn schon die Bewertung der in der Vergangenheit DDR-konformen Handlungen als Straftaten beinhaltete einen Bruch sozialer Kontinuität und eine Abwertung von Individuen, die auf das gegebene Recht vertraut hatten. Die weitere These, es habe sich nicht um Recht gehandelt, die DDR sei ein Unrechtsstaat gewesen, enthält normativ eine Negation des Lebens der dortigen Bevölkerung, soweit es staatlich organisiert war. Im Hinblick darauf ist die Gegenthese plausibel, dass die nachträgliche Bewertung der DDR-konformen Handlungen als Straftaten die Grenze der Strafgewalt gegenüber der Vergangenheit, das Rückwirkungsverbot überschreitet.

3. Zeitliche Entgrenzung

Eine Kategorie von Straftaten ist von der Verjährung gänzlich ausgenommen. Auch nach fünfzig, sechzig Jahren wird der Täter, so er noch lebt, ihretwegen zur Verantwortung gezogen. Für Mord wurde dies festgelegt (nachdem zunächst die Verjährungsfrist auf dreißig Jahre verlängert worden war), um die erwähnten NS-Delikte soweit möglich noch ahnden zu können. Dies erklärt die Regelung jedoch nicht hinreichend, denn es waren nur noch vergleichsweise sehr wenige Taten zu ahnden. Mit dem totalen Ausschluss der Verjährung der NS-Delikte wurde auch anerkannt, dass diese im Verhältnis zur gegenwärtigen Gesellschaft der Bundesrepublik exorbitant sind, also nicht im sozialen Prozess legitim vergessen werden können, vielmehr die Identität der Gesellschaft dauerhaft bestimmen.

Weniger evident ist der Grund der Unverjährbarkeit einiger Delikte, die im neueren internationalen Recht definiert sind; für deren Ahndung setzen sich gegenwärtig Strafgerichte und Regierung der Bundesrepublik intensiv ein. Zu nennen ist zunächst Völkermord, der im ehemaligen Jugoslawien und in Ruanda begangen wurde. Die Strafnorm betrifft nicht nur Grauenhaftigkeiten von der Art der Judenvernichtung (wegen des Rückwirkungsverbotes gilt sie für diese nicht), sondern auch Personen, die zum Beispiel einzelne Mitglieder einer ethnischen, religiösen oder ähnlichen Gruppe körperlich oder seelisch schwer schädigen mit dem Ziel, die Gruppe dadurch aufzulösen (dass dies unter Umständen unrealistisch war, steht der Strafbarkeit nicht entgegen). Unverjährbar sind weiter schwere Kriegsverbrechen und Verbrechen gegen die Menschlichkeit (Beispiel: Vertreibung der Zivilbevölkerung durch bewaffneten Angriff oder Besetzung). Dies alles sind schwere Verbrechen. Aber mit schweren Verbrechen hat es auch das herkömmliche inländische Straftrecht zu tun (Beispiel: Vielfach wiederholtes sadistisches Quälen von Kindern oder Behinderten), ohne dass die Strafverfolgung zeitlich völlig entgrenzt würde.

Als Grund für die Unverjährbarkeit der internationalen Delikte wird angegeben, dass sie meist gedeckt von staatlicher Macht begangen werden und die Täter deshalb nicht wie herkömmliche Straftäter staatlich verfolgt werden, weshalb die internationale Verfolgung besonders schwierig ist. Indessen ist damit wohl nicht zu erklären, dass die Verjährung total ausgeschlossen sein soll. Insofern dürfte eine Fixierung auf den Schutz abstrakt verstandener Menschenrechte leitend sein, hinter denen die Bedeutung konkreter sozialer Geschichte und damit des Vergessens zurücktritt; Einzelheiten dazu weiter unten.

4. Räumliche Entgrenzung

Wer hat zu entscheiden, was als Kriegsverbrechen, Völkermord oder Folter (ebenfalls ein internationales Delikt) gilt? Wenn die Justiz des Staates, für den der Angeklagte agierte, Entscheidungskompetenz hat, wird sie oft dazu tendieren, die Bewertung als Delikt zu verneinen, weil das Gesetz den gegebenen Fall nicht erfasse, der Täter überwiegend wichtige Ziele verfolgt habe und dergleichen mehr. Insofern werden auch in Ländern, deren Rechtsstaatlichkeit nicht zu bezweifeln ist, zuweilen bemerkenswerte Entlastungsargumente vorgebracht: Ein Krieg, so postuliert der für Frankreich im Algerienkrieg tätige General Massu, ist ohne die Anwendung der Folter nicht zu führen. Dementsprechend gilt das Folterverbot in Israel nur bedingt; in den USA wurde für die Verfolgung der Al Qaida-Kämpfer seine Aufhebung erwogen. Aus der Sicht des

Staates, dem das Tatopfer angehört, oder eines internationalen Tribunals mag die Sache anders zu bewerten sein. Wer also hat im internationalen Verhältnis Strafgewalt?

Nach herkömmlichem Völkerrecht war die Strafgewalt primär an das staatliche Territorium gebunden. Über die in diesem begangenen Delikte hatte grundsätzlich jeder Staat durch seine Gerichte selbst zu entscheiden (Territorialprinzip). Damit realisierte er seine Souveränität. Er hatte auch internationale Normen zu beachten, die es abstrakt seit langem gibt. Deren verbindliche konkrete Auslegung und Anwendung – dies sind die für die Verbindung von Recht und Macht entscheidenden Kompetenzen – war jedoch der staatlichen Justiz allein überlassen. Die anerkannte Souveränität der Territorialstaaten war die gegenständliche Basis der Selbstbestimmung der Völker und der Entwicklung entsprechender spezifischer Kulturen. Dass ebendiese Entwicklung auch die Nivellierung von Teilkulturen impliziert und dass das Strafrecht des Territorialstaats zu diversen Ungerechtigkeiten führen kann, ist bekannt.

Modifiziert wurde das Territorialprinzip durch die Befugnis der Staaten, auch Personen zu bestrafen, die außerhalb des staatlichen Territoriums Personen oder Güter des Staates angegriffen hatten, sowie eigene Staatsangehörige auch für Delikte zu bestrafen, die sie außerhalb des staatlichen Territoriums begangen hatten. Beide Befugnisse dienten der Verstärkung der Souveränität des Territorialstaats. Das Weltrechtsprinzip, das jeden Staat befugt, Delikte (zum Beispiel Piraterie, Sklavenhandel, Geldfälschung) unabhängig von Tatort sowie Staatsangehörigkeit von Täter und Opfer zu ahnden, hatte in der Praxis bis vor kurzem nur marginale Bedeutung. Konflikte um die Strafgewalt in einzelnen Fällen waren selten. Hinsichtlich der in Kriegen begangenen Verbrechen zum Beispiel wurde in den Friedensverträgen oft vereinbart, dass keiner der beteiligten Staaten sie künftig weiter ahnden werde. Der Friedensvertrag statuierte ein Vergessen, das das künftige Verhältnis der Beteiligten entlastete.

Die Lage änderte sich am Ende des Ersten Weltkriegs. Die Siegermächte Großbritannien und Frankreich wollten ein internationales Tribunal errichten, das deutsche Kriegsverbrecher aburteilen sollte. Nach dem Zweiten Weltkrieg war diese Initiative erfolgreich, zunächst hinsichtlich der deutschen und japanischen Kriegsverbrechen und neuerdings für die beim Zerfall Jugoslawiens und in Ruanda begangenen Delikte. Bei der laufenden Errichtung eines ständigen Internationalen Strafgerichtshofs ist die Bundesregierung intensiv engagiert. Zugleich aktivieren neuerdings die Gerichte mehrerer Staaten das Weltrechtsprinzip. Deutsche Gerichte haben mehrfach Bosnier wegen in Bosnien gegen Bosnier begangener Kriegsverbrechen und Völkermordes verurteilt. Es wird also die staatliche

Strafgewalt entgrenzt und teilweise ersetzt durch überstaatliche Strafgewalt. Jeweils wird jenseits der beteiligten Konfliktparteien begründetes Recht angewendet. Die erwähnten Klauseln von Friedensverträgen, in denen alle Konfliktparteien sich wechselseitig Amnestie für Kriegsverbrechen garantieren, sind nach dem neuen internationalen Recht verboten.

Problematisch ist diese Durchsetzung internationalen Rechts mit Strafgewalt, weil damit das Verhalten der angeklagten Individuen an Normen gemessen wird, die in ihrer konkreten Auslegung oft nicht Teil der in ihrem Staat rechtlich anerkannten Kultur sind. Wenn beispielsweise, wie gezeigt, über die Bedeutung des Folterverbots schon innerhalb der westlich geprägten Kulturen erhebliche Differenzen bestehen, dürfte das Verständnis jenes Verbots in mehr traditional bestimmten Kulturen oft noch weiter von dem abweichen, was etwa ein Weltrechtspflege betreibendes deutsches Gericht oder ein internationales Tribunal zugrunde legt. Das Problem stellt sich eindeutig, wenn einfache Bürger oder Soldaten angeklagt sind. Jedoch verlangen auch Mitglieder der politischen Klasse, wie Milošević, die das ihnen vorgehaltene internationale Normverständnis kennen, das Normverständnis ihrer eigenen Kultur in Rechnung zu stellen.

Demgegenüber weisen die Befürworter des internationalen Strafrechts darauf hin, dass die Nivellierung kultureller Divergenzen ja auch Teil der herkömmlichen innerstaatlichen Strafpraxis sei. Die Mitglieder der Subkulturen innerhalb eines Staates, die die Verbote von Körperverletzung, Drogenhandel, Sachbeschädigung, Bestechung anders verstehen als die staatliche juristische Praxis, werden den Standards dieser Praxis unterworfen. Jedoch ist die Lage der vom internationalen Strafrecht betroffenen Individuen insofern eine andere, als ihre Kultur durch die Rechtsordnung ihres Staates sanktioniert ist.

Allerdings hat der betreffende Staat in manchen Fällen die Anwendung der internationalen Strafnormen durch Gerichte anderer Staaten oder internationale Tribunale Jahre vorher anerkannt (so Serbien bezüglich Kriegsverbrechen, nicht bezüglich Völkermord). Damit ist jedoch nicht gesichert, dass diese von ihrer Regierung einst vollzogene Anerkennung für die einfachen Bürger des Staates ebenso verbindlich war wie die im Alltag geltende Rechtsordnung. Für DDR-Bürger beispielsweise hatte es wenig Bedeutung, dass ihre Regierung in den siebziger Jahren dem Internationalen Pakt über bürgerliche und politische Rechte, der die Ausreisefreiheit garantiert, beigetreten war. Verbindlich im Alltag waren die Vorschriften über die Sicherung der Grenze. Dies wäre bei der Beurteilung der Mauerschützen zu berücksichtigen.

5. Entgrenzung durch Menschenrechte

Ihre wichtigste theoretische Stütze hat die internationale Entgrenzung der Strafgewalt darin, dass die von ihr geltend gemachten Normen zugleich Menschenrechte schützen. Diese stehen, wie es heißt, dem »bloßen Menschen« zu, unabhängig von seiner staatlichen und kulturellen Zugehörigkeit, sind also grenzenlos. Ihr Pathos verdrängt die Bedeutung der Spezifik von staatlichem Recht und jeweiliger Kultur. Indessen ist der bloße Mensch eine vernunftrechtliche Abstraktion. Die vorfindlichen Menschen sind nicht nur eingebunden, sondern geprägt durch vielfältige kulturelle und staatliche Verhältnisse. Diese bestimmen ihr Sosein. Und in der juristischen Definition des bloßen Menschen, das heißt in der Auslegung der Menschenrechte werden unausweichlich selektiv Elemente kulturell bestimmter Menschenbilder zu Wesensbestimmungen stilisiert. Es ist also Misstrauen angebracht gegenüber der menschenrechtlichen Entgrenzung der Strafgewalt, zumal das Set der Menschenrechte beweglich ist und neuerdings auch ein Menschenrecht auf kulturelle Besonderheit postuliert wird. Der Pakt über bürgerliche und politische Rechte stellt den einzelnen Menschenrechten das Recht der Völker auf Selbstbestimmung voran, womit ebenfalls die internationale Nivellierung in Frage gestellt wird.

Andererseits ist eingedenk der Erfahrungen mit staatlicher Willkür und Aggressivität der Idee der Menschenrechte die Legitimität nicht grundsätzlich zu bestreiten. Ein Kernbereich dieser Rechte sollte wohl international strafrechtlich geschützt werden, auch wenn damit die Gefahr kultureller Dominanz verbunden ist. In der Ausgestaltung der justiziellen Verfahren sollte jene Gefahr möglichst gering gehalten werden. Staatliche Gerichte sind deshalb weniger geeignet, weltweit Menschenrechte zu schützen, als international repräsentativ zusammengesetzte Gerichte mit allgemeiner Zuständigkeit.

6. Entgrenzte Macht

Insofern waren die in Nürnberg und Tokio nach dem Zweiten Weltkrieg eingerichteten Tribunale unzulänglich, und die Tribunale für Jugoslawien und Ruanda sind es ebenso. Sie wurden jeweils ad hoc installiert und greifen aus dem Gesamtbereich internationaler Delikte einen Teil heraus. Dieser wurde bei der Einrichtung der Tribunale durchaus politisch fixiert. Die USA haben die Einrichtung vorangetrieben und begrüßen die von den Tribunalen verhängten schweren Strafen, sind aber erklärtermaßen nicht bereit, ihre Bürger internationalen Tribunalen auszuliefern. Deutlicher kann kaum demonstriert werden, was Sache ist beim neuen Menschenrechtsschutz: King can do no wrong. Wie einst im Absolutismus schafft der Machtinhaber eine Rechtsordnung und bleibt dafür selbst von dieser ausgenommen. Die absolutistischen Rechtsordnungen waren gewiss herber als die nun von den USA installierte. Sie waren aber nicht alternativenlos; man konnte in ein anderes Land ausweichen. Die neue herrschaftliche Menschenrechtsordnung beansprucht unausweichliche Geltung, weil weltweit bloße Menschen zu schützen sind.

Dass US-Bürger nicht den internationalen Gerichten unterstellt werden sollen, wird mit der Befürchtung begründet, diese könnten politisch tendenziös entscheiden. Wenn die Gefahr bestünde, müsste sie fairerweise auch bei Verfahren gegen Personen berücksichtigt werden, die nicht US-Bürger sind. Im Übrigen ist im Statut des zu errichtenden ständigen Internationalen Strafgerichtshofs jedem Staat das Recht eingeräumt, das Verfahren gegen seinen Bürger anstelle des Internationalen Gerichtshofs selbst durchzuführen. Wenn die USA gleichwohl den Internationalen Gerichtshof nicht anerkennen, so behalten sie sich also die Möglichkeit vor, internationale Delikte ihrer Bürger überhaupt straflos zu belassen. Tatsächlich wurden die von US-Soldaten im Vietnamkrieg begangenen Kriegsverbrechen in den USA nicht konsequent bestraft.

Sich selbst von dem Recht auszunehmen, das sie anderen auferlegen, hat in der Politik der USA Methode. Sie haben schon die die Strafbarkeit des Völkermords begründende Konvention nur mit weitreichenden Vorbehalten unterzeichnet, durch die die Verbindlichkeit für die USA abgeschwächt wird. Sie halten dem Irak die Produktion von aggressiven Biowaffen vor und betreiben die Produktion selber. Sie erkennen die Amerikanische Menschenrechtskonvention (ein Pendant der Europäischen MRK) und das entsprechende internationale Gericht nicht an.

Nun wäre es verfehlt, allein wegen seiner Machtabhängigkeit den neuen Menschenrechtsschutz als nutzlos abzutun. Auch als selektiver hat er eine nicht zu verachtende Schutz- und Ordnungswirkung, die in der weiteren Entwicklung vielleicht effektive Allgemeingültigkeit erlangt. Recht breitet sich zuweilen mit Eigendynamik aus.

7. Schuld und Ungleichheit

Zu beachten ist schließlich, dass der weltweite Menschenrechtsschutz bisher nur Programm ist. Dem Statut des ständigen Internationalen Strafgerichtshofs fehlt die Anerkennung nicht nur der USA, sondern auch der VR China, Indiens, diverser arabischer Staaten und Israels. Da diese

Staaten zusammen annähernd die Hälfte der Weltbevölkerung repräsentieren, kann kaum angenommen werden, die Normen, deren Bruch zum Beispiel vom Haager Tribunal den Angeklagten vorgeworfen wird, würden gegenwärtig allgemein als Menschenrechte – das heißt die Staaten übergreifende Rechte – anerkannt. Damit wird die Legitimität des Schuldvorwurfs fraglich. Denn wenn Schuld nicht metaphysisch bestimmt werden soll, muss sie sich auf den Bruch einer Norm beziehen, die – von Ausnahmesituationen abgesehen – effektiv für alle gilt, damit alle verpflichtet und sich als für alle akzeptable Ordnung erweist.

Bei transnationalen Schuldvorwürfen genügt es also nicht, dass dem Angeklagten vorgeworfen werden kann, seine Tat breche eine von vielen Staaten anerkannte Norm. Denn dem kann der Angeklagte entgegenhalten, in anderen und in seinem Staat gelte die Norm nicht oder werde anders ausgelegt und diese Rechtslage sei nicht minder zu achten als die ihm vorgehaltene. Diese Entgegnung muss ernst genommen werden, wenn es nicht gerade eine Bürgerkriegslage oder Ähnliches ist, worauf der Angeklagte sich beruft. Die Entgegnung muss insbesondere dann ernst genommen werden, wenn es die weltweite Führungsmacht ist, die die dem Angeklagten vorgehaltene Norm nicht als staatsübergreifend anerkennt.

Literatur

Anselm Ritter von Feuerbach, *Lehrbuch des gemeinen in Deutschland gültigen peinlichen Rechts*, 12. Aufl., Giessen 1836

Klaus Günther, »Der strafrechtliche Schuldbegriff als Gegenstand einer Politik der Erinnerung in der Demokratie«, in: Smith/Margalit (Hg.), *Amnestie oder Die Politik der Erinnerung in der Demokratie*, Frankfurt 1997, S. 48 ff.

Ders., »Urteilsanmerkung«, in: *Strafverteidiger* 1993, S. 18 ff.

Niklas Luhmann, *Das Recht der Gesellschaft*, Frankfurt 1993

Dietrich Oehler, *Internationales Strafrecht*, 2. Aufl., Köln 1983

Ferdinand Sutterlüty

Gewalterfahrung als Motiv

Gespräche mit jugendlichen Tätern

Jedes Mal, wenn wir von schwerwiegenden Gewalttaten Jugendlicher hören, drängt sich die Frage nach dem Warum auf. Auf diese Frage folgt meist eine große Ratlosigkeit, weil wir nicht begreifen, wie zum Beispiel Skinheads so lange auf einen Obdachlosen einschlagen können, bis er tot ist. Die zweite Reaktion besteht darin, andere Fragen zu stellen – Fragen, die in die vertrauten Kategorien unseres sozialkritischen Denkens passen und keine so starke affektive Abwehr auslösen. Die schrecklichen Taten erscheinen dann als »die Spitze des Eisbergs« und als etwas, was »aus der Mitte der Gesellschaft« kommt. Wir denken an die gegenwärtigen gesellschaftlichen Wandlungsprozesse, die Jugendliche aus sozialen Bindungen herauswerfen und viele von ihnen zu perspektivlosen Verlierern machen. Oder an fremdenfeindliche Einstellungen breiter Bevölkerungsschichten und an die »kapitalistischen Tugenden« der Ellenbogengesellschaft. Bestärkt von den Ergebnissen der sozialwissenschaftlichen Forschung sehen wir in der Jugendgewalt die Folge weitverbreiteter Wertorientierungen oder einer sozialen Benachteiligung der Täter. Wir dramatisieren damit die Ausmaße des Problems, indem wir die Ursachen jugendlicher Gewaltbereitschaft im gesamten gesellschaftlichen Betrieb und Gefüge vermuten. Gleichzeitig verharmlosen wir die Taten selbst, indem wir den Blick von den Gewaltsituationen abwenden und auf weit entfernte Gewaltursachen lenken. Und die erste Frage – wie es möglich ist, dass Jugendliche sich so brutal verhalten – bleibt unbeantwortet. Sie lässt sich auch gar nicht beantworten, solange man die Ursachen und Motive ausschließlich jenseits der Situationen sucht, in denen die Gewalt tatsächlich ausgeübt wird.[1]

Ich will hier versuchen, wesentliche Gewaltmotive aus der Perspektive der jugendlichen Täter selbst zu rekonstruieren. Folgt man deren Erzählungen, wird man mit überraschenden und irritierenden Aussagen konfrontiert. In der einen oder anderen Weise berichten die Täter von überwältigenden Erlebnissen bei der Gewaltausübung und verbinden mit ihren Taten die Erfahrung einer besonderen Intensität. Erst auf der Grundlage solcher – bisweilen schwer verdaulicher – Aussagen kann man verstehen, was die Gewaltausübung für Jugendliche attraktiv macht und weshalb ihre Gewalt oftmals über jeden erkennbaren Sinn und Zweck hinausschießt. Es ist nämlich in vielen Fällen die berauschende Gewalterfahrung selbst, die in den entsprechenden Situationen zu einem enthemmten Gewaltexzess führt. Diese Erfahrung kann aber auch dasjenige sein, was die Jugendlichen Situationen der Gewalt allererst herstellen lässt. Es entstehen, mit einem Wort, »intrinsische Gewaltmotive«, das heißt Motive, die direkt aus dem Erleben der Gewaltausübung hervorgehen und sich verselbständigen.

Welche Erfahrungen sind es nun, die hinter solchen Motivlagen stehen? Was ist mit dem viel zitierten »Kick« der Gewalt, auf den bestimmte Jugendliche aus sind, genau gemeint? Wie entstehen und wirken intrinsische Gewaltmotive? In Interviews, die ich im Rahmen einer von 1996 bis 2000 durchgeführten Untersuchung mit jugendlichen Wiederholungstätern unterschiedlicher Provenienz und Gruppenzugehörigkeit geführt habe (15 junge Männer, 3 junge Frauen), schildern die Befragten Situationen, in denen sie Gewalt ausgeübt haben. Diese Schilderungen lassen verschiedene Dimensionen der Gewalterfahrung erkennen, die eine Antwort auf die gerade gestellten Fragen versprechen.

Zunächst einmal fällt auf, dass die jugendlichen Täter vielfach vom Triumphgefühl ihrer physischen Überlegenheit berichten, das sie erfüllt, wenn sie einen anderen Menschen besiegen, über ihn verfügen und sich über ihn erheben können. Murat[2], ein 16-jähriger Jugendlicher polnischer Herkunft und Mitglied einer türkisch dominierten Bande, berichtet von einem Vorfall, der dies illustriert. An Murats Schule in West-Berlin verbreitete ein arabischer Jugendlicher die Nachricht, er und sein schwarzer Freund seien an ihrer Ost-Berliner Schule von Skinheads als »Scheißausländer« beschimpft und geschlagen worden. Es gelingt ihm, Murat und seine Freunde für eine Bestrafung der Skinheads zu gewinnen, indem er darauf hinweist, die »Nazis« hätten sie zum Kampf herausgefordert. In einer 16-köpfigen, mit Schlagstöcken und – wie sich herausstellt – mit zwei Messern bewaffneten Gruppe macht sich Murat schließlich auf den Weg zum Ort des Geschehens »im tiefsten Osten«, der in seiner Bande als gefährliches, feindliches Gebiet gilt. Sie treffen tatsächlich auf die Skinheadgruppe, und nach einem Wortwechsel kommt es zu einer brutalen Auseinandersetzung, bei der zwei aus Murats Gruppe ihr Messer ziehen und mehrmals auf einen der Skinheads einstechen, der lebensbedrohliche Verletzungen davonträgt.

Worum es bei dieser Auseinandersetzung geht, scheint in Murats Beschreibung der Situation zunächst völlig klar – darum nämlich, die Skinheads für ihre ausländerfeindlichen Sprüche und Taten zur Rechenschaft zu ziehen und, mehr noch, die Herausforderung zum Kampf anzunehmen. Im Verlauf der Auseinandersetzung kommt jedoch ein zusätzliches Handlungsmotiv hinzu, das Murat mit folgenden Worten beschreibt: »Wir wollten die richtig so kaputtschlagen, dass sie auf dem Boden liegen, dass die uns schon so anbetteln: ›Nicht schlagen bitte! Okay, tut uns Leid, was wir gesagt haben.‹ So richtig kaputtschlagen wollten wir die!« Dieser Beschreibung zufolge hatten es Murat und seine Gruppe darauf abgesehen, den Gegner bis zur völligen Unterwerfung zu bekämpfen und sich am Entsetzen der Unterlegenen zu weiden. Wenngleich Murat von einem »Kaputtschlagen« spricht, zielt die Gewalt nicht nur auf die physische Bezwingung des Gegners, sondern auch auf das verbale Eingeständnis seiner Unterlegenheit und das hämische Auskosten seiner Angst: Die Skinheads sollten zittern und um Gnade betteln. Mit einem Kniefall sollten sie die Verfügungsgewalt Murats und seiner Gruppe in einem geradezu formellen Akt der Unterwerfung bestätigen. Hier wird das triumphale Erlebnis, sich durch die körperliche Überwältigung des Gegners als bedingungslos überlegen zu erweisen, im Vollzug des gewaltsamen Unterfangens zur entscheidenden Triebfeder des Handelns, zum intrinsischen Motiv.

Vergleichbare Motive führten beim Skinhead Kai zu einer fast schon habitualisierten Suche nach Personen, die er zum Opfer seiner Gewalt machen konnte. Der zum Interviewzeitpunkt 19-jährige Kai erzählt von einer besonders gewalttätigen, etwa zwei Jahre zurückliegenden und drei Monate währenden Phase, in der er mehr oder weniger täglich irgendjemanden verprügelte. Schon morgens beim Aufstehen habe er damals genau gewusst, dass an dem Tag noch »etwas passieren« werde. Das Vergehen der Opfer, auf die er in mehreren Fällen einschlug, bis sie bewusstlos waren, bestand meist lediglich darin, dass sie sich für »zu wichtig« hielten, ihn komisch anguckten oder ein falsches Wort sagten; oft waren es Betrunkene oder Migranten. Ihr Verhalten, an dem Kai Anstoß nahm, scheint für ihn jedoch lediglich die Funktion gehabt zu haben, sie als Objekt seiner gewaltsamen Absichten zu identifizieren. Was hinter seinen auf den ersten Blick als sinnlos und irrational erscheinenden Übergriffen steht, geht aus Kais Rede von einem »Machtgefühl« hervor, das er beim Anblick von geschlagenen, oft regungslos daliegenden Opfern empfand.

Was Kai mit diesem »Machtgefühl«, das in seinen Erzählungen beständig wiederkehrt, meint, lässt sich an einer Episode zeigen, die sich im Anschluss an einen Diskobesuch mit seiner Freundin und ein paar Kumpels ereignete. Als sie die Disko verließen, trafen sie, so Kais Worte, auf einen »Jugoslawen« oder »Türken«, der einen »komischen Spruch abgelassen« habe. Auf meine Frage, was der andere denn gesagt habe, antwortet Kai, er werde schon etwas gesagt haben, was ihm »nicht gefallen« habe; vielleicht habe er ihn auch »bloß blöde angeguckt«. Dass dies alles für Kai so unerheblich ist, steht im diametralen Gegensatz zu dem, was dann geschah. Er schlug dem Mann oder Jugendlichen – das Alter des Betroffenen geht nicht eindeutig aus Kais Darstellung hervor – mit der Faust ins Gesicht, trat ihn und warf ihn dann vor eine herannahende Straßenbahn, die noch rechtzeitig abbremsen konnte. Kai bemerkt dazu, der andere habe das »leider überlebt« und sei weggerannt. Später kommentiert Kai die Episode mit den Worten: »Und dann wäre er *beinahe* überfahren gewesen, und dann hätte ich meinen ersten Mord gemacht. – Ja, muss ja nicht sein. Und das war dann auch wieder dieses Machtgefühl.«

Auch wenn Kai hier retrospektiv eine gewisse Erleichterung darüber äußert, dass es nicht bis zum Mord gekommen ist, gibt er unmissverständlich zu erkennen, dass er in der Situation selbst den Tod des anderen, wenn nicht herbeizuführen versuchte, so doch billigend in Kauf genommen hätte. Er äußert sogar ein gewisses Bedauern darüber, dass das Opfer davongekommen ist. Dieses ambivalente Bedauern liegt offenbar daran, dass der Tod des anderen den Fluchtpunkt dessen bildet, was Kai das »Machtgefühl« nennt. Am Horizont dieses erhebenden Gefühls steht eine Verfügungsmacht, die über Leib und Leben des anderen entscheiden kann. Das Opfer bis an die Schwelle des Todes zu bringen, ist Kais Wunsch geschuldet, sich zum uneingeschränkten Souverän aufzuschwingen und letztlich den Triumph des Überlebenden über den Toten auszukosten. Nur so lässt sich erklären, dass in Kais Darstellung – bei allem erkennbaren Zögern – der Vorstellung, zum Morder geworden zu sein, ein Hauch von Faszination anhaftet. Das von Kai beschriebene Machtgefühl erinnert durchaus an Elias Canettis Überlegungen zu der elementaren Erfahrung, andere zu überleben. Mit Bezug auf kriegerische Auseinandersetzungen spricht Canetti von untergründigen Gefühlen der Auserwähltheit, der Überlegenheit und der Bewährung, die Überlebende gegenüber den Toten empfinden. Von solchen Momenten scheint die von Kai geschilderte Episode durchdrungen zu sein, und in seinem Fall liegt auch die Diagnose Canettis nicht ganz fern: »Die Genugtuung des Überlebens, die eine Art Lust ist, kann zu einer gefährlichen und unersättlichen Leidenschaft werden.«[3]

Etwas von einer solchen Leidenschaft zeigt sich auch in der Situation, als Kai einen Mann niederschlägt, den er als »kleinen Besoffsky« bezeichnet und der (angeblich) seinen Kumpel angreifen wollte. Kai streckt den Mann mit einem Schlag nieder und bemerkt dazu: »Ich fand das so total *geil*, dass der von mir nur eine Bombe gekriegt hat und dann schon am Boden lag.« Der Mann sei, wie Kai weiter berichtet, »ins Koma gefallen« und habe »keinen Mucks mehr gemacht«. Auch hier spricht Kai wieder von seinem »Machtgefühl«. Die Erfahrung der bedingungslosen Überlegenheit, die im Moment der Gewaltausübung alle seine Fasern zu durchdringen scheint, ist unmittelbar an die körperlichen Koordinaten der Wahrnehmung gebunden. Denn sein physisches, sinnlich fassbares Oben-Stehen und das Unten-Liegen des Opfers machen den Kern dieser Erfahrung aus. Indem Kai mehrfach auf die Bewegungslosigkeit des geschlagenen Opfers hinweist, rückt er auch diese Episode in die Nähe einer existentiellen Situation, in der es um Leben und Tod geht.

Am Ende seiner Erzählung gibt Kai der Situation mit dem am Boden liegenden »Besoffsky« noch einmal eine etwas andere Wendung, wenn er ihren positiven Erfahrungsgehalt in die beiden Worte fasst: »Bin wer!« Diese Aussage bedeutet, ganz wörtlich genommen, dass Kai subjektiv erst durch die Gewalt ein Jemand wird – im Gegensatz zu seiner sonstigen Selbstwahrnehmung, ein Niemand zu sein. Kai muss andere unter sich liegen sehen, um sich selbst überhaupt als jemanden oder als jemand Bedeutenden betrachten zu können. Auch wenn man seine Aussage nicht so stark liest, kann man erkennen, dass Kais »Machtgefühl« sich letztlich auf ihn selbst bezieht, es begründet ein bestimmtes Verhältnis zu sich selbst. Dieses Selbstverhältnis wollte Kai – den ephemeren Wirkungen seiner Gewalthandlungen zum Trotz – immer wieder gewaltsam herstellen. Unter dessen Regie nahm er alltägliche Situationen als Gelegenheiten wahr, durch die Verfügungsgewalt über andere sich ein Gefühl der eigenen Größe und die Erfahrung der Selbstentgrenzung zu verschaffen.

Es drängt sich die Frage auf, ob Kai keine moralischen Hemmungen kennt, die ihn von Gewalttaten der beschriebenen Art abhalten könnten. Zweifellos kennt er solche Hemmungen, sie werden jedoch situativ außer Kraft gesetzt. Im Anschluss an die oben wiedergegebene Erzählung der Straßenbahn-Episode überlegt Kai, was in solchen Situationen vor sich geht. Er stellt fest, dass er im Moment der Gewaltausübung »ausklinkt«, »abschaltet« und »nicht nachdenkt«. Dies sind alles Ausdrücke, die anzeigen, dass sich Kai im Moment des Gewaltakts in einem Zustand der Reflexionslosigkeit befindet: »Dann flipp ich aus, also dann hau ich richtig drauf zu und dann ist mir erst mal alles scheißegal, also ob dann die Polizei kommt oder nicht, ist mir alles scheißegal!« Solche Aussagen Kais weisen darauf hin, dass er in der Gewaltsituation einem Bann des Augenblicks erliegt und von einer ungeheuerlichen Kraft gefesselt wird, die die Gewalt regulierenden Normen außer Kraft setzt und Gedanken über mögliche Folgekosten verpuffen lässt.

Nachdem Kai die besinnungslose Faszination des Gewaltakts zu umschreiben versuchte, frage ich, ob es in solchen Situationen nichts gebe, was ihn innerlich zurückhalte. Kai versteht die Frage auf seine Weise. Seinen Ausführungen zufolge sind es nicht etwa anfängliche Barrieren, die er überwinden muss, bevor er zur Gewalt schreitet; Überwindung kostet es ihn vielmehr, eine Grenze der Gewaltsamkeit während ihres Vollzugs zu finden und von dem Geschlagenen abzulassen, bevor »schon alles geplatzt ist und gespalten ist«. Seine Schwierigkeit, diese Grenze zu finden, bringt er mit dem folgenden Vergleich auf den Punkt: »Ich hab halt immer wieder wild draufzugeprügelt, bis sie *gar* nicht mehr können, die Leute halt, bis sie sich vor Schmerz krümmen. Wie ein Kampfhund halt, den man dann fast mit Prügel da wegholen muss, von dem Opfer.«

Ein solcher Vergleich ist keineswegs abwegig. Wie in anderen Gewaltsituationen waren es in der beschriebenen Straßenbahn-Episode die Zeugen des Geschehens, die ihn zurückhalten und das Opfer vor der möglichen Todesfolge schützen mussten. Er berichtet, dass ihn seine Begleiter, also seine Freundin und seine Kumpel, zurückgepfiffen haben. Sie sagten: »Lass ihn mal in Ruhe, nicht dass er noch um die Ecke kommt, der Typ«, während er »immer noch weitermachen« wollte. An dieser Stelle zeigt sich, dass er in der Gewaltsituation seine eigenen moralischen Normen externalisiert, indem er sowohl die Frage, wann die Grenze erreicht ist, als auch die Einhaltung dieser Grenze an seine Begleiter delegiert. So wirft Kai den ebenfalls anwesenden unbekannten Beobachtern, die er als »Zivilisten« bezeichnet, ihr Desinteresse und ihre Untätigkeit vor. Anstatt seinen moralischen Impulsen zu folgen, erklärt er hier, wie auch bei vielen anderen Gewaltepisoden, ein ihm bekanntes oder anonymes Publikum zur normativen Instanz und zum Hüter des Gewaltverbots, um dem von ihm wiederholt bekundeten »Spaß«, der darin besteht, andere grundlos zu malträtieren, vorbehaltlos folgen zu können.

Damit tritt eine andere Dimension der Gewalterfahrung in den Vordergrund, aus der intrinsische Gewaltmotive hervorgehen können. Sie ist bereits in dem Kampfhund-Bild angedeutet und besteht im Genuss der Schmerzen des anderen. Besonders deutlich tritt diese Dimension der Gewalterfahrung in einer Erzählung Kais zutage, in der er an einem Döner-Imbiss in brutalster Weise auf einen Mann einschlägt, dem er zunächst vorwirft, er habe den »tierischen Angeber raushängen« lassen, um dann zu konstatieren, der Mann habe einfach nur das »Pech« gehabt, »zur falschen Zeit am falschen Ort« gewesen zu sein. Seinem grausamen Willkürgewaltakt attestiert Kai »ein schönes Gefühl«, das darauf beruhte, »Schmerzen zu verteilen«. Nur eine solche Motivationsbasis kann das Maßlose der Grausamkeit erklären, die Kai dem Mann am Döner-Imbiss angedeihen lässt. Wenn Kai das schöne Gefühl, das er dabei empfindet, seinem Opfer Schmerzen zuzufügen, auf eine »perverse Ader« zurückführt, wird einerseits deutlich, dass er sein Handeln, zumindest retrospektiv, moralisch relativiert. Andererseits bestätigt die Rede von einer perversen Ader gerade, dass bei seinen Gewaltakten ein Erlebnismoment im Spiel ist, aufgrund dessen er sich zu etwas Verurteilenswertem hinreißen lässt. Die Affekte, die beim Schlagen und Quälen freigesetzt werden, tragen den Sieg über die Unterscheidung zwischen Richtig und Falsch davon. Darauf hebt auch Kais abschließende Erklärung ab, in der er sagt: »Fand's halt irgendwie geil, da zu sehen, was man mit sonem Menschen alles machen kann.« In dem Ausdruck »geil« schwingen – wie schon beim Hinweis auf die »perverse Ader« – Konnotationen mit, die seiner Grausamkeit einen sexualisierenden Nimbus verleihen. Das experimentelle Betätigungsfeld seiner Gewaltsamkeit ist also darauf angelegt, sich an den Schmerzen des Gegenübers zu ergötzen. Dieser Impuls tritt in Kais Schilderung der Szene am Döner-Imbiss umso stärker in den Vordergrund, je weiter der Handlungsprozess fortgeschritten ist, der mit einem diffusen Frustrationsgefühl beginnt und mit dem zerschundenen Körper des anderen endet.

Joe, ein 17-jähriger deutscher Jugendlicher, hat die meisten seiner im Vergleich zu Kai wenig schwerwiegenden Gewalttaten im Umfeld seines arabischen und türkischen Freundeskreises begangen. Dem hier behandelten Vorfall ging voraus, dass Joes türkischer Freund Ural einem thailändischen Jungen vorwarf, eine andere als die ihm geliehene Videokassette zurückgegeben zu haben. Joe macht den Vorschlag, bei dem Jungen zu klingeln und ihn zur Rede zu stellen; dieser weist jedoch den an ihn gerichteten Vorwurf vehement zurück und gibt Ural »eine Schelle«. Seiner Darstellung zufolge war Joe empört, dass sich der thailändische Junge »an einem Schwächeren vergreift«. Joe geht dazwischen und schlägt den anderen. In diesem Moment kommt etwas gänzlich Neues ins Spiel, was Joe folgenderweise beschreibt: »Na ja, ich hab so geredet so: ›Der Penner! Wenn er noch was sagt!‹, und so, ›ich hasse ihn sowieso, das ist richtig, dass wir ihm auf die Fresse hauen, der braucht noch viel mehr!‹, und so. Ich hab praktisch Hass auf ihn gehabt, weil ich wollte, dass er immer mehr kriegt.« Dieser Beschreibung zufolge ist es Joes Wille, den anderen immer weiter zu schlagen, der seinen Hass begründet – und nicht umgekehrt. Es ist demnach der Schmerz des Gegners bzw. des Opfers, der ihn antreibt und seine gewaltsamen Energien mobilisiert. Sekundiert von Ural schlägt und tritt er dann auf den anderen Jungen ein, bis der aus der Nase blutet und, so Joes Aussage, der Hausflur voller Blut ist.

Bis zu einem gewissen Punkt ist das Geschehen in dieser Situation aus der interaktiven Dynamik des Konflikts um die Videokassette zu erklären. Die exzessive Gewaltanwendung, die sich auf einmal entwickelt, sprengt jedoch sowohl den Rahmen der konfliktregulierenden Ausgangsintention als auch den Versuch, den Gegner in seine Schranken zu weisen. Alles ist plötzlich auf Eskalation angelegt, und es kommt ein neues Motiv ins Spiel, das sich vom vorausgehenden Interaktionsverlauf ablöst und verselbständigt: der Schmerz des anderen, in dem Joe einen Quell der Lust und Freude erblickt. Joe sagt in Bezug auf die beschriebene Gewaltsituation explizit, er habe sich »gut gefühlt«, als er zugeschlagen habe. Als der Interviewer nach Gegenstand und Qualität dieses guten Gefühls fragt, spricht Joe zunächst von der Unbeschreibbarkeit jenes Gefühls, um dann zu sagen: »Das ist so – lustbefriedigend einfach. Und du *freust* dich, wie ihm das wehtut. Und er sagt immer: ›Hör auf. Hör auf!‹ Und du schlägst immer weiter auf ihn zu.« Das positive Erleben des Gewaltakts verbindet Joe hier einzig mit den Schmerzbekundungen des anderen, und sie scheinen ihn zu weiteren Schlägen anzuspornen, obschon der Gegner sich längst geschlagen gibt und um Schonung bittet. Der Gewaltakt selbst enthält eine gewissermaßen hedonistische Kompenente, die seinem gewaltsamen Tun eine eigene, unheilvolle Dynamik verleiht und im Schmerz des anderen ihr Ziel hat.

Derartige Motivlagen können bei ganz unterschiedlichen Gewalttaten eine Rolle spielen und etwa fremdenfeindliche Motive oder Bereicherungsabsichten beim so genannten »Abziehen« überlagern. Oft erscheinen die Schreie der Opfer in den Erzählungen der Jugendlichen als etwas sehr Intensives, das in der Gewaltsituation einen merkwürdigen Sog auf sie ausübte. So beschreibt etwa einer der befragten Skinheads das »Quieken« eines schwarzen Passanten, dem einer aus seiner Gruppe nach einer nächt lichen Kneipentour eine brennende Zigarette im Gesicht ausdrückte, nachdem sie ihn gemeinsam zusammengeschlagen hatten. Bei einer jungen Kurdin wiederum findet die Freude an der physischen Schädigung des anderen ein Echo in ihrer peniblen Beschreibung der medizinisch festgestellten und dann gerichtlich verhandelten Verletzungen eines iranischen Mädchens, das sie krankenhausreif geschlagen hatte, nachdem diese ihr den Zugang zum Gruppenraum eines Jugendzentrums verwehren wollte.

Neben der Schädigung des Opfers und der Selbstvergrößerung des überlegenen Täters gibt es eine dritte Dimension der Gewalterfahrung, die intrinsische Tatmotive hervorbringen kann, nämlich die Überschreitung des Alltäglichen. Dieser Aspekt bezieht seine Attraktion aus der Entgegensetzung von Gewaltsituation und gewohnter Lebensführung. Im Akt der Gewalt erleben manche Jugendliche Augenblicke, in denen alles auf Geschwindigkeit angelegt ist und in denen sie sich in einem Zustand des reinen Agierens befinden. Solche Augenblicke kennen nichts als die Gegenwart, die Unmittelbarkeit des Geschehens. Die situativen Spannungen und Risiken nehmen alle Sinne in Beschlag. Dieser sinnliche Ausnahmezustand, der in einigen Aspekten bereits bei Fußball-Hooligans beschrieben wurde[4], korrespondiert mit einem normativen Ausnahmezustand, zumal Gewaltakte auch Regeln des zwischenmenschlichen Umgangs durchbrechen. Die Außeralltäglichkeit der Gewalterfahrung hat ihren Grund auch darin, dass Gewaltsituationen die Akteure auf eine rein körperliche Ebene führen. Den Schilderungen der Jugendlichen zufolge beginnt das häufig bereits in der Anfangsphase gewalttätiger Auseinandersetzungen mit körperlichen Reaktionen wie einem »Kribbeln« und einem »Zittern«, die aus der Angst vor dem Gegner oder Feind und dem riskanten Versuch, diese Angst zu überwinden, resultieren. Im Akt der Gewalt stehen die, die sie ausüben, in einem merkwürdigen Spannungsfeld zwischen Konzentration und Körperkontrolle auf der einen und der hemmungslosen Freigabe ihrer eigenen Körperreaktion auf der anderen Seite.

Dies soll nun am Beispiel einer Episode aus dem Leben des 17-jährigen Cruse näher erörtert werden. Cruse ist ein in Berlin geborener Libanese, der bereits verschiedenen gewalttätigen Straßengangs angehörte und zum Interviewzeitpunkt sich regelmäßig mit einer Streetcorner-Clique junger Araber trifft, die gelegentlich in Schlägereien verwickelt ist und sich ansonsten dem eigenen Amüsement, den Mädchen und dem Drogenverkauf widmet. Die Erzählung des hier interessierenden Vorkommnisses leitet Cruse mit der Bemerkung ein, er habe »neulich eine schöne Schlägerei« erlebt, und es sei »die beste von allen« gewesen. Die Schlägerei entwickelte sich wie folgt: Cruse ist mit einer Gruppe von »20 Arabern« in einem Strandbad am Stadtrand schwimmen, bis sie von einem Gewitter überrascht werden. Als Cruse am U-Bahnhof ankommt, steigen gerade sechs aus seiner Gruppe in die überfüllte U-Bahn, um einigen »Deutschen« zu folgen, mit denen es auf dem Bahnsteig zu einem Streit gekommen war. Er selbst steigt mit dem Rest der Gruppe in den nächsten Zug und bleibt mit seinem Kumpel Jasir in der Mitte des Waggons, während sich die anderen ganz vorne hinstellen. Zwei aus der vorderen Gruppe drehen ihre Ghettoblaster auf volle Lautstärke, und als sich ein erwachsener Fahrgast beschwert hatte, schlägt ihm einer der beiden den Ghettoblaster ins Gesicht. Daraufhin wollen sich »vier etwas breitere Deutsche« in den hinteren Waggonbereich zurückziehen, und als sie Jasir, der ihnen den Weg versperrt, »schubsen« und »anmachen«, schwingt sich Cruse an den Haltestangen hoch und tritt einem der vier Männer mit den Füßen ins Gesicht. Die Situation eskaliert und es kommt, als weitere Fahrgäste den Angegriffenen zu Hilfe kommen, zu einer tumultartigen Schlägerei, die sich auf dem Bahnsteig des nächsten U-Bahnhofs fortsetzt, als einige weitere Passanten eingreifen. Resümierend hält Cruse fest: »So, dann haben wir *die* noch mal zusammengeschlagen, das heißt, insgesamt waren's ungefähr 15 Mann von den Deutschen, die zusammengeschlagen worden sind.« Die Gruppe um Cruse verschwindet, noch bevor die Polizei den U-Bahnhof erreicht.

Bereits der leidenschaftliche Ton, in dem Cruse die Episode schildert, zeigt die ihn begeisternde Dynamik seines gewalttätigen Handelns, dem im Schutz seiner Gruppe keine Grenzen gesetzt waren; er lässt kein Detail seines entfesselten Tuns unerwähnt – etwa, wie er einem mit »der Faust ins Gesicht und gegen die Nase« geschlagen hat, dass er geblutet hat und ihm Tränen kamen, oder wie er einem anderen »mit dem Kopf gegen die Hitlernase geschlagen« und dann »noch*mal* zugetreten, *noch*mal zugetreten« hat. Im Anschluss an die Erzählung beschreibt Cruse dann ausgiebig sein subjektives Erleben in der Situation. Zunächst sagt er: »Das war auch die erste Schlägerei, wo ich so *richtig* hier ausholen durfte und machen konnte, was ich wollte. Und zwar, ich hab mich so gefühlt: Ja, ich kann's! Ich hab's wirklich drauf.« Damit gibt Cruse zu verstehen, dass er die Situation als eine Gelegenheit wahrnahm, etwas zu tun, was er immer schon einmal durchleben wollte. Dass ihm in dieser Situation alles erlaubt schien und er so zeigen konnte, wozu er fähig ist, begründet er damit, dass er seinem Freund geholfen habe, der »in Schwierigkeiten« war. Er beschreibt es als eine glückliche Fügung, so gute Gründe zu haben, sich der Gewaltsituation und ihren Verheißungen völlig überlassen zu können. Dann führt er aus: »Na ja, ich hab mir erstmal alle meine Feinde vorgestellt: Vor dir sind die, die mein Land wollen, die Juden. Dann hab ich mir vorgestellt: Da sind die Nazis, die halt jetzt ständig irgendwelche Ausländer anmachen, deinen Bruder, sozusagen. Da sind Bullen, die dich hassen. Da sind deine Lehrer, die dir irgendwas aufgeben wollen. In dem Moment, wirklich, hat man die ganze Energie, das ist die Energiequelle, wo ich meine Energie herhole.« Auch die in diesem Passus wiedergegebene fiktive Verschiebung der Situation auf eine Auseinandersetzung beinahe kosmischen Ausmaßes, in der Cruse als der Retter seines Freundes und als Verteidiger der Araber und Ausländer auftritt, enthält Elemente, die ihm sein Handeln gerechtfertigt erscheinen ließen und es ermöglicht haben. Er mag hier manches ex post in die Situation hineinprojiziert haben, jedenfalls aber weist die Stelle auf ein gewisses Unrechtsbewusstsein Cruses sowie auf sein Empfinden hin, zu einer unterdrückten Gruppe zu gehören, was in der Situation in der U-Bahn durchaus eine Rolle gespielt haben kann. Soweit zur Legitimation, die Cruse als einen Freibrief für sein Gewalthandeln verstand.

Was er dann erzählt, bringt – jenseits aller Rationalisierungen – eine Bedeutungsschicht ans Licht, die die Überschreitung des Alltäglichen als ein entscheidendes Motiv für sein Handeln erkennen läßt: »In dem Moment hab ich mir gesagt: ›Ey, geil! Endlich mal können wir eine richtig schöne Massenschlägerei haben! Das ist, was ich wollte.‹ Einfach nur, um zu wissen, wie's ist, ausprobieren.« Die Ausdrücke, die dann seine Glücksgefühle beschreiben sollen, überschlagen sich beinahe und kulminieren in der Aussage: »Und im gleichen Moment anzugreifen, das ist übergeil, das ist richtig geil, das ist besser als jeden Trip zu haben.« Der Moment des Angriffs auf einen der vier Männer in der U-Bahn, auf den sich Cruse hier bezieht, überbietet demnach jeden Drogenrausch und setzt ekstatische Zustände frei, die er in seinem alltäglichen Leben so nicht kennt. Im weiteren Fortgang seiner Ausführungen erläutert Cruse die Situation anhand einer Analogie mit einem strategischen Spiel, dessen Regeln er einerseits gegenüber den Gegnern etabliert haben will und die er andererseits als die »Spielregeln der Straße« betrachtet. Das Spiel der Gewalt ist seiner Beschreibung zufolge auf Geschwindigkeit, auf Risiko und auf Sieg angelegt. Der situative Enthusiasmus, in dem alles andere, von moralischen Erwägungen bis zum Schutz der eigenen Unversehrtheit, nicht zählt, dringt in Cruses Schilderungen dieses Spiels deutlich in den Vordergrund. All diese begeisternden Dimensionen der Gewaltausübung tragen den Glanz des Außeralltäglichen. Dass solche euphorischen Erfahrungen nicht folgenlos bleiben können, liegt auf der Hand.

Ihre motivierende Wirkung erwies sich noch am gleichen Tage, an dem sich der beschriebene Vorfall in der U-Bahn ereignete. Danach traf sich die Gruppe in ihrem angestammten Lokal, um zu feiern. Dazu erzählt Cruse: »Jeder hat dort ein Getränk geholt, angestoßen sozusagen: ›Wir haben's geschafft! Warten wir auf die nächsten Opfer!‹, sozusagen. In dem Moment, wenn man so was erlebt hat, dann hat man nur noch eins im Kopf: Zerstören!« Wie Cruse berichtet, kamen keine Stunde nach der U-Bahn-Schlägerei zwei junge Männer in das Lokal, um Haschisch zu kaufen. Die Clique führte die beiden auf die Straße hinaus, raubte ihnen das Geld und schlug sie zunächst mit bloßen Fäusten, dann mit einem Gürtel. Ein Mitglied von Cruses Clique verletzte einen der beiden sogar durch einen Messerstich ins Bein.

Ähnlich wie Cruse haben auch andere Jugendliche mit Gewalterlebnissen Bekanntschaft gemacht, in denen sie sich im Ausnahmezustand der reinen Aktion befanden, in dem das Herz schneller schlägt und alles, was sonst gilt, außer Kraft gesetzt ist. Wie Cruse sein Gewalterlebnis mit einem »Trip« vergleicht, bemühen auch andere eine Metaphorik des Rauschs. Der 18-jährige Sven, der nie einer festen Gruppe angehörte und dessen Gewalt sich oft mit illegalen Geschäften verbindet, beschreibt ein solches Gewalterlebnis, das seine Entwicklung nachhaltig prägen sollte. Es handelt sich dabei um den ersten Übergriff auf vietnamesische Zigarettenhändler, dem zahlreiche weitere folgten. Zusammen mit zwei anderen Jugendlichen, die ihn in ihr »Geschäft« einsteigen lassen wollten, überfiel er zwei Zigarettenhändler mit großen Taschen. Einer der beiden Vietnamesen verteidigte die seine mit allen Kräften, und nur unter brutaler Gewaltanwendung konnten ihm Sven und die anderen beiden die Tasche entreißen. Sven berichtet von den gellenden Schreien des Mannes, als lägen sie ihm, drei Jahre später, noch immer in den Ohren. Den Kampf mit diesem Mann beschreibt Sven so: »Der eine ist ihm auf dem Arm rumgetrampelt, und ich zieh so an der Tasche: ›Nun lass da endlich los, du Sau!‹ Ich klopp ihm so rein, richtig aufs Maul, weißte, eine Bombe gekriegt. Ja, einfach raufgehauen. Na ja, Nasenbein war richtig eingeplättet gewesen dann zum Schluss. Geblutet hat er auch. – Adrenalinrausch, purer Adrenalinrausch, echt!« Diese rauschhafte Erfahrung beschreibt Sven als einen biographischen Wendepunkt, der damit zu tun habe, dass er ein für alle Mal eine Hemmschwelle durchbrochen hat. Das Ereignis führte auf eine neue Stufe der Gewaltsamkeit und bildet in Svens Darstellung seiner Lebensgeschichte die Demarkationslinie zwischen dem Davor und dem Danach. Wie seine weiteren Schilderungen zeigen, gingen seine Zweck-Motive beim »Abziehen« fortan eine untrennbare Verbindung mit dem intrinsischen Gewaltmotiv ein, sich jene rauschhaften und außeralltäglichen Erlebnisse wieder zu verschaffen. Nicht zuletzt aufgrund des mit der Gewaltausübung verbundenen sinnlichen Ausnahmezustands ragen seine gewaltsamen Neigungen bald auch in andere Lebenszusammenhänge hinein.

Die in diesem Beitrag analysierten intrinsischen Gewaltmotive – der Triumph der physischen Überlegenheit, die Schmerzen des anderen und die Überschreitung des Alltäglichen – können Jugendgewalt freilich, dies sei abschließend klargestellt, nicht vollständig erklären. Eine Vielzahl anderer Faktoren ist zu berücksichtigen, die mit unterschiedlichen Formen von Jugendgewalt und verschiedenen Gewaltkontexten in Zusammenhang stehen; sie reichen von den gegenwärtigen sozialen Missständen, problematischen Einstellungen und Erziehungspraktiken bis hin zu den Spezifika der Jugendphase in der modernen Gesellschaft. Die Rede von intrinsischen Gewaltmotiven ist auch nicht mit einer anthropologischen These verbunden, die da lauten könnte, alle Menschen hätten dieselben erhebenden Erlebnisse wie die beschriebenen Jugendlichen und würden in gleicher Weise reagieren, wenn sie nur in die entsprechenden Situationen kämen. So unerlässlich es ist, die bei Gewalttaten freigesetzten Leidenschaften und die situative Eigendynamik von Gewaltexzessen in die Analyse einzubeziehen: Es hieße, das Kind mit dem Bade auszuschütten, deswegen biographische Prädispositionen und gesellschaftliche Vorbedingungen der Gewalt von vornherein aus der Betrachtung auszuschließen.

Anmerkungen

1 Die soziologische Gewaltforschung kümmert sich bislang eher wenig um die situative Dynamik und den inneren Ablauf des Gewaltgeschehens. Vgl. Birgitta Nedelmann, »Schwierigkeiten soziologischer Gewaltanalyse«, in: *Mittelweg 36*, Jg. 4 (1995), Heft 3, S. 8–17; Hans Joas, »Handlungstheorie und Gewaltdynamik«, in: Wolfgang R. Vogt (Hg.), *Gewalt und Konfliktbearbeitung*, Baden-Baden 1997, S. 67–75; Trutz von Trotha: »Zur Soziologie der Gewalt«, in: ders. (Hg.), *Soziologie der Gewalt. Kölner Zeitschrift für Soziologie und Sozialpsychologie,* Sonderheft 37, Opladen/Wiesbaden 1997, S. 9–56.

2 Die im Text genannten Namen der Befragten sind von ihnen selbst gewählte Decknamen; nur der Deckname des später eingeführten Skinheads »Kai« geht nicht auf diesen selbst zurück – er wählte für sich den sprechenden Namen »Weißer Hai«.

3 Elias Canetti, *Masse und Macht*, Düsseldorf 1981 (zuerst 1960), S. 262. Vgl. auch ders., »Macht und Überleben«, in: *Das Gewissen der Worte. Essays.* Frankfurt/M. 1981 (zuerst 1975), S. 25–41.

4 Bill Buford, *Unter Hooligans. Geil auf Gewalt,* München 1994 (zuerst 1990).

Ursula März
Blutige Ehe

Auch abgehärtete Beamte können sich an Vergleichbares kaum erinnern. Als die Feuerwehr am 24. April 2001 um die Mittagszeit in die Dachgeschosswohnung der Familie U. im Berliner Stadtteil Köpenick eindrang, fand sie ein Schlachthaus vor. »Es waren«, sagt der Kriminalbeamte, der kurz darauf mit Kollegen eintraf, »Lachen, also wirklich Lachen von Blut, in die man da trat, teilweise schon geronnene Oberfläche.« Küche, Schlafzimmer, Wohnzimmer, am Telefon, überall Blutspuren. Blut an den Wänden, »im Schleuderbereich«. Blutmassen im Flur, wo sich ein schwer verletzter, noch lebender Mann befand, und im Badezimmer. In der Wanne lag, bedeckt von rot gefärbtem Wasser, eine tote Frau. Die Temperatur des Badewassers war auf 29 Grad Celsius abgesunken.

Nach Angabe des obduzierenden Pathologen Dr. W. von der Humboldt-Universität »war die Leichenstarre bereits in Ausbildung«. Die Tote ist 163 cm groß und 52 Kilo schwer. Ihr Gesicht, ihr Kopf, ihre Arme, der gesamte Oberkörper, Rücken, Brust, Bauch, alles ist übersät mit Stichwunden. »Ich möchte das nicht alles im Einzelnen aufzählen«, sagt Dr. W. vor Gericht, »es reicht, wenn ich sage, dass sich allein auf dem Rücken zwanzig Einstiche zählen ließen.« Lunge, Zwerchfell, die rechte Niere sind durchstochen, auch beide Rippenbögen, »also Knochen. Sie können sich dadurch vorstellen, mit welcher Wucht da zugestochen worden sein muss, es gab auch Knorpeldurchdringungen, das ist nicht, als stieße man ein Messer in Wachs oder Butter.«

Dr. W. ist 63 Jahre alt und seit Jahrzehnten als Gerichtsmediziner tätig. Auch er kann sich an den Anblick eines solchen Massakers nicht erinnern. »Wie«, fragt ihn der Richter, »lassen sich denn die vielen Schnittverletzungen an den Händen und den Unterarmen der Toten erklären?« Es sei, sagt Dr. W., »eine traurige Erfahrungstatsache, dass das Opfer sich im Todeskampf noch zu schützen versucht und so in die Schneide des Messers praktisch hineingreift und nicht darauf achtet, wo sich das Messer befindet. Das ist eine Erfahrung, die jeder Gerichtspathologe durchmacht.«

Da sich am Körper des Opfers keine anderen Spuren von Gewaltanwendung außer den Stichwunden finden, keine Zeichen, die auf Schlagen, Würgen oder Drosseln schließen lassen, müsse man davon ausgehen, dass die 24-jährige Frau den Kampf bei vollem Bewusstsein erlebt habe und an Verblutungen gestorben sei. Ob, fragt der Richter, Dr. W. sich zum Ablauf der Tat äußern, ob er sich vorstellen könne, wie sie zeitlich und dramaturgisch abgelaufen sei, wie sich die Aktionen von Angriff und Verteidigung mutmaßlich entwickelten. »Nein«, sagt Dr. W., »hier lässt sich nichts mehr rekonstruieren. Das war eine Explosion. Man kann nur sagen, dass alles in recht kurzem Zeitraum stattfand, ohne Unterbrechung, und dass es dem Opfer nicht mehr gelang, die Badewanne zu verlassen.«

Den Mann, der auf diese Weise seine Ehefrau getötet hat, hielten jene Freunde, die ihm nahe genug waren, um zu sehen, wie er im Schlamassel seiner Ehe unterging, schon seit langer Zeit für bedroht. Sie hatten Angst um ihn, denn sie glaubten, seine Frau sei gewalttätig. Eines Tages, sagten sie sich, bringt die ihn noch um. Sie kannten ihn, den allzu Passiven, Konfliktscheuen, der bei Streitereien schnell wehleidig, bittend und bettelnd wurde und um jeden Preis einlenkte. Hauptsache, es kam wieder Harmonie auf; ein Mann, der es gern kultiviert um sich hatte und Antiquitäten sammelte. Und sie glaubten, sie zu kennen: ein ordinäres Weibsstück, deren provokative, frech-ordinäre Ausdrucksweise sich zu Handgreiflichkeiten hochrechnen ließ. »Mir war immer klar«, sagt Herr M., von Beruf Anlageberater, »dass es in dieser Ehe zu Gewalt kommen musste, sagen wir ruhig, zu Gewaltausbrüchen schlimmster Art. Ich rechnete immer damit, dass sie auf ihn losgeht. Es sprach bei einer solchen Frau einiges dafür. Erstens die südliche Herkunft, zweitens der explosive Charakter. Dass er so etwas tut, das war einfach unvorstellbar.«

Es ist bis heute unvorstellbar. Allein physisch ist dem 50-jährigen Toningenieur Klaus U., gegen den am Berliner Landgericht wegen Totschlags verhandelt wird, die Tat nicht zuzutrauen. Er wirkt wie ein Mensch mit schlaffem Händedruck. Seine Haltung kann früher nicht viel deutlicher und kräftiger gewesen sein. Den Prozess verfolgt er apathisch, so tief in sich eingesunken, als wäre er gar nicht anwesend. Er sagt kein einziges Wort. Sein Verteidiger spricht, erläutert, handelt für ihn. Klaus U. steht unter der Wirkung von Psychopharmaka, die ihm auf der psychiatrischen Krankenstation der Untersuchungshaft verabreicht werden. Aber auch, wenn man die medikamentöse Dämpfung berücksichtigt, stellt sich der Angeklagte als ein innerlich und äußerlich auffallend weicher, sich wegduckender Mensch dar, dem es an Form und Rückgrat fehlt. »Wie haben wir gehofft und auf ihn eingeredet, dass er endlich mal auf den Tisch haut«, sagt Herr W. und ringt sich zu dem Wort durch, auf das seine ausführliche, systematisch aufgebaute Zeugenaussage zuläuft. Ein »Jammerlappen« sei sein Freund Klaus gewesen, Wachs in den Händen dieser kubanischen Hexe.

Im Jahr 1994 unternimmt Klaus U., allein lebend, aus einer frühen Ehe geschieden, von einer Lebensgefährtin seit vier Jahren getrennt, Vater zweier heranwachsender Kinder, eine Urlaubsreise nach Kuba. Er verliebt sich in die 20-jährige Salsa-Tänzerin Deniz. Eine Schönheit, auf die alle Klischees rassigen Sex-Appeals zutreffen: lange, schwarze, wilde Locken, dunkel glühende Augen, ein drahtiger, sinnlich gerundeter Körper, eine Frau wie Carmen. Sie soll auf den renommiertesten Tanzbühnen Kubas gestanden haben. Sie sei, mutmaßt Herr W., wohl einfach eine hergelaufene Prostituierte gewesen. Nach drei Wochen kehrt Klaus U. aus Kuba zurück, selig, aber doch skeptisch gegenüber seiner Sehnsucht, Deniz nach Berlin-Köpenick zu holen. Der Altersunterschied ist groß, 25 Jahre. Der kulturelle Unterschied ist unermesslich. Es gibt nichts, was der deutsche Toningenieur und die kubanische Tänzerin teilen außer dem Gefühl, ein Musicaltraum gehe in Erfüllung. Nur, dass es zwei verschiedene Musicals sind. Herr W., der beste Freund, selbst sehr passend verheiratet, warnt und warnt vergeblich. Als Deniz bei dem Versuch, in die USA durchzubrennen, an der Grenze aufgegriffen und inhaftiert wird, entschließt sich Klaus U. schlagartig, sie zu heiraten und nach Berlin zu holen.

»Ich möchte«, sagt Herr W., »diese Ehe in vier Etappen unterteilen«, vier Akte eines sich immer schärfer zuspitzenden Dramas. In Etappe eins fühlte sich das Paar in der Dachgeschosswohnung in Berlin-Köpenick wohl und glücklich. Klaus U. war voller Hoffnungen und Pläne für Deniz. Sie sollte möglichst schnell Deutsch lernen und tat es wohl auch, Klaus U. erkundigte sich bei den Lehrern nach ihren Fortschritten. Sie sollte eine Ausbildung machen. Das wollte Deniz weniger. Sie hatte eine Ausbildung. Sie war Salsa-Tänzerin. Klaus U. erlaubte ihr, sich einer Berliner Salsa-Gruppe anzuschließen. Er sah sich den Chef der Compagnie an und fand ihn seriös. Mit Etappe zwei begann die Ehekrise, aufgefangen am Ende der Etappe durch die Geburt eines Sohnes im Jahr 1996. Das mit dem Kind ins Haus gekommene Glück hält nicht lang. Deniz lebte nicht mütterlich. Sie lag tagsüber im Bett, setzte das Kind immerfort vor den Fernseher, ging abends aus und kehrte gegen Morgen lärmend zurück. Sie tat immer mehr, immer forcierter nur noch, was sie wollte und was sie ein schönes Leben nannte. Bei Familie W. am Sonntagnachmittag Besuch machen, Kaffee trinken, in der Küche zum Gattinnenplausch stehen, das gehörte nicht dazu. »Sie lehnte«, so Herr W., »alles ab, was aus dem

Bekanntenkreis von Klaus kam. Dafür muss man ja kein Deutsch können. Eine Frau wie Deniz konnte das auch gestisch vermitteln. Fragen Sie nicht, wie. Ich sage nur: Sie war drastisch, wenn Sie wissen, was ich meine.« Deniz hatte Männerbekanntschaften, kümmerte sich um ihren Körper, nicht um die Wohnung, wenig um das Kind, immer weniger um Klaus U. »Ich möchte«, sagt Herr W., »die Krise der Ehe in drei Bereiche unterteilen: erstens, die Vernachlässigung des Kindes; zweitens, Sauberkeit der Wohnung; drittens, der gemeinsame Lebensstil.« Man merkt, wie Herr W. die Pedanterie seiner Zeugenaussage als Gegenzauber einsetzt, mit dem er das Chaos, das er Etappe für Etappe tatenlos mitansehen musste, nachträglich zu beherrschen und zu eliminieren sucht.

Die Ehe gerät außer Kontrolle. Klaus U. erwischt seine Frau in flagranti in der eigenen Wohnung. Er findet heraus, dass sie mit dem Chef der Salsa-Gruppe ein Verhältnis hat. Er verliert den Boden unter den Füßen, verzweifelt, verzeiht, will bereden, wo es nichts zu bereden, und verbieten, wo es nichts zu verbieten gibt. Deniz ist in Rage. Einmal geht sie mit dem Küchenmesser auf ihn los, im Winter 1998 zieht sie mit dem Kind zu einem anderen Mann. Klaus U. kann nicht mehr schlafen, manchmal zwei Wochen lang nicht, er kann sich nicht dazu bringen, an etwas anderes zu denken als an die Gedanken, Absichten, Erlebnisse seiner Frau. Er bricht in die Wohnung des anderen Mannes ein, findet tatsächlich zwei Flugtickets nach Havanna und geht zwei Tage später zur Polizei, um sich als Wohnungseinbrecher anzuzeigen. Er sucht eine Psychologin auf, eine ältere, korpulente Dame, die ihm verschiedene Medikamente zum Schlafen, Beruhigen und Aufheitern verschreibt. Vor Gericht rekonstruiert sie anhand ihres Terminkalenders, wie der in eine bösartige Beziehung Verbissene sie zwei Monate lang aufsuchte, nicht um sich helfen, sondern um sich Ratschläge liefern zu lassen, wie er seine Frau zurückholen könne. Es gibt keinen im Prozess gegen Klaus U. auftretenden Zeugen, dem nicht anzumerken wäre, wie nervtötend und ermüdend der Deniz-Wahn auf Dauer wirkte. Als Deniz in die Köpenicker Wohnung zurückgekehrt war, brach Klaus U. die therapeutischen Sitzungen bei der Psychologin sofort ab. Noch fast zwei Jahre verbrachten der 50-jährige, beim Mitteldeutschen Fernsehen beschäftigte Toningenieur und die 25-jährige kubanische Tänzerin in gegenseitiger Würgestellung. Glaubt man den Zeugen, wurde ihr Griff immer sadistischer, er ging immer tiefer in die Knie. Sie verhöhnte, hänselte, blamierte ihn. Er war auf ihre schiere biologische Präsenz angewiesen, um schlafen, atmen, essen zu können. »Er war«, sagt der Psychiater, den Klaus U. eine Woche vor der Tat aufsuchte, »wie ein Kind, das sich erst beruhigt, wenn die Mutter da ist.«

Dieser Arzt hat sich für seine Aussage vor Gericht gewappnet. Dass sich Klaus U. im Zustand einer krankhaften Überspanntheit, eines psychischen Staus befand, das habe er gesehen, er habe dem Besucher auch einen Krankenhausaufenthalt nahe gelegt. Aber kein Arzt der Welt könne bei einem Patienten, der keine Symptome echten Wahnsinns zeigt, eine solche Gewalttat voraussehen. »Dachten Sie nicht an eine Krisenintervention?«, fragt der Verteidiger. »Nein, das habe ich nicht«, antwortet der Psychiater. Es habe sich, fügt er hinzu, ja auch nur um ein Vorgespräch gehandelt, nicht um eine Therapie. Er äußert sich absichernd und medizinisch neutral. Nur gelegentliche Untertöne seiner Zeugenaussage verraten, dass ihm der spezielle Geschmack dieser Eheverranntheit, die Mischung aus Hündischem und latent Beherrschendem, nicht gerade angenehm war. Klaus U. kam nicht nur mit blanker Verzweiflung in seine Praxis, sondern mit einer Mappe voller Fotos, die ihn und Deniz zeigten, mal bekleidet, mal unbekleidet, um zu demonstrieren, was für ein schönes Paar sie doch waren. »Er erschien mir als hochgradiger Narzisst«, erklärt der Psychiater. Ein zweites Gespräch wurde vereinbart, zu dem es nicht kam. Klaus U. sagte den Termin drei Tage vor der Tat telefonisch ab und wollte ihn auf später verschieben. »Ich habe das Telefongespräch aber so verstanden, dass er sich von mir verabschiedet.«

Am Tag vor der Tat unternahm Klaus U. eine Landpartie mit seiner früheren Lebensgefährtin, dem gemeinsamen Kind und dem Kind von Deniz. Frau M. wollte einen Bauernhof im Brandenburgischen besichtigen, den sie zu kaufen plante. Sie kennt die klebende Überanhänglichkeit des Angeklagten, sein ewiges Leisetreten, das Ungleichgewicht aus Anpassungshang und völligem Aggressionsmangel aus der Zeit ihrer eigenen Trennung und beobachtete, wie sich diese Züge im Laufe der Ehe von Klaus M. und Deniz verstärkten. Als Frauentyp ähnelt sie Deniz: lange, dunkle Locken, feminine Erotik und ein Selbstbewusstsein, das im Zweifelsfall auch rigoros sein kann. Bei der Fahrt nach Brandenburg war Klaus M. so mit den Nerven fertig, dass sie ihn zwang, am Straßenrand anzuhalten und sie fahren zu lassen. Abends wollte sie ihn nicht nach Hause lassen. Er gehörte ihrer Meinung nach ins Krankenhaus. Er wollte nicht, nicht einmal mit in ihre Wohnung, um sich auf der Wohnzimmercouch zu entspannen. Er wollte zu Deniz, um zu sehen, was sie macht.

Von dem Streit, der am darauf folgenden Morgen in der Köpenicker Wohnung entbrannte, weiß man aus den polizeilichen Angaben des Angeklagten nur, dass Deniz ihn wieder einmal mit dem Küchenmesser provozierte, mit der Klinge an seinem Hals entlangstreifte und sagte: »Na, dann bring mich doch um, aber das traust du dich ja nicht, du

Feigling.« Dann ließ sie das Badewasser ein und stieg in die Wanne. Kurz nach ihrem Tod rief Klaus U. seinen Freund Herrn W. an und sagte: »Ich habe Deniz umgebracht, jetzt bring ich mich um.« Danach schnitt er sich die Pulsadern auf. Herr W. sagte zu seiner Frau: »Der Klaus hat angerufen, da ist wieder was los.« Sie zogen ihre Mäntel an, holten das Auto aus der Garage und fuhren zur Köpenicker Wohnung. Sie standen oben vor der Tür und lauschten. Aus dem Flur hörten sie ein seltsames Stöhnen, sonst nichts. Sie fanden die Stille verdächtig, so oft hatten sie das Gezeter von Deniz gehört, und alarmierten die Feuerwehr.

Stephan Schurr
Die Gewalt der Fahndung

Verbrecher jagen mit »Aktenzeichen XY ... ungelöst«

Seit fünfunddreißig Jahren wird »Aktenzeichen XY ... ungelöst« im Zweiten Deutschen Fernsehen gezeigt, eine Stunde, zehnmal jährlich, immer freitagabends. Die Sendung ist ein Fossil. Ein einziges Mal fiel sie aus, am 29. September 1978, als der Papst starb.

Eine Sendung, so scheint es, auf die niemand verzichten mag – und kann, angesichts ihres ernsten Auftrags: die Bekämpfung des Verbrechens, zur Unterstützung der sogenannten Strafverfolgungsbehörden. Seit Jahrzehnten ist das simple Konzept von »Aktenzeichen XY« unverändert. In kurzen Spielfilmen werden besonders schwere Straftaten – vorwiegend Morde, Raubüberfälle, Vergewaltigungen – nachgestellt, deren Spuren ins Nichts führen. Drei bis vier Spielfilme dieser Art kommen in die Sendung, mit der Hoffnung, dass das Fernsehpublikum den entscheidenden Hinweis auf die Täter gibt. Fahndungsfotos, Phantombilder und Videos von Banküberfällen werden gezeigt, Tatwerkzeuge und andere Überreste eines Verbrechens in die Kamera gehalten, Kommissare – seit kurzem auch Opfer und Zeugen – treten auf, und in München, Wien und Zürich nimmt das im Hintergrund wirkende Personal in Großraumbüros, den »Aufnahmestudios«, die Hinweise telefonisch entgegen. Vierundzwanzig Stunden lang. Die anfängliche Ruhe in diesen Studios – übereinander gelegte Hände, das Ordnen der Papiere – weicht allmählich einer emsigen Geschäftigkeit. Man sieht telefonierende Damen und Herren, teils mit Kopfhörern, die schreiben, in Aufzeichnungen blättern, diese über den Schreibtisch reichen und auf Monitore blicken. Inmitten der Mischung aus Call-Center, Wahlkampfbüro und Verwaltungszentrale reihen sich Präsentation, Interview und Bericht in strenger Dramaturgie aneinander. Ein Moderator hält die Fäden in der Hand.

Eduard Zimmermann, der »Aktenzeichen XY« erfand und drei Jahrzehnte durch die Sendung führte, erhielt in dieser Funktion den Nimbus einer offiziellen, Recht und Ordnung wahrenden Persönlichkeit. Ein Streiter, der auszog, die deutsche Fernsehfamilie durch das Schattenreich des Bösen und Gefährlichen zu leiten. Seine Tochter, die ausgebildete Polizeifotografin Sabine Zimmermann, ist seit 1988 die zweite, hauptsächlich für die Vorstellung der Fahndungsfotos zuständige Moderatorin. Nach dem 300. Sendejubiläum übernahm der promovierte Jurist und Journalist Butz Peters die Nachfolge von »EZ«, seit einigen Monaten steht der frühere Sportreporter Rudi Cerne an seiner Stelle. Peter Nidetzky, in Österreich auch als Chef des nationalen Springreiter-Teams bekannt, und der Zürcher Fernsehjournalist Stephan Schifferer leiten die »Aufnahmestudios« in Wien und Zürich. Sie werden mehrmals am Abend hinzu»geschaltet«, um über den neuesten Stand der Ermittlungen in den Fällen aus Österreich und der Schweiz zu berichten. Die Summe: Rund eintausend Kapitalverbrechen wurden bislang in »Aktenzeichen XY«-Spielfilmen behandelt, unzählige Personenfahndungen als Bildschirm-Steckbrief verbreitet, wohl Hunderttausende dem Zweck mehr oder minder dienliche Hinweise registriert. Die Erfolgsquote, so heißt es, liegt bei vierzig Prozent.

Mittlerweile hat »Aktenzeichen XY... ungelöst« auch den unvermeidlichen Kultstatus erreicht. In Berlin treffen sich Fans in einer Bar, die nach Konrad Toenz – lange Jahre Moderator im Aufnahmestudio Zürich – benannt ist. Auf der Website www.zuschauerreaktionen.de ist nachzulesen, in welcher Folge »Ede« am häufigsten hustete, und an »XY«-Freitagen finden im blauen Schein der Röhre Partys statt. Gemeinsam verfolgt man den Grusel-Klassiker, dessen Splatterfilmchen einst in der Kindheit das Fürchten lehrten. »Aktenzeichen XY« ist für den Medien-Pop wie geschaffen. Jede Folge beweist es aufs Neue. Charpentiers Te Deum, die Eurovisionsfanfare, umrahmt ein Gesamtkunstwerk des Stümperhaften. Die Schauspielerei ist fast immer haarsträubend, die Filme scheuen kein Klischee und die technischen Finessen – etwa der Einsatz der »Wischblende« (von den Fans gezählt) und das Zoomen als erzieherische Maßnahme – sind grobes Handwerk. Kaum der Rede wert, dass die Jahreszeiten manchmal durcheinander geraten. Wenn ein Fall noch rasch in die Sendung genommen werden muss, kann es passieren, dass die Räuber im Hochsommer durch den Schneematsch stapfen, um eine Bank zu überfallen.

Die Kritik an der von Adolf-Grimme-Preisträger Eduard Zimmermann initiierten Verbrecherjagd ist in Zeiten der Rasterfahndung kaum mehr eine Zeile auf der Medienseite einer Zeitung wert, und die Befürchtungen, dass »Aktenzeichen XY« die Lust der Deutschen an Denunziation und Selbstjustiz wecke, haben sich zerstreut. Kult und Kritik sind im Fall des skurrilen Freitagabend-Magazins vor allem Sache der nostalgisch Begabten. Etwas anderes ist es, die Sendung in ihrem eigenen Horizont zu interpretieren. Der Gewalt des Verbrechens, die sie (so jämmerlich) rekonstruiert, antwortet sie mit einer Form der Fahndung, die uns gleichsam gewaltsam in Bann zieht, obwohl das, was da geboten wird, ganz und gar nicht überwältigend ist. Mit anderen Worten: »Aktenzeichen XY« ist ein Freibrief, im Dienst eines gut gemeinten Zwecks am Apparat der Fahndung teilzuhaben, vor allem in der Rolle des Voyeurs. Das Interesse an den Variationen des Gewalttätigen, an unschönen, mysteriösen Geschichten, an der zerstörerischen Wucht des Verbrechens, paart sich mit aufkeimendem Mitleid, sesselwarmer Empörung und dem versteckten Amüsement am Schauerspiel der Akteure. Neugier und Ekel – den unangenehm-behaglichen Schwankungen der Gefühle ausgesetzt, verfolgt man »Aktenzeichen XY« und wird schließlich selbst verfolgt. Ja, die freitagabendliche Fernsehfahndung ist selbst ein Akt der Gewalt, der uns zunächst noch sanft, noch scheinbar harmlos, ins Irgendwo versetzt, zwischen Kiel, Klagenfurt und Engadin.

Aus dem kurzen Film über den Raubüberfall auf einen ledigen Unternehmensberater in Saulgau ist beispielsweise zu erfahren, dass dieser im Jogginganzug seinen Geschäftskunden Klavierstücke vorspielt. Am Abend des Überfalls ist er alleine, er sitzt am Klavier, ein Kerzenleuchter spendet Licht. Auf der Couch liegend, verfolgt er danach einen Krimi. »Aktenzeichen XY« diente schon immer als Inventar der Freizeitgewohnheiten. Was tun die Deutschen demnach am Abend? Fernsehen. Doch die Gewohnheiten wechseln mit den Lebensumständen. Diese »Milieus« werden durch »Aktenzeichen XY« aufgedeckt und in charakteristischen Szenen festgehalten. Der Film über eine 78-jährige Freifrau in Baden-Baden, gesendet im März 2000, ist der geglückte Versuch, alle denkbaren Klischees in wenigen Minuten zu verdichten. Anhand von Fotografien wird zunächst »ein Leben wie im Roman« skizziert, so der Sprecher aus dem Off. Nach dem Tod des »geliebten Mannes« folgten »Einsamkeit und Schmerz und Engagement für soziale Einrichtungen, für Kunst und Kultur«. Zu Beginn des Films sitzt die Dame einem Maler Porträt. Im Hintergrund das Adagio von Albinoni. Die Altbauwohnung ist mit Antiquitäten möbliert, ein Gobelin bedeckt die Wand, das Telefon trägt einen Samtbezug mit Goldbordüre. Am Hörer meldet sich die Dame mit »Frau von Pagenhardt«. An einem trüben Novembersonntag (dezent wird der Zuschauer darauf hingewiesen, dass es der Totensonntag ist) geht sie morgens wie gewohnt zum Briefkasten, um die Zeitung zu holen. Hinter ihrem Rücken schlüpft der Mörder ins Haus.

Ein bislang nicht aufgeklärter Mordfall der Kripo Greifswald beleuchtet ein anderes Umfeld. Hier stehen die Probleme einer Studentin im Vordergrund, die aus einem Dorf in der Nähe von Heidelberg kommt und am weit entfernten Studienort keinen Anschluss findet. Der trostlose Blick aus ihrer kleinen Wohnung zeigt einen kahlen Baum, eine Straßenkreuzung, ein Stop-Schild. Im Haus gegenüber sitzt ein Rentner am offenen Fenster, die Ellenbogen auf dem Kissen, und beobachtet sie. Er ist der Letzte, der die Frau lebend sieht. Sie spricht auf dem Gehweg mit einem Unbekannten, dem Fahrer eines dunklen Geländewagens. Der »Aktenzeichen XY«-Film konserviert mit diesem Fall die Klischees vom Studentenleben: ungespültes Geschirr, eine Schreibtischplatte auf Holzgestell, das argwöhnische Beobachtetwerden durch Nachbarn in einer Kleinstadt. Außerdem enthält er eine Studie über das deutsche Ost-West-Verhältnis – der Rentner nämlich kennt den Namen der Studentin, von der er »manchmal denkt, sie wäre stumm«. Das sagt er seiner Frau, die mit der Suppenterrine ins Zimmer kommt und ihn an den Mittagstisch ruft.

Ein musizierender Unternehmensberater, eine adlige Witwe, die Studentin in Greifswald – »Aktenzeichen XY« erkundet Biographien, zeigt Menschen in ihrem Alltag, hält Lebensumstände, Gewohnheiten und Interieurs fest. Material für eine Ethnographie des Inlands: die Gespräche auf einem Postamt, der Tagesablauf in einer Großbäckerei, die Wohnungseinrichtung eines Schulhausmeisters. »Aktenzeichen XY« weckt den Sinn für Makramee-Blumenampeln, die Unterhaltungen in der Warteschlange und für die Postkarten, die mit Tesafilm an den Schränken der Behörden kleben.

Zum Beispiel in den Büros der Polizei, dem Wirkungsort von Personen, die in »Aktenzeichen XY« eine undankbare Rolle übernehmen müssen. Zumindest vorläufig sind die tüchtigen Beamten gescheitert. Sie kommen zu spät zum Tatort, tappen bei der Tätersuche im Dunkeln, müssen klein beigeben. Die Filme zeigen immer wieder den Polizeialltag, das harte Brot des Dienstes, die unangenehmen Routinen. Da ist man stolz, auf die Kombinationsgabe und Findigkeit mancher Ermittler hinweisen zu können, etwa wenn es darum geht, anhand von Kleidungsstücken einer unbekannten Toten herauszufinden, woher sie stammt. Oder wenn ein Beamter im Mülleimer Beweisstücke findet. Andererseits wird auch die Trägheit eines Mitarbeiters in einer Notrufzentrale bloßgestellt. Übrigens fühlt man sich dank der Sendung über die neuesten Methoden der Kriminalistik informiert: Die Fähigkeiten des Computers beim Erstellen von Phantombildern wurden mehrmals demonstriert, und des öfteren ist von der DNA als »Zauberformel« die Rede gewesen. Leibhaftig präsent ist das kriminalistische Expertenwissen schließlich in Gestalt der Kommissare. Frauen sind in diesem Beruf offenbar selten. Sie fassen nach einem Filmfall die Fakten zusammen und erläutern die Schwierigkeiten der Aufklärung.

Sie sind die Stimme der Hoffnung. Denn gleich welchen Temperaments, eloquent oder wortkarg, alle Kommissare verkörpern die Überzeugung, dass es ein verborgenes Wissen in der Bevölkerung gibt, eine noch nicht mitgeteilte Beobachtung, einen »zweckdienlichen Hinweis«, der Jahre später den Mord an einer Tramperin klärt. Der Glaube an ein Wunder. Am Ende seines Auftritts, lobt der Kommissar, jeweils in identischem Wortlaut, die Belohnung aus: »Für Hinweise, die zur Aufklärung der Tat führen, ist eine Belohnung von ... DM ausgesetzt.« Die Höhe des Geldbetrags markiert dabei den Pegel der öffentlichen Empörung über die Tat. Bei einer im Januar 2000 in Landsberg ermordeten 32-jährigen Sozialarbeiterin liegt er bei 1000 DM.

Unabhängig davon, wie viele Großstadtfälle vorkommen: »Aktenzeichen XY« ist immer Provinz. Am tiefsten prägen sich jene Unheilsgeschichten ein, die an Orten spielen, wo der Widerspruch am größten ist. Wie wahrscheinlich ist es, in der menschenleeren Lüneburger Heide auf jemanden zu treffen, der vorhat, einen Mord ohne erkennbares Motiv zu verüben? Ziemlich wahrscheinlich. Weshalb verschwindet jemand nach einem Disko-Besuch in einer Gegend, wo die Hofhunde noch bellen? Seit sieben Jahren ein Rätsel in Ostfriesland. Mit »Aktenzeichen XY« durchstreift man ein Land, in dem der mörderische Zufall herrscht, wo das geschieht, was niemand wahrhaben will. Die Karten der schrecklichen Entdeckungen, auf denen die Fundorte der Leichen mit Pfeil oder Kreuz markiert sind und die von den Studio-Kommissaren erläutert werden, dienen keineswegs der Orientierung. Friedeburg, Goch und Schwäbisch-Gmünd sind allein Chiffren, fremde »Aktenzeichen XY«-Orte, die man nur kennt, weil sie Orte ungeklärter Verbrechen sind.

Selbst die Dinge werden da fremd: In jeder Folge der Serie bekommen wir Einblick in die Asservatenkammern, die die Beweisstücke des Verbrechens verwahren. Egal, ob es Schusswaffen und Dolche, Haushaltsgegenstände und Werkzeuge sind oder geraubte Schmuckstücke, Plastiktaschen, Kleider, Ringe und Armbanduhren von Toten, die einem auf filzüberzogenen Tafeln oder als Foto präsentiert werden – (k)ein Grund, um wegzuschauen. Das einfache Küchenmesser mit Zackenschliff, das in der eigenen Schublade liegt, bekommt – als Corpus delicti von einem Kommissar XY in die Kamera gehalten, vielleicht sogar gedreht und gewendet – die schauerliche Aura des Verbrechens. Woran mag es bloß liegen, dass Raubgut aus Gold und Platin, das in »Aktenzeichen XY« unter den Hehlern gesucht wird, meistens von erlesener Hässlichkeit ist? Ein einzigartiges Prunkstück ist das Werk eines beraubten Lüdenscheider Goldschmieds, zu dessen Kunden, so Moderator Butz Peters, »Prominente aus Politik und Wirtschaft gehören«: Die Brosche mit einem Cadillac-Emblem – Gelb- und Weißgold, sieben Brillanten – entwirft er im Auftrag eines Autoliebhabers, der seine Frau zum Hochzeitstag beglücken will.

Das Auto ist in diesem Fall Nebensache. Meistens jedoch steht es im Zentrum des Verbrechens, als Ort oder wichtigstes Hilfsmittel zur Vorbereitung und Ausführung der Tat. Hat man die Aversion gegen das »grausige Sortiment« (Eduard Zimmermann) von Tatwerkzeugen, gegen Schlafsäcke, die sich bestens zum Leichentransport eignen, gegen Plastikschnüre und Ledergurte, erst einmal entwickelt, so wächst auch die Abneigung gegen Tatfahrzeuge. Der »Aktenzeichen XY«-Fuhrpark umfasst alle denkbaren Modelle, jedoch überwiegen Fahrzeuge mit großer Ladekapazität (z. B. Kastenwagen) und Limousinen, die sich fürs Gelände eignen.

Im Sog des Deliriums, das diese Sendung erzeugt, werden Gabeln zu Stichwaffen und Kleintransporter zu Leichenwagen. Und die Täter? Sie könnten überall sein! Die Inszenierung des Bedrohlichen, die in den »Aktenzeichen XY«-Filmen stattfindet – also dann, wenn der Straftäter unbekannt ist und ein Schatten an der Wand vorbeihuscht –, hat zur Folge, dass man aufatmet, wenn die Übeltäter endlich ein Gesicht bekommen. Mit Körpermerkmalen, Größe, Alter, richtigen und falschen Namen werden die Flüchtigen vorgestellt, die bereits aktenkundig sind. Sie blicken auf den Fahndungsfotos direkt in die Kamera. Dagegen zeigen die Videobilder der Banken die Gesuchten in Bewegung, einer Choreographie der Drohgebärde gehorchend. Diese Ausschnitte und die Fahndungsfotos: Sie halten die Infamen für eine Minute auf dem Bildschirm fest. Und schon entkommen sie, beim nächsten Bild sind die vorigen vergessen. In der ersten »Aktenzeichen XY«-Sendung, im Oktober 1967, empfahl Eduard Zimmermann, die Fotos vom Bildschirm abzufotografieren: »Es könnte ja immerhin sein, dass Ihnen morgen die eine oder andere der gesuchten Personen über den Weg läuft.« Das Verbrecheralbum für den deutschen Haushalt blieb Idee. Zwangsläufig, denn der Fahndungseifer ist immer dann am größten, wenn niemand das Objekt auf der Flucht genau beschreiben kann.

Im November 1999 behandelt »Aktenzeichen XY« den Fall einer Frau aus Oldenburg. Sie lebt in geordneten Verhältnissen, ist mit einem Taxiunternehmer verheiratet und bewohnt mit der Familie »ein eigenes Häuschen«, so der Sprecher. Doch der Schein trügt. Irmgard E. »wächst der Alltag mit Haus und Kindern im Laufe der Zeit über den Kopf«, sie leidet »zunehmend an Realitätsverlust«, einer »psychischen Erkrankung, die als solche nicht erkannt wird«. Sie kauft Seidenkleider und Pullover, der Kühlschrank ist immer leer, und Sohn und Tochter beklagen sich. Weil die Rechnungen nicht bezahlt werden, bleibt der Fernseher schwarz und stumm. Der empörte Gatte fragt »Was ist denn hier los?«, und seine Frau sitzt auf dem Sofa, raucht und weint. 1989 zerbricht die Ehe, und Irmgard E. wird zum »Sozialfall«, gerät ins Abseits. Sieben Jahre später sieht man sie als Obdachlose mit Plastiktaschen in der Hand durch Deutschland irren. Sie fährt per Anhalter und lässt sich im Film von Lastwagen mitnehmen. Im Juni 1997 stöbert sie in einem Müllcontainer auf dem Rastplatz Börde bei Magdeburg. Ein Polizeiwagen. »Guten Abend, junge Frau, können wir Ihnen helfen?« Ihre schnippische Antwort: »Klar doch, ihr könnt mich in mein Häuschen zurückfahren, das dürft ihr wohl nicht, ihr Ossi-Bullen.« Die Kontrolle ergibt, dass sie von der Polizei gesucht wird, da sie Ladendiebstähle begangen hat. Zwei Wochen Haft. Im Juli wird sie in Oldenburg vor dem Gartentor des Einfamilienhauses gesehen, das sie in glücklicheren Zeiten bewohnt hat. Die Kamera schweift über das Messingschild, auf dem ein Name mit Doktortitel zu lesen ist. Eine gepflegte Frau erscheint im Hauseingang. »Suchen Sie jemand?« Die Angesprochene wendet sich stumm ab und geht davon. Einige Tage später erreicht Irmgard E. eine Autobahnraststätte bei Fulda. Verwirrt fragt sie dort den Tankwart, wann der Bus abfahre. »Entschuldigung, das ist keine Haltestelle, das ist eine Tankstelle«, versucht man ihr in deutlicher Dialektfärbung klar zu machen. Die Leiche von Irmgard E., die Monate später in der Nähe der Raststätte aufgefunden wird, kann erst nach einem Jahr identifiziert werden.

Der »tragische Fall, erst der soziale Abstieg und dann ein Sturz ins Bodenlose« (Butz Peters), ist ein typischer »Aktenzeichen XY«-Fall, denn er vereint alle genannten Aspekte: ein Oldenburger Familiendrama zwischen Kücheneckbank und Fernseher in den Spätachtzigern, ein Film über die Arbeit der Polizei, z. B über die Verfahren zur Identifizierung einer Toten. Wir werden an verschiedene Orte geführt, bis zum letzten Lebenszeichen, bis zur letzten Station an der Autobahn. Hier traf Irmgard E. in einem Fahrzeug auf ihren Mörder. Der Kommissar zeigt den Fundort der Leiche auf einer Karte und das Foto von der bordeauxroten Reisetasche aus ihrem Besitz: »Das Leder ist ziemlich abgewetzt.« Sie könnte noch im Besitz des Täters sein. Selbst das Stilelement des Fahndungsfotos taucht auf, diesmal in einzigartiger Umkehrung: Eine Fotografie des Opfers, aufgenommen in der Justizvollzugsanstalt Halberstadt. Irmgard E. hält die Augen geschlossen.

Das Aktenzeichen wird in diesem Fall wohl ungelöst bleiben. Es sei denn, der Zufall käme den Kommissaren zu Hilfe. Oder der Täter selbst, dem das Gewissen schlägt. Wie kürzlich in Hamburg. Der Mörder stellte sich nach der Sendung. Seit Beginn war »Aktenzeichen XY« auch eine Veranstaltung für Täter. Im Knast ist die Sendung beliebt, denn sie teilt mit, wer von den Bekannten gesucht wird, wer noch draußen ist. Der brave Rest wiegt sich am Freitagabend im Gefühl, davongekommen zu sein. Kein Mensch, der eine Gewalttat erlebt hat, dürfte sich den mit fiebriger Musik unterlegten Reality-Spielfilmchen von »Aktenzeichen XY« aussetzen wollen. Es sind die Verschontgebliebenen, die die Gelegenheit wahrnehmen, im Fernsehsessel den Einbruch des Verbrechens als Naturgewalt zu verfolgen, den Pulsschlag der Angst zu messen.

Neben Fahndung und Ermittlung ist übrigens die Vorbeugung die dritte Aufgabe der Sendung. Eduard Zimmermann ging als Mann in die Geschichte ein, der vor dem Trampen warnte. Wer die Lektionen der »XY«-Fälle tatsächlich ernst nimmt, schließt die Türen immer ab, geht nachts nie allein nach Hause und weiß (Butz Peters' Kommentar zum Fall Irmgard E. zufolge), dass Selbstbewusstsein vor Verbrechern schützt.

Es ist Freitagabend. Ein »Aktenzeichen XY«-Tag. Wieder die Versuchung, hinter die Gardinen zu sehen, die Kundengespräche beim Juwelier zu verfolgen, die Ausschweifungen des Banalen, das trübe Destillat der verbrecherischen Realität zu studieren. Das Mienenspiel der Kommissare, die Fotos der Gesuchten, die Karten und abgewetzten Reisetaschen. Einmal mehr die Schauermixtur aus Kitsch, Klischee, Entsetzen. Die düsteren Biographien, die Unschuldigen, die Schuldigen. Und wieder das ungute Gefühl, dass überall alle einzig und allein zu Opfern und Tätern werden. Jetzt ist sie wieder spürbar, die Gewalt der Fahndung.

Martin van Creveld
Frauen beim Militär

Der Feminismus verbucht gewöhnlich das nun schon seit dreißig Jahren zu verzeichnende schrittweise Vordringen von Frauen in die Armeen hoch entwickelter Nationen als Fortschritt oder Sieg für das weibliche Geschlecht, als Teil des unaufhaltsamen Vormarschs der Frauen aus dem Dunkel der Unterwerfung in die Freuden der Freiheit.[1] Ich will im Folgenden nicht untersuchen, inwieweit es tatsächlich einen Fortschritt darstellt, wenn die Frauen sich nun auch an dem beteiligen, was Byron »des Hirnverspritzens, Kehleschlitzens Kunst« genannt hat. Stattdessen möchte ich darlegen, dass dieser Prozess teils ein Symptom, teils eine Ursache des Niedergangs der »hoch entwickelten« Armeen ist – und ferner, dass der Anteil der Frauen an den aktiven Kämpfen, welche jene Armeen tatsächlich noch durchführen, so minimal ist, dass man ihn fast als nichtexistent bezeichnen möchte.

1.

Von Nordamerika über Europa bis nach Australien befinden sich die Militärs in den hoch entwickelten Ländern auf dem Rückzug. Der entscheidende Grund dafür ist die Verbreitung von Atomwaffen, die während des letzten halben Jahrhunderts einen wirklich ernsthaften Konflikt zwischen entsprechend ausgerüsteten Staaten unmöglich gemacht haben. In Abwesenheit einer wirklichen Bedrohung spielen außerdem auch finanzielle Erwägungen eine viel größere Rolle als früher: Während es nur drei Jahre brauchte, um die erste Atombombe zu entwickeln, wollen uns die Planer heutzutage einreden, dass die Entwicklung eines neuen Jagdbombers nicht weniger als fünfzehn Jahre Zeit erfordere. Aus welchem Grund auch immer – es vergeht kaum ein Tag, da nicht in irgendeinem hoch entwickelten Land irgendein Militärprogramm abgebrochen, eine Anschaffung aufgeschoben, ein Teil des Militärpersonals nach Hause geschickt wird. Deutschland bietet hier natürlich ein besonders gutes Beispiel.

Selbst im Nachhinein ist es nicht einfach, den Zeitpunkt genau zu bestimmen, zu dem dieser Prozess begann und unumkehrbar wurde. Vielleicht waren es die Jahre 1945 bis 1946, als der weitaus größte Teil der etwa fünfunddreißig Millionen Soldaten der wichtigsten Krieg führenden Nationen nach Hause ging, um nie mehr in die Kaserne zurückzukehren. Vielleicht waren es die späten sechziger und frühen siebziger Jahre, als unter dem Oberbegriff Entspannung zuerst der Vertrag über die Nichtweiterverbreitung von Kernwaffen (Nuclear Proliferation Treaty, NPT) und dann das SALT-1-Abkommen über die Begrenzung strategischer Waffen den bis dahin uneingeschränkten nuklearen Wettlauf der Supermächte zu begrenzen begannen. Nicht zufällig war dies auch die Zeit, als die Streitkräfte der USA – die wichtigsten überhaupt – auf die Wehrpflicht verzichteten. Mit dem Übergang zu einer professionellen, ausschließlich aus Freiwilligen gebildeten Armee setzten sie deren Umfang eine Grenze. Was noch wichtiger ist: Sie sorgten dafür, dass der Großteil der Bevölkerung des Landes, ob männlich oder weiblich, fast mit Gewissheit nie mehr für Kriegszwecke zur Verfügung stehen wird.

Ein weiterer kritischer Punkt trat 1989 bis 1990 ein, als es mit dem Ende des Kalten Krieges einen Augenblick lang so aussah, als sei eine friedlichere Welt greifbar nahe. Als Folge hiervon wurde eine der beiden mächtigsten Allianzen der Geschichte aufgelöst, und die andere verlor ihre raison d'être fast vollkommen. Auf beiden Seiten des einstigen Eisernen Vorhangs wurden Truppen zu Hunderttausenden entlassen. Beim Übergang von der Roten Armee zur Russischen Armee gingen etwa zwei Drittel der Soldaten nach Hause; die Situation in den meisten osteuropäischen Staaten ist ähnlich. Indem mehr und mehr europäische Staaten dem amerikanischen – und britischen – Beispiel folgen und die Wehrpflicht zugunsten einer Freiwilligenarmee abschaffen, setzt sich dieser Prozess fort. Vom ehemaligen Ostberlin bis nach Camberley in England und von Neuseeland bis Kanada stehen Kasernen leer, liegen Flugplätze still, die Verteidigungsetats schrumpfen drastisch, und man zieht mit einem Mal überall »Beteiligungen« vor, um die Kosten zu senken – von einem großen Überhang alter Waffen gar nicht zu reden, welche das Militär nur zu gern an irgendein Land der Dritten Welt verkaufen würde, was aber in den meisten Fällen unmöglich ist.

Natürlich erfolgte der Niedergang nicht überall im gleichen Tempo. Generell war er am massivsten und schnellsten in Westeuropa, wo die Armeen der wichtigsten Länder nach 1945 nicht einmal mehr annähernd ihre Größe vor 1939 erreichten. Allgemein behielten die damals kommunistischen Staaten ihre im Stil des Zweiten Weltkriegs dimensionierten Streitkräfte länger als die kapitalistischen, was ihre Wirtschaft dann derart belastete, dass der größte jener Staaten, die Sowjetunion, am Ende zusammenbrach. Nicht überall war es allerdings so. Indien und Pakistan bekriegten einander auch dann noch, als ein solches Verhalten zwischen hoch entwickelten Staaten eigentlich längst ausgeschlossen war. Noch im Herbst 1979 führten Israel und seine arabischen Nachbarn einen nahezu totalen Krieg; an Orten, wo Atomwaffen noch nicht eingeführt worden sind, vor allem im Persischen Golf, haben konventionelle Kriege großen Umfangs noch in jüngster Vergangenheit stattgefunden.

Der langfristige Trend zu immer kleineren Militärapparaten ist nicht verwunderlich. Die Einführung der Atomwaffe 1945 löste die Klammer zwischen Sieg und Überleben auf. Von nun an wurde es möglich – sofern der Gegner eine gewisse Fähigkeit zum »Zweitschlag« hatte –, dass eine Krieg führende Nation siegen und gleichzeitig vom Angesicht der Erde verschwinden könnte. Die Folge war, dass das Ausmaß des Krieges – das sich über lange Jahrhunderte hinweg immer gesteigert hatte – plötzlich zu schrumpfen begann. Es ist nun mehrere Jahrzehnte her, dass irgendein hoch entwickeltes Land einen ernsthaften Krieg gegen einen Gegner geführt hat, der auch nur annähernd so stark war wie es selbst, geschweige denn eine ernsthafte Bedrohung seiner Existenz sein konnte. Mit den Worten von Jacques Chirac: Zum ersten Mal in tausend Jahren ist im Umkreis von tausend Kilometern kein Feind in Sicht. Als Begründung für die letzte Verringerung der Personalstärke der Bundeswehr führte Gerhard Schröder an, es sei nun das erste Mal in der Geschichte der Fall eingetreten, dass Deutschland auf allen Seiten von Verbündeten umgeben sei. Im Augenblick, da ich dies schreibe, fällt es selbst den optimistischsten Vertretern der so genannten »Revolution des Militärischen« (revolution in military affairs) schwer, sich vorzustellen, wann und wo ein Krieg stattfinden könnte, der ihren Erwartungen entspricht.

2.

Während der Umfang der Armeen schrumpfte, stieg paradoxerweise ihr Frauenanteil. Vor 1914 hatten – mit ganz wenigen, kaum erwähnenswerten Ausnahmen – nur sehr, sehr wenige Frauen aktiv an Kriegen teilgenommen, und in keiner Armee hatten je Frauen als reguläre Soldaten gedient. Wenn es im 19. Jahrhundert hier überhaupt eine Veränderung gab, dann jene, dass die zunehmende Professionalisierung des Militärs die Anzahl der Frauen, die an Feldzügen teilnahmen, weiter sinken ließ – die Militarisierung des Nachschubs brachte den alten Tross (zu dem viele Frauen gehörten) zum Verschwinden. Vielleicht waren die Heere zu keiner Zeit so ausschließlich männlich wie in den Jahrzehnten vor dem Ersten Weltkrieg.[2]

Dieser war natürlich der bis dahin weitaus größte Krieg der Geschichte. Seine Anforderungen an das sogenannte Menschenmaterial waren unerhört, so dass verschiedene Krieg führende Nationen sich zu überlegen begannen, was denn eigentlich Frauen im Krieg tun und nicht tun könnten. Das führte dazu, dass Organisationen weiblicher Hilfskräfte in zwei Nationen gebildet wurden, in Großbritannien und in den USA. Selbst unter solchen Umständen aber wurden in kaum einem Land Frauen gezwungen, wie Männer einzurücken; mehr noch, die große Mehrheit der erwachsenen Frauen – das heißt jene, die verheiratet waren und/oder Kinder hatten – war immer automatisch vom Militärdienst freigestellt. Im Ersten Weltkrieg belief sich die Gesamtzahl der dienenden Frauen wahrscheinlich auf circa 150 000.[3] Im Zweiten Weltkrieg stand sie bei anderthalb Millionen, davon 800 000 Sowjetbürgerinnen.[4]

Teilweise aus Gründen der kommunistischen Ideologie – die die Gleichheit der Frau betonte –, teilweise wegen der verzweifelten Lage, in der sie sich in den Jahren 1941/42 befand, war die Sowjetunion in stärkerem Maße als andere Länder bereit, Frauen einzusetzen. Selbst hier jedoch stieß die Notwendigkeit offensichtlich an eine Grenze. Die Zahl 800 000 wirkt auf den ersten Blick eindrucksvoll, aber die Frauen stellten nur einen sehr kleinen Anteil der sowjetischen Truppen, vielleicht nicht mehr als zwei bis drei Prozent.[5] Wie ihre Schwestern in anderen Ländern diente der Großteil entweder in der Verwaltung oder als Ärztinnen und vor allem als Krankenschwestern. Wie in Großbritannien und den USA auch waren Zehntausende bei der Flugabwehr eingesetzt. Und nur eine Hand voll (vergleichsweise), wahrscheinlich nicht mehr als ein paar Tausend, kämpften mit der Waffe in der Hand, das heißt als Scharfschützinnen oder Panzerbesatzungen; bei den Pionieren war ein weiblicher Offizier hinreichend exotisch, um einem zu Besuch kommenden General vorgestellt zu werden.[6] Wenn auch ein paar Frauen Einsätze flogen, so stellten sie doch weniger als ein Prozent der Piloten.[7] Ihre Einheiten standen im Übrigen immer unter dem Befehl von Männern.

Von Russland über Jugoslawien bis nach Italien und Frankreich nahmen viele Frauen an den jeweiligen Widerstandsbewegungen teil.[8] Hier wurden sie gejagt wie die Männer, litten wie die Männer und starben oft mit den Männern. Ohne Frage forderte der Kampf gegen die Nazis immensen Mut, große Entschlossenheit und Ausdauer von allen Beteiligten. Trotzdem fanden sich die Frauen im Widerstand meist wie ihre Schwestern in den verschiedenen regulären Armeen fast automatisch entweder als Krankenpflegerinnen eingesetzt oder bei der Nachrichtenübermittlung. Hier bedienten sie die Funkgeräte, falls diese zur Verfügung standen, oder überbrachten andernfalls Nachrichten auf direktem Wege. Selten töteten sie, und sei es nur deswegen, weil Waffen immer knapp waren und zuerst an die Männer ausgegeben wurden, wenn es darum ging, Angehörige der Besatzungsstreitkräfte zu erschießen; die Frauen wurden zurückgelassen. Gegen Ende des Krieges, als die Partisanen aus dem Untergrund hervorkamen und begannen, an den offenen Kämpfen teilzunehmen, wurden die Frauen ausnahmslos aus den Kampfeinheiten ausgesondert.

So kam es, dass erst nach dem Ende des Zweiten Weltkriegs, das den beginnenden Niedergang der wichtigsten Militärapparate der Welt signalisiert hatte, die Frauen sich in einigen hoch entwickelten Ländern einen dauerhaften Platz beim Militär sichern konnten. Wie General Eisenhower vor dem amerikanischen Kongress bei einer Anhörung im Jahre 1948 darlegte, stellte man Frauen ein, weil man über ein professionelles Stammpersonal verfügen wollte, das im Falle des Ausbruchs eines großen Krieges dabei behilflich sein konnte, Frauen einzuziehen, auszubilden und zum Einsatz zu bringen.[9] Doch selbst in der Sowjetunion waren die Aufgaben, die für die Frauen beim Militär vorgesehen waren, scharf begrenzt. Es sollte weder um den direkten Kampfeinsatz noch um kampfunterstützende Maßnahmen gehen, vom Dienst bei der Luftwaffe oder auf Schiffen der Marine ganz zu schweigen.[10] Von Israel einmal abgesehen, zog kein einziges Land Frauen ein oder machte sie gar zu Reservistinnen; entgegen dem Mythos war auch keine israelische Frau nach dem Juni 1948 im Kampfeinsatz.[11] Gewöhnlich gab es automatische Maximalquoten für die Anzahl der Frauen bei den Streitkräften; im Falle der USA lag die Marke bei zwei Prozent. Tatsächlich war die Zahl der Frauen, die sich meldeten, so gering, dass selbst dieser Anteil nicht immer erreicht wurde. Innerhalb der Organisation spielten die Frauen eine marginale Rolle, was sich daran zeigt, dass keiner Frau ein höherer Rang als der eines Obersten zugebilligt wurde und dass keine Frau eine aus Männern bestehende Einheit kommandieren durfte.

Das begann sich Ende der sechziger Jahre zu ändern, wobei die USA eine führende Rolle spielten. Der Vietnamkrieg schleppte sich dahin, die jungen Männer standen dem Wehrdienst skeptisch gegenüber, die Planer sahen sich vor dem Problem, dass man vielleicht die Reservisten aufrufen müsse. Dieser Schritt hätte zu Unruhen im ganzen Land führen können, und so entschied sich der Kongress auf eine Empfehlung des Verteidigungsministeriums hin für die einfachste Lösung – man griff auf die Frauen zurück. Es traten nun in den Jahren 1971 und 1972 mehr Frauen als zuvor in die amerikanische Armee ein, weil nicht genug Männer zu finden waren, die in der mittlerweile eingerichteten Freiwilligenarmee dienen wollten.[12] Ende der siebziger Jahre stellten Frauen etwa sieben Prozent der Streitkräfte, die zu diesem Zeitpunkt die vielleicht schlimmste Krise ihrer

Geschichte durchliefen; da der Staatshaushalt in den roten Zahlen steckte und der Dollar auf ein bis dahin unbekanntes Tief gesunken war, mussten Armeeangehörige in Deutschland ihre Nachbarn um Unterstützung bitten. Die Rekrutierungssituation war so schlimm, dass die Devise (formuliert von Lawrence Korn, Staatssekretär für Truppenstärke im Verteidigungsministerium während der ersten Amtszeit Reagans) lautete: »Wir werden den Teufel tun und eine Stelle unbesetzt lassen, wenn wir eine Frau nehmen können.«[13]

In den siebziger Jahren führte eine ähnliche Knappheit an dienstwilligen Männern zu einer wichtigeren Rolle der Frau in den Armeen Australiens, Schwedens, Griechenlands, Großbritanniens, der Niederlande, Belgiens und – soweit es das Sanitätspersonal betraf – der Bundesrepublik Deutschland. Sehr viel stärker als die USA waren die meisten dieser Länder von stagnierenden Bevölkerungszahlen einerseits und einer zunehmend pazifistischen Stimmung andererseits betroffen. Wie die USA reagierten sie mit einer erhöhten Bereitschaft, die Einstellung von Frauen als eine Möglichkeit zu überdenken, mit der sich ihre Probleme wenigstens teilweise würden lösen lassen.

Nachdem die Frauen erst einmal den Fuß in der Tür hatten, bekam dieser Prozess eine gewisse Eigendynamik. Viele weibliche Angehörige der Streitkräfte, vor allem Offiziere, sahen ihre Beförderungsmöglichkeiten dadurch beschränkt, dass sie von einer ganzen Reihe von so genannten »nichttraditionellen« Verwendungen ausgeschlossen blieben, darunter allen Kampfeinsätzen. Sowohl durch politischen Kampf wie durch entsprechende Klagen vor den Gerichten forderten sie die gleichen Rechte ein.[15] Das Militär sträubte sich, musste aber regelmäßig den Politikern gehorchen, seinen Ärger hinunterwürgen und nachgeben. Das brachte wiederum mehr Frauen zum Militär, ein Zirkel, der in den meisten Ländern immer weiterzugehen scheint. Besonders in den USA ist das Militär jetzt so etwas wie eine Zuflucht für sehr junge Mütter (Durchschnittsalter 22 bis 23 Jahre: zu einer Zeit, da eine Frau statistisch gesehen ihr erstes Kind mit 29 Jahren bekommt), viele davon unverheiratet. Das Militär stellt diesen Frauen eine Unterkunft zur Verfügung, bietet die ärztliche Versorgung und eine adäquate Unterbringung und Beaufsichtigung des Kindes – was sie alles in dieser Qualität und zu diesem Preis nirgendwo anders fänden. Würde eine solche Mutter in einer Krise plötzlich militärisch eingesetzt, würde dies natürlich zu beträchtlichen Problemen führen, was sich zum Teil schon während des Golfkriegs 1991 gezeigt hat.[16]

Solange der Kalte Krieg fortdauerte, hatte man den Prozess unter Kontrolle. Je näher an der Grenze zwischen Ost und West irgendeine Truppe der NATO stationiert war, desto geringer war ihr Frauenanteil. In den achtziger Jahren betrug er 8,4 Prozent für die USA, 7,7 Prozent für Kanada, 4,9 Prozent für Großbritannien, 2,3 Prozent für Frankreich, 1,0 Prozent für die Niederlande und Norwegen und null Prozent für die Bundeswehr, die abgesehen von 50 Ärztinnen überhaupt kein weibliches Personal hatte.[17] Erst nach dem Fall der Berliner Mauer, mit der auch die Möglichkeit eines umfassenden Krieges verschwand, wurden diese Barrieren beseitigt, und die Frauen drangen in zahlreiche militärische Positionen vor, die ihnen bis dahin verschlossen geblieben waren. Es ist so kein Zufall, dass in all den Jahren, seit Frauen 1972 an Bord von Schiffen der US-Marine gegangen sind, kaum eine Einheit der amerikanischen Marine mehr an einer Seeschlacht beteiligt war. In den USA wie auch unter anderem in Großbritannien, Norwegen und Kanada begannen Frauen genau zu dem Zeitpunkt Kampfflugzeuge zu fliegen, als der Feind in Gestalt des Warschauer Paktes verschwand. Anfang 2000 erklärten sich zwei weitere NATO-Armeen, die von Italien und Deutschland, offen für Frauen: Wie von Zauberhand erfolgte fast sofort nach dieser Ankündigung in beiden Fällen eine drastische Truppenreduzierung.[18]

Und dieser Prozess blieb nicht auf die NATO beschränkt. In Israel begann die Ausweitung der Rolle von Frauen beim Militär in den späten siebziger Jahren – das heißt kurz nachdem das Land seinen letzten großen Krieg geführt hatte.[19] Mitte der achtziger Jahre erkannte Verteidigungsminister Yizak Rabin jedoch, dass ein weiterer Krieg wie der des Jahres 1973 sehr unwahrscheinlich war. Seitdem schrumpft die israelische Armee stetig. Im Januar 2000 war der Punkt erreicht, wo die Knesset sämtliche militärische Einheiten förmlich für Frauen öffnete. Das führte jedoch nicht dazu, dass sich die Frauen zu den männlichen Soldaten in den Bunkern im Süden des Libanon gesellten – es war im Gegenteil, könnte man sagen, ein Vorspiel zu Israels Rückzug aus diesem Land. Vielleicht weil man dort das Ausland mit seiner Modernität beeindrucken will, gilt die Logik des Zusammenhangs, dass kein Krieg mehr droht und gleichzeitig mehr Frauen zum Militär gehen, selbst für einige islamische Staaten. So fiel in Jordanien die Entscheidung, eine reine Fraueneinheit (angeführt von Prinzessin Aisha) aufzustellen, gleich nach dem Friedensschluss mit dem einzigen Nachbarn, gegen den Jordanien je einen richtiggehenden Krieg geführt hatte – Israel.

Um zu den Armeen der hoch entwickelten Länder zurückzukehren – nach dem Ende des Kalten Krieges standen sie mehr oder weniger ohne Auftrag da. In der gesamten Geschichte war es die Aufgabe des Militärs gewesen, Krieg zu führen; jetzt, nachdem selbst die atomare Abschreckung in der größten Zahl der Fälle irrelevant geworden war, hieß es plötzlich nur noch den Frieden bewahren. Ob der Zustrom von Frauen zum Militär Ursache oder Symptom von dessen Niedergang war, steht hier nicht zur Debatte; die Fakten ließen beide Interpretationen zu. Man könnte sogar sagen, dass viele Frauen, vor allem solche, die sich langfristig verpflichten, gerade in der Hoffnung zum Militär gehen, dass sie niemals gezwungen sein werden zu kämpfen.[20]

3.

Wenn die Feminisierung eines staatlichen, regulären Militärapparates ein Symptom seines Niedergangs ist, so ist ein anderes das Anwachsen irregulärer, nichtstaatlicher bewaffneter Organisationen jeder Couleur. Um nur ein paar statistische Zahlen zu zitieren: In Großbritannien stieg zwischen 1950 und 1976 die Zahl der bei privaten Sicherheitsdiensten Beschäftigten von 10 000 auf 250 000.[21] Mittlerweile dürfte es dort weit mehr private Sicherheitskräfte geben, als das gesamte Personal aller drei Waffengattungen zählt – jene wachsen, dieses schrumpft. Dasselbe gilt für andere Länder. In Deutschland stieg die Zahl der Firmen, die irgendwelche Dienstleistungen im Sicherheitsbereich anbieten, zwischen 1984 und 1996 auf mehr als das Doppelte, und die Zahl des bei solchen Firmen beschäftigten Personals wuchs um dreihundert Prozent.[22] In Russland soll es mittlerweile nicht weniger als tausend Firmen geben, die Personenschutz anbieten – nicht selten sind ihre Angestellten kaum unterscheidbar von den gewaltbereiten Figuren, die der Staat einsetzt, um seine Gegner einzuschüchtern. Auch in den USA arbeiten jetzt mehr Leute bei privaten Sicherheitsfirmen, als es Soldaten in Uniform gibt: Das Zahlenverhältnis beträgt, um genau zu sein, 1 600 000 zu 1 400 000.

Obwohl die Sicherheitsbranche gewisse singuläre Züge hat, ähnelt sie doch in vieler Hinsicht anderen Industrien. Wie so viele von diesen ist sie an der Spitze stark zentralisiert: Auf einige wenige Firmen entfällt der größte Teil des Geldes, der Ausrüstung und des Personals. Teilweise werden diese Firmen von ehemaligen Generälen oder Admiralen geleitet, haben ein Personal, das dem Umfang einer ganzen Division entspricht, und könnten bei sorgfältigem Einsatz ihrer Möglichkeiten gegen die Armee manch eines Dritte-Welt-Staates antreten. Andere haben hochprofessionelle Organisationen und verfügen über alle möglichen Waffen bis hin zu Maschinengewehren, Panzerwagen und Kampfhubschraubern mit Raketen, Antipanzerwaffen und Nachtsichtgeräten. Die Bandbreite ihrer Aktivitäten ist erstaunlich. Das beginnt mit der Anwerbung und Ausbildung einzelner Wachleute für Ihren Supermarkt um die Ecke. Es setzt sich fort über Forschung und Entwicklung sowohl von Geräten wie Szenarien und endet bei der Sicherheitsüberwachung von großen Komplexen wie internationalen Flughäfen. In hoch entwickelten Ländern sind die Kunden reiche Privatleute, die Bewohner eigens gesicherter Wohnanlagen, Kommunen und Firmen.

So überraschend es klingen mag: Häufig stehen auch die Regierungen selbst auf diesen Kundenlisten. Es ist für sie oft billiger, statt eigener Sicherheitskräfte die privaten Dienste in Anspruch zu nehmen, deren Angestellte keinen Anspruch auf beamtenrechtlich festgelegte Vergünstigungen haben; grob geschätzt kann man für denselben Kostenaufwand statt eines Polizisten drei private Sicherheitsleute einstellen. Selbst in hoch entwickelten Staaten befasst sich dieses Wachpersonal zunehmend bei ebenfalls zunehmender staatlicher Billigung – mit so genannten »Cowboyeinsätzen«; beispielsweise überlegte man sich 1997 in Neuseeland ganz ernsthaft, ob sich Angestellte solcher privaten Dienste bei Straßensperren zur Polizei gesellen dürften, um Schulden einzukassieren.[23] Andere Aktivitäten sind Detektivarbeit, Kopfgeldjagd, Streikbruch, Vertreiben von Hausbesetzern und dergleichen.

Die privaten Sicherheitsfirmen stellen auch Frauen ein – und sei es nur deshalb, weil sie, da ihr Gehalt nur etwa 60 Prozent von dem der männlichen Kollegen beträgt, billiger sind.[24] Aus Gründen, die selbst die entschlossenste Feministin nachvollziehen kann, sind allerdings Frauen in der Regel sowohl für Bewachungsaufgaben wie für die Arbeiten, bei denen man sehr viel unterwegs ist, weniger geeignet. Deshalb arbeiten die meisten als Sekretärinnen, Telefonistinnen usw. – je gewalttätiger die Aktivitäten sind, mit denen sich die Organisation befasst, desto geringer die Zahl der beteiligten Frauen. Nehmen wir die Flughafensicherung, eine Branche, die allein in den USA jährlich etwa 2 000 000 000 Dollar einnimmt. Von Sekretärinnen abgesehen, arbeiten die meisten Frauen ganz unten in der Hierarchie bei der Gepäckkontrolle auf den Flughäfen. Diese Arbeit ist derart langweilig, dass die Teams alle zwanzig Minuten abgelöst werden müssen. Weiter oben, wo die Arbeit interessanter wird, aber oft unregelmäßige Arbeitszeiten erfordert, die Fähigkeit, auf alle möglichen Zwischen- und Notfälle zu reagieren, und manchmal die Anwesenheit rund um die Uhr, gibt es nur ganz wenige oder gar keine Frauen.[25] Ebenso wenig findet man Frauen in den Kommandoeinheiten, die auf Aktionen zur Geiselbefreiung spezialisiert sind. Ein anderes Beispiel: Bei Polizeieinsätzen während Demonstrationen oder Straßenunruhen ist oft eine Handvoll behelmter, Knüppel tragender Frauen dabei. Nicht, weil sie wirklich gebraucht würden – wenn es hart auf hart kommt, sind sie nirgendwo zu sehen –, sondern weil man sie gegen andere Frauen einsetzen kann; in einer Gesellschaft, wo ein Mann, der eine Frau auch nur ansieht, sich einer »sexuellen Belästigung« schuldig machen kann, ist es praktisch, für diesen Fall selbst ein paar Frauen dabeizuhaben.

So viel zu den hochentwickelten Ländern. Aber dieses Personal – oft bestehend aus ehemaligen Soldaten, die nach einer Truppenreduzierung auf der Straße standen – wird auch exportiert. Es wird nicht häufig vermerkt, aber die Rückkehr der Söldner ist eine höchst bedeutsame Entwicklung in den letzten drei Jahrzehnten.[26] Selbst in Europa lassen verschiedene ehemalige Sowjetrepubliken ihre Streitkräfte von Söldnern ausbilden und auf einen westlichen Standard umschulen. Allein der Krieg in Bosnien-Herzegowina sah den Einsatz von Söldnern aus Afghanistan, Großbritannien, Dänemark, Finnland, Italien, Schweden, Russland und den USA.[27] Auch Tschetschenien soll Söldner aus verschiedenen nahe gelegenen muslimischen Staaten beschäftigen.

Der Einsatz von Söldnern ist ebenso auffällig in Lateinamerika, Zentralasien und Afrika. Während des jüngst geführten Bürgerkriegs in Zaïre beispielsweise setzten beide Seiten Söldner ein; es ergab sich, dass die gegen Präsident Mobutu kämpfende Truppe, ins Feld geschickt von der südafrikanischen Firma Executive Outcomes, stärker war als die für Mobutu angeheuerten Kämpfer, zumeist Kroaten und Serben.[28] In Angola und Sierra Leone sichern Söldner die Gewinnung wichtiger Bodenschätze wie Öl oder Diamanten (und ermöglichen so die Fortsetzung der Kriege in diesen Ländern). Von Papua bis Westafrika sind Söldner an Putschversuchen beteiligt gewesen – entweder, um Regierungen zu stürzen oder erneut an die Macht zu bringen. Tatsächlich gibt es eine ganze Industrie, die sich nur damit beschäftigt, das nötige Kanonenfutter zu liefern. Eine derartige Firma wird sich zunächst bestimmte Computerdateien besorgen, ein Stammpersonal anwerben, dann Aufträge einholen, bestimmte Militärspezialisten ausfindig machen und unter Vertrag nehmen, sie – falls gewünscht – ausrüsten und dann an jeden beliebigen Ort schicken, wo sie interessante Leute kennen lernen und umbringen können.

Diese Entwicklung ist dadurch möglich geworden, dass außerhalb von Nordamerika, Westeuropa, Japan und der australischen Region die Welt alles andere als friedlich ist. Vom Kosovo bis nach Sierra Leone und von Sri Lanka bis zum Sudan lassen sich zu jedem beliebigen Zeitpunkt der letzten Jahre etwa dreißig bewaffnete Konflikte lokalisieren – Kriege, wenn auch von so genannter »geringer Intensität«. Wie die Beispiele Angolas, Somalias, Ruandas und anderer Länder zeigen, sind viele dieser Konflikte äußerst blutig und fordern Hunderttausende, wenn nicht Millionen von Opfern. Man muss sich jedoch nur die Fernsehbilder ansehen, um zu erkennen, dass von ganz wenigen Amazonen abgesehen bei keinem dieser Kriege Frauen offen kämpfen. Obwohl jeder siebte russische Offizier inzwischen eine Frau ist, haben sich diese Frauen bei Beginn des Krieges in Tschetschenien schlicht geweigert, dort zu kämpfen[29]; für die Taliban in

Afghanistan ist die Vorstellung kämpfender Frauen natürlich ohnehin lächerlich. Was die Friedenstruppen der NATO, der UNO usw. angeht, so sind die wenigen beteiligten Frauen fast ausschließlich mit unterstützenden Aktivitäten beschäftigt. Ein gutes Beispiel war die australische Intervention in Timor. Hier waren Frauen nur unter der Besatzung von Transportflugzeugen und beim Sanitätspersonal zu finden.

Jung oder alt, mit oder ohne Uniform – die Frauen sind an diesen Konflikten eigentlich nur als anfeuernder Chor und Marketenderinnen oder als Opfer beteiligt. Das rührt zum Teil daher, dass die Organisationen, die diese Kriege führen, den Krieg viel zu ernst nehmen, um sich jenen politischen und juristischen Erwägungen zu beugen, welche die Streitkräfte der hoch entwickelten Länder gezwungen haben, Frauen einzustellen, sie zu behandeln, als seien sie ebenso gut in der Lage wie Männer, Krieg zu führen, und sie auf alle erdenkliche Art zu verhätscheln. Zum Teil rührt es daher, dass die Anwerber ihr Geld besser anzulegen wissen; in Sierra Leone und anderswo ziehen sie dreizehn- bis fünfzehnjährige Jungen stets den Frauen vor. Und nicht zuletzt haben die Frauen in jenen Ländern keinerlei Illusionen über ihre Eignung für diese Art Geschäft. Deshalb sind sie, wann immer ein solcher Krieg ausbricht, vorwiegend unter den Flüchtlingen zu finden.

Von allen menschlichen Aktivitäten ist der Krieg die weitaus brutalste und gefährlichste. Entgegen allen feministischen Behauptungen stellt er auch die höchsten körperlichen Ansprüche – was bedeutet, dass Frauen hier wie bei keiner anderen Aktivität den Männern gegenüber im Nachteil sind. Es ist deshalb verbrecherisch, Frauen tatsächlich an Kampfeinsätzen zu beteiligen – selbst wenn es nicht unpraktisch wäre (da solche Kampfsituationen oft engste Kooperation unter dem eingesetzten Personal erfordern). Im Gegensatz zu ihren Schwestern in den hoch entwickelten Ländern, die ein halbes Jahrhundert ununterbrochenen Friedens genossen und deshalb nicht den leisesten Begriff davon haben, was Krieg wirklich bedeutet, wissen dies die Frauen in den kriegsverwüsteten Entwicklungsländern nur allzu genau. So gut sie nur können, halten sie sich fern.

4.

Ich bin der festen Überzeugung, dass die Debatte um die Feminisierung des modernen Militärs auf einem Missverständnis beruht. Nämlich dem, dass die Frauen hier »Fortschritte« machen. Tatsächlich erleben die betreffenden Militärapparate einen Niedergang, der schon vor einem halben Jahrhundert begonnen hat. Natürlich gibt es Abweichungen von einem Land zum andern. Manche dieser Variationen sind kulturell bedingt, andere geopolitisch und militärisch. Zum Beispiel kann sich Schweden, das seit zweihundert Jahren keinen Krieg mehr geführt hat, anders verhalten als Frankreich, das sich zur Erfüllung seiner Verpflichtungen in der Dritten Welt immer noch die exklusiv männliche Fremdenlegion hält. Die Niederlande, die im Umkreis von tausend Meilen hinter ihren Grenzen keinen Feind haben, können hier weiter gehen als Pakistan, das an einen Staat mit Großmachtaspirationen grenzt.

Alles in allem kann man sagen, dass in dem Maße, in dem das Militär oder einzelne seiner Einheiten als Kriegsmaschine unwichtig werden, sich Möglichkeiten für Frauen eröffnen. Sei es auch nur, weil die Forschung gezeigt hat, dass ein Kampfeinsatz das Letzte ist, was die meisten Frauen beim Militär wollen[30]. Je mehr Frauen an ihm beteiligt sind, desto weniger ist ein Militärapparat in der Lage, als ernsthafte Kriegsmaschinerie anzutreten. Und tatsächlich zahlt jede Armee, die hier den weitesten Weg zurückgelegt hat – die amerikanische –, bereits den Preis für die Torheit der Politiker und Wähler, weil der innere Zusammenhalt leidet, die Ausbildung fast unmöglich wird und einige von den besten Leuten durch Anschuldigungen »sexueller Belästigung« (die berechtigt sein können oder nicht) aus dem Dienst gedrängt werden.[31] Kein Wunder, dass Ende 1999 alle Zweige der Streitkräfte der USA außer den Marines (die nur etwa halb so viel Frauen haben wie die anderen, und die als einzige auf einer getrennten Grundausbildung bestehen) ihre Rekrutierungsziele nicht erreicht haben.

Was den augenblicklichen Konflikt in Afghanistan betrifft, so herrscht folgende Situation: Jeder der vier amerikanischen Flugzeugträger, die an der Operation Unlimited Freedom beteiligt sind, hat eine Besatzung von etwa 5000 Soldaten – darunter 500 Frauen. Fast alle Frauen sitzen auf relativ komfortablen Posten im Schiffsinnern, wo sie Post sortieren, Anrufe beantworten, verschiedene elektronische Geräte bedienen usw. Dagegen werden alle vier Schiffe von Männern kommandiert. Unter den etwa 1200 Piloten (die einzigen, die im engeren Sinne an »Kampfhandlungen« teilnehmen), befinden sich weniger als zehn Frauen. Sehr wenige Frauen, vielleicht gar keine, sind unter den technischen Crews, welche die Knochenarbeit der Reparaturen, der Wartung, des Auftankens der Flugzeuge machen, ihre Waffensysteme laden und die Maschinen in die Luft katapultieren. Bei den Spezialeinheiten schließlich, die innerhalb Afghanistans operieren, findet man gar keine Frauen.

Jeden Tag mehr werden die regulären Streitkräfte der meisten hoch entwickelten Länder zu Ordnungshütern gemacht, deren Aufgabe – wenn sie überhaupt noch eine haben – darin besteht, als Friedensschützer für die UNO zu arbeiten. Diese Länder, die mit keiner ernsthaften Kriegsdrohung mehr konfrontiert sind, übertragen die Aufgabe, sich Tag für Tag um Recht und Gesetz zu kümmern, mehr und mehr der Sicherheitsindustrie.

Andererseits findet die gesamte ernsthafte Kriegführung, die es noch auf dem Planeten gibt, heute in der Dritten Welt statt, wo etwa achtzig Prozent der Menschheit leben. Ob sie nun aus Söldnern oder regulären Truppen bestehen – die Streitkräfte, die diese Kriege führen, sind wie eh und je fast ausnahmslos männlich. So ist jeder Fortschritt, den die Frauen beim Militär (und ich vermute fast, nicht nur dort) zu machen scheinen, eine große Illusion. Angesichts dessen, was die Alternative sein könnte, ist es vielleicht auch besser so.

Aus dem Englischen von Joachim Kalka

Anmerkungen

1 Siehe vor allem Jeanne Holm, *Women in the Military, an Unfinished Revolution*, Novato, Ca., 1992 (Presidio); ferner L. D. Meyer, *Creating GI Jane: Sexuality and Power in the Women's Army Corps*, New York 1996 (Columbia University Press), S. 1–2, 5.

2 Zur Verbindung zwischen Krieg und Männlichkeit herstellte, siehe G. L. Mosse, *Fallen Soldiers: Reshaping the Memory of the World Wars*, Oxford 1990 (Oxford University Press), S. 59–62. Siehe auch B. Spackman, *Fascist Virilities: Rhetoric, Ideology, and Social Fantasy in Italy*, Minneapolis 1996 (University of Minneapolis Press), Kapitel 1.

3 Die bei weitem größten Kontingente waren die großbritannischen (80 000) und die amerikanischen (30 000). Genaue Zahlen bei N. Loring Goldman (Hg.), *Female Soldiers – Combatants or Noncombatants?*, Westport, Ct., 1982 (Greenwood Press), S. 29, und Jeanne Holm, op. cit., S. 10–11.

4 Darunter 800 000 sowjetische, 350 000 amerikanische und 300 000 britische Frauen. Zahlen nach D'Ann Campbell, »Servicewomen in World War II«, in: *Armed Forces and Society*, 16, 2, Winter 1990, S. 252–270.

5 Die Gesamtzahl all derer, die durch die sowjetischen Streitkräfte hindurchgingen, betrug 34 700 000: Viktor Suworow, *Der Tag M*, 2. Auflage Stuttgart 2000; vgl. Moskau 1994 (ACT), russischer Text, S. 476.

6 S. Aleksijewitsch, *Der Krieg hat kein weibliches Gesicht*, Hamburg 1989, S. 178–179.

7 Unter der Voraussetzung, dass es für jedes produzierte Flugzeug einen Piloten gab; vgl. H. Boog, »German Air Intelligence in the Second World War«, in: M. I. Handel (Hg.), *Intelligence and Military Operations in World War II*, London 1990 (Cass), S. 354.

8 Zu Jugoslawien vgl. B. Yancar, »Yugoslavia: War of Resistance«, in: N. Loring-Goldman (Hg.), op. cit., S. 85–105; zu Italien A. Bravo, »Donne e armi. La resistenza come punto di svolta?«, in: F. Battistelli (Hg.), *Donne e Forze Armate*, Mailand 1997 (Angeli), S. 116–128; zu Frankreich Shelly Saywell, *Women in War*, New York 1985 (Viking), S. 42 ff.

9 Vgl. D. D. Eisenhower, *Crusade in Europe*, New York 1948 (Doubleday), S. 132–133.

10 A. E. Griesse and R. Stites, »Russia: Revolution and War«, in: N. Loring-Goldman (Hg.), op. cit., S. 78 ff.

11 Vgl. jüngst M. van Creveld, »Armed But Not Dangerous: Women in the Israeli Military«, in: *War in History* 7, 1. Januar 2000, S. 82–98.

12 Siehe Holm, op. cit., Kapitel 15; W. H. Breuer, *War and American Women*, Westport, Ct.,

1997 (Prager), S. 79; J. Ebbert und M. B. Hall, *Crossed Currents: Navy Women from WWI to Tailhook*, Washington 1993 (Brassey's), S. 160–161, 168, 222–223; J. J. Mansbridge *Why We Lost the Era*, Chicago 1986 (University of Chicago Press), S. 72; B. Mitchell, *Women in the Military: Flirting With Disaster*, Washington 1998 (Regnery), S. 24–25.

13 Zitiert bei Judith Hicks Stiehm, *Arms and the Enlisted Woman*, Philadelphia 1989 (Temple University Press), S. 55.

14 Japan: K. M. Wiegand, »Japan: Cautious Utilization«, in: Loring Goldman (Hg.), op. cit., S. 184, 187; Australien: V. H. Billington, »Broadening the Recruiting Base for ARA Soldiers«, in: *Fort Queenscliff Papers*, 1991, S. 56–57; Schweden: Kurt Tornqvist, »Sweden, the Neutral Nation«, in: Loring Goldman (Hg.), op. cit., S. 208; Griechenland: J. Brown und C. Savilios-Rothschild, »Greece: Reluctant Presence«, ebd., S. 168; Großbritannien: Christopher Dandeker, »New Times for the Military«, in: *British Journal of Sociology*, 45, 4, Dezember 1994, S. 649; Niederlande: Loes van Tuyl, »Vrouwen tegen Vergrijzing«, in: *ARMEX*, Dezember 1997, S. 16; Belgien: Seidler, *Frauen zu den Waffen?*, S. 243; Bundesrepublik: ebd., S. 223.

15 Dazu vor allem Stiehm, op. cit., 123 ff.

16 Francke, *Ground Zero: The Gender Wars in the Military*, New York 1997 (Simon & Schuster), S. 134, 136.

17 Zahlen für die USA, Großbritannien, Norwegen und die Niederlande (1980) nach Enloe, »Women in NATO Militaries«, S. 330–331. Die Zahl für Frankreich von mir berechnet auf der Grundlage von J. Boulegue, »›Feminization‹ and the French Military: An anthropological approach«, in: *Armed Forces and Society*, 17, 3, 1991, S. 343–362.

18 *Bundeswehr Aktuell*, 6. 3. 2000, S. 6; ZDF 21. 3. 2000.

19 Vgl. Creveld, *The Sword and the Olive*, Kapitel 15.

20 L. L. Miller, »Il caso americano«, in: Battistelli (Hg.), op. cit., S. 301, Tabelle 1.

21 N. South, *Policing for Profit: The Private Security Sector*, London 1989 (Sage).

22 *Der Spiegel* Nr. 46/1996, S. 37; ferner Jean d'Heur, »Von der Gefahrenabwehr als staatlicher Angelegenheit zum Einsatz privater Sicherheitskräfte«, in: *Archiv des öffentlichen Rechts* 119, 1. März 1994, S. 107–136.

23 *Auckland Herald*, 27. 6. 1997, S. 1.

24 Einige relevante Zahlen für die USA bei B. R. Reskin und P. A. Roos, *Job Queues, Gender Queues: Explaining Women's Inroads into Male Occupations*, Philadelphia 1990 (Temple University Press), S. 61.

25 Beispielsweise befand sich in einer Gruppe von etwa vierzig Flugsicherheitsexperten mittleren Ranges, vor denen der Autor einmal einen Vortrag hielt, genau eine Frau.

26 Vgl. die kurze Diskussion bei D. Shearer, »Private Armies and Military Intervention«, in: *Adelphi Paper* 316, London 1998.

27 M. Kaldor, *New and Old Wars: Organized Violence in a Global Era* (Oxford, Polity Press), S. 49.

28 A. J. Venter, »Today's Dogs of War«, in: *Soldier of Fortune*, August 1998, S. 55–56.

29 Die Informationen wurden zur Verfügung gestellt von Dr. Sergej Rogov, Leiter des US-Canada Institute und Berater des Duma-Ausschusses zu Fragen der Verteidigung und Außenpolitik (Bonn 22.–23. 9. 1999).

30 Siehe Stiehm, op. cit., S. 100; *Newsweek*, 5. 8. 1999; Mitchell, op. cit., S. 77–78; Miller, *Feminism and the Exclusion of Army Women from Combat*, Harvard University, John M. Olin Institute for Strategic Studies, ca. 1998, S. 19.

31 Siehe Mitchell, op. cit., passim; ferner jüngst S. Guttman, *The Kinder, Gentler Military: Can the US Armed Forces Still Fight?*, New York 2000 (Scribner's).

32 *USA Today*, 23. 10. 1999.

Wolfgang Sofsky
Kriegsbilder

Einer der Aufrührer holt gerade zum Stoß mit dem Dolch aus. Blut tropft ihm von der Nase auf Brust und Hemd. Sein Gefährte will mit der Lanze zustechen, als ihn das Bajonett in den Unterleib trifft. Gegen das Militär ist wenig auszurichten. Schulter an Schulter rücken die Soldaten vor, den Tornister umgeschnallt, das Gewehr im Anschlag. Einen düsteren Schatten wirft ihre dichte Reihe auf den Boden. In den Gesichtern der Rebellen spiegeln sich die Gefühle des Kampfes: Wut, Trotz, starre Entschlossenheit. In der Bodenmulde erkennt man den Kopf eines Angreifers, der mit gezücktem Messer auf einen liegenden Soldaten loszugehen scheint. Ein anderer sticht mit dem Säbel auf einen knienden Feind ein, während eine Frau die Männer zum Angriff anfeuert. »Mit oder ohne Grund« kommentiert Goya diese Radierung aus den »Desastres de la guerra«. Nach dem Frontispiz ist es das erste Bild, das die Gewalt des Krieges zeigt.

Auf dem nächsten Blatt hat sich die Lage umgekehrt, doch Goya notiert: »Lo mismo« – »Dasselbe«. Der Aktion folgt die Vergeltung. Ein Bauer hockt rittlings auf einem Soldaten und stößt ihm das Messer in den Rücken. Ein anderer schwingt die Axt über dem Kopf, um einem Soldaten den Schädel zu spalten, der vergeblich mit bloßer Hand den tödlichen Schlag abzuwehren sucht. Die Tobsucht verzerrt das Gesicht des Schlächters zur Fratze. Es ist, als wolle er das Leben selbst in Stücke hauen. Doch sein Blick spricht nicht von der Freiheit des anderen Zustands. Das Leben, das er gerade zerstört, blickt angstvoll aus ihm selbst hervor. »Dasselbe« – Gewalt und Grausamkeit, mit oder ohne Grund, finden sich auf beiden Seiten, bei den französischen Besatzungssoldaten wie bei den spanischen Rebellen.

Auf den folgenden Blättern verschieben sich die Themen. Oft ist gar nicht auszumachen, wer die Opfer sind: Patrioten, Kollaborateure, Okkupateure? Man sieht Frauen, die ihre Ehre verteidigen. Sie geben Mut, aber sie kämpfen auch wie die Bestien, kommentieren die Bildlegenden. Man erkennt fliehende Reiter, deren Herkunft unbestimmt bleibt; einen Mann, der sich über einem Leichenhaufen erbricht; einen anderen, auf einem Baumstumpf aufgepfählt. Vergewaltigungen, Exekutionen, aufgehängte und zerstückelte Körper, Plünderungen, Lynchaktionen, Leichenfledderei – die Gewalt des Krieges beschränkt sich nicht auf den Kampf. Sie lässt alle Regeln der Wechselseitigkeit hinter sich, tilgt die Trennlinie zwischen Kombattant und Zivilist, zwischen Soldat und Marodeur, zwischen Patriot und Barbar. In der Bestialität sind alle gleich.

Schließlich verschwinden die Gewalttäter aus dem Bild, der Blick wechselt ganz zum Leiden der Opfer, zu den Hungernden und Toten. Kennte man nicht den historischen Anlass, die Tracht der Bauern und die Uniformen der napoleonischen Füsiliere und Dragoner, die Szenen des Krieges könnten überall stattfinden. Kein Hinweis auf Ort und Zeitpunkt, auf Ursache, Grund oder Zweck. Die Welt zieht sich in neutrale Gleichgültigkeit zurück. Die Opfer bleiben sich selbst überlassen. Goya löst die Schrecken des Krieges aus der Geschichte. Das Blutbad, der Furor, Hunger und Tod, dies sind universale Merkmale des Krieges. Was Goya zeigt, ist Kriegsgewalt an sich, pure, absolute Gewalt. Sie hat keinen Sinn als sich selbst. Die Ordnung der Ziele und Mittel, der Ursachen und Wirkungen ist aufgehoben. Es gibt keine Sieger und keine Besiegten, nur noch chaotisches Gemetzel, Kauernde, Liegende, Tote, Leichenkarren.

Goyas Radierungen sind illusionslos, weil sie die Folgen des Krieges nicht in den Fortgang der Geschichte einfügen. Der Zeitenabstand mildert nichts ab und rettet daher auch keine Hoffnungen. Nur weil die Blätter den historischen Kontext hinter sich lassen, erlangen sie universale Wahrheit.

Wären sie nur Dokumente von Goyas Zeitgenossenschaft, Reportagen eines Augenzeugen, so wären sie lediglich von historischem Interesse. Doch Goya blieb von 1808 bis 1813, den Jahren des Freiheitskrieges, fast die gesamte Zeit in Madrid. Nur ein kurzer Ausflug nach Zaragoza und ein Fluchtversuch nach Piedrahita unterbrachen die lange Zeit, in welcher der Maler den wechselnden Herrschern diente und seine Freundschaften nach beiden politischen Seiten aufrechterhielt. Allenfalls einige Hunger- und Fluchtszenen sah er mit eigenen Augen. Die Bilder der Grausamkeit indes sind allesamt Ausgeburten der Einbildungskraft, angeregt vielleicht durch Zeitungslektüre oder mündliche Berichte. Nicht Erfahrung und Beobachtung, sondern die Imagination ist die Quelle dieser Kunstwerke, jene grundlose Vorstellungskraft, die sich keine Grenzen setzen lässt.

Dass Goya mit der Tradition des höfischen Schlachtenpanoramas bricht und die Ereignisse in Halbdistanz zeigt, markiert keineswegs nur eine ästhetische Zäsur. Im spanischen Guerillakrieg fanden gar keine Schlachten statt; kein Hügel bot einem Feldherrn und seinem Gefolge einen freien Überblick. Goyas Bilder schildern einen Kleinkrieg, der keine Gefechte kennt, sondern nur Überfälle, Scharmützel, Massaker, Exekutionen und Torturen. Das Genre des Schlachtengemäldes verbot sich daher von vornherein.

Aber Goya meidet auch die Totalansicht, wie sie Jacques Callot in der Radierungsserie »Grandes misères de la guerre« benutzt hatte. Die Untaten der Soldateska sind ähnlich, auch die Rache der Bauern. Doch Callot bevölkert die Szenen mit einer Unzahl winziger Figuren: Mehrere Kolonnen mit Dutzenden von Landsknechten marschieren gleichzeitig auf, 22 Kriegsverbrecher hängen an dem Galgenbaum. Goya zeigt stets nur eine Szene, und zuweilen erhalten die Figuren sogar ein individuelles Gesicht. Für die bildliche Darstellung der Gewalt bietet die Halbdistanz einen wesentlichen Vorteil. Sie zeigt die Situation insgesamt, ohne die physischen Einzelheiten direkt vor Augen führen zu müssen. Selbst in den grausigsten Szenen hält Goya auf Abstand. Der Betrachter steht keineswegs in greifbarer Nähe daneben. Goya wahrt die Ganzheit der Szene und übergeht zugleich das Detail. Die Armstümpfe sind säuberlich abgetrennt, der gepfählte Männerkörper ist so mit dem Baum verwachsen, dass Rumpf und Stamm eine ästhetische Einheit bilden. Auch auf dem ersten Kampfbild sind blutende Verletzungen kaum kenntlich, keine Wunden, keine aufgerissene Bauchdecke, kein hervorquellendes Gedärm, keine Entstellung der menschlichen Figur. So weit ist Goya vom Geschehen entfernt, dass die Ereignisse in der Bodenwelle des Mittelgrundes zu verschwinden drohen. Von der leiblichen Empfindung ist die Imagination der Gewalt weit entfernt.

Während der Betrachter durch den Abstand geschützt bleibt, sind die Bildfiguren dicht nebeneinander gerückt. Zwar zerteilt der Kampf den Bildraum in zwei konträre Welten: hier die ausfahrenden Gesten und Gefühle der barhäuptigen Rebellen in den abgerissenen Kleidern, dort der gesichtslose kompakte Trupp der Uniformierten mit Tschako, Mantel, Säbel und Gepäck. Doch die Parteien stehen sich so eng gegenüber, dass sie einander bei der Benutzung der Waffen geradezu behindern. Ungelenke Bewegungen vollführen sie, Gesten und Posen, die jeder Anatomie der Körperkraft widersprechen. Der Messerstecher holt so weit aus, dass er seinem Angriff unmöglich die nötige Wucht mitgeben kann. Sein Gefährte führt die Lanze quer vor dem Oberkörper. Nicht dem Gegner, sondern dem Betrachter wendet er sich zu. Er hat kaum Raum, um zu einem energischen Stoß auszuholen.

Die Soldaten wiederum wirken wie ein Peloton, das zu einer Erschießung angetreten ist. Sie halten das Gewehr im Anschlag, obwohl sie nicht feuern, sondern einen Bajonettangriff vortragen, bei dem man jedoch gewöhnlich das Gewehr wie eine Lanze seitlich in Hüfthöhe führt, um überhaupt zustoßen zu können. Dieser anonyme Gewaltkörper des Pelotons findet seine Parallele in Goyas berühmtestem Gemälde von den Erschießungen in der Nacht des 3. Mai 1808. Auch hier sind die Gewehrmündungen kaum mehr als eine Armlänge von den Todeskandidaten entfernt. Goya zeigt die Fernwaffe als Instrument des direkten physischen Gegeneinanders. Wie er die Erschießung als Nahkampf zwischen individueller Geste und uniformer Übermacht präsentiert, so stellt er umgekehrt den asymmetrischen Kampf der Messer und Lanzen gegen die Bajonette wie eine Exekution dar.

Goyas Kriegsbild ist vom Realismus der Reportage mithin weit entfernt. Es ist eine Erfindung der Einbildungskraft. Die »Desastres« sind Variationen der Phantasie über die menschliche Grausamkeit, Albträume von der schwarzen Seite des Gattungswesens. Nicht umsonst endet die Serie mit den fünfzehn Platten der »Caprichos enfáticos« im Stile der früheren »Caprichos«. Sie zeigen die Schrecknisse des schlechten Friedens nach dem Sieg der Restauration über die französische Besatzung. Die klerikale Reaktion wird angeprangert als eine Herrschaft von Vampiren, Wölfen, Scharlatanen. Der Krieg um die Freiheit war umsonst. Der Kampf hatte keinen Sinn. Davon spricht das letzte Blatt der Kriegsbilder.

Aus dem Dunkel tauchen Spukgestalten auf, Masken, Geziefer. Eine der Ausgeburten trägt die Waage der Gerechtigkeit. Sie neigt sich weiterhin nur einer Seite zu. Nach dem Krieg wird die Welt nur von einer anderen Form der Gewalt und Ungerechtigkeit beherrscht. Eine andere Spukgestalt fährt, das Maul keifend geöffnet, auf einen halbverwesten Leichnam am Boden zu. Sein eingesunkener Oberkörper ragt aus der Erde hervor, das Skelett dringt von innen durch die Haut. Seine Hand hält eine Feder, deren Spitze einen Zettel berührt, auf dem gekritzelt steht: »Nada«. Auf einem Probedruck für einen Freund hatte Goya als Legende notiert: »Nada. Ello dice« – »Nichts, er sagt es«.

Otto Dix kannte den Krieg aus eigener Erfahrung. 1914 meldete er sich sofort freiwillig, kam aber erst nach einem Jahr Ausbildung an die Westfront. Als Führer eines MG-Trupps kämpfte er in Frankreich, Russland und in Flandern, wurde mehrfach dekoriert und im August 1918 durch einen Granatsplitter am Hals verwundet. In den Gefechtspausen war er unablässig mit Zeichnen beschäftigt. Auf über 600 Feldpostkarten, Kohlezeichnungen, Aquarellen und Gouachen hielt er fest, wie er das kosmische Szenario des Stellungskrieges sah: spitze oder gereihte Formen in diagonaler Spannung, plastische Kuben, heftige, einander durchringende, zersplitternde Linien. Die Oppressionen des Krieges schärften den durch Futurismus und Expressionismus geprägten Sinn für die Bewegung, die Auflösung und Zerstörung der Formen. Das Kriegserlebnis und die Ausdruckssprache des Künstlers verstärkten sich wechselseitig.

Von dieser Sichtweise ist Dix rasch abgekommen. Manchmal erschaffen Erinnerung und Imagination präzisere Bilder als die sinnliche Wahrnehmung. Das Gemälde »Der Schützengraben« von 1923 und der Radierzyklus »Der Krieg« von 1924 zeigen in veristischer Detailtreue Szenen des Grauens: von Granatblitzen erleuchtete Kraterlandschaften, Ruinen, Pferdekadaver, vermodernde Schädel, von Geschossgarben durchsiebte Körper, ein verwester Leichnam, auf Stahlträgern aufgespießt. Es sind Bildnisse dramatischer Deformation. Obwohl von Dix als »wahrhaftige Reportage des Krieges« gemeint, übersteigt ihr Gehalt den deskriptiven Dokumentsinn bei weitem. Auch Dix' Kriegsbilder entspringen zuletzt der Einbildungskraft. Sie ordnete die sinnlichen Eindrücke der Vergangenheit, den Gestank, den Krach, die Erinnerungsfetzen und Albträume, welche den Veteranen noch nach Jahren plötzlich überkamen.

Von den fünfzig Radierungen des Zyklus zeigen lediglich vier Blätter Situationen des Kampfes oder dessen Vorbereitung. Die allermeisten Bilder haben die Folgen des Krieges zum Thema: verwundete, sterbende, tote Soldaten, Granatlöcher, Feldgräben, Schlammgräber. Eine Radierung zeigt einen Luftangriff auf die französische Stadt Lens, andere das Etappenleben mit Prostituierten. Die Serie schildert die Zerstörung des Körpers, der Seele und der Moral, der Landschaft, der Welt. Es sind Lehrstücke über die Destruktivkraft des Krieges.

In einem gewaltigen Krater steigen acht Soldaten einen steilen Abhang hinab. Zahllose Gefechte haben in dem Trichter bereits stattgefunden. Der Krater ist weit größer, als ihn eine einzelne Granate jemals in die Erde reißen könnte. Rechts ragt noch ein Baumstumpf über den Rand hinaus, daneben Reste von Stacheldraht, das zerbrochene Rad eines Munitionswagens steckt im Boden. Mühsam arbeiten sich die Soldaten voran, sie sind schwer bepackt mit Munition, zusammengerollten Mänteln, Gasmasken, Handspaten, Kochgeschirr. Zwei von ihnen tragen die beiden Maschinengewehre, die anderen schleppen die Munitionskästen und Stielhandgranaten, der letzte Mann hat sich den Karabiner quer vor die Brust gehängt, um die Hände zum Tragen frei zu haben. Der Transport der Waffen ist physische Schwerstarbeit. Die Soldaten, allesamt von massiver Statur, sind die Handarbeiter des Maschinenkrieges. Doch ihre Gesichter sind keinesfalls gleichförmig. Einer von ihnen saugt an einer erkalteten Pfeife, der Anführer, vermutlich Dix selbst, hat das Kinn vorgeschoben und die Lippen zusammengekniffen, der Munitionsträger am unteren Bildrand starrt mit aufgerissenen Augen in den Abgrund, die Figur im Zentrum ist von blankem Entsetzen gepackt.

Die Soldaten sind nicht in unmittelbarer Gefahr. Sie bewegen sich nicht so, als seien sie unter akutem Beschuss. Schwerfällig stapfen sie voran, jeder Schritt kostet Kraft, widerstrebend treten die Füße auf den weichen, nachgebenden Untergrund, kniehoch sinken die Männer ein, nicht im Schlamm oder Morast, sondern in einem Berg verwesender Körper. Es ist nicht so, dass der Boden des Abhangs mit einigen Leichen bedeckt wäre. Die Toten sind der Boden, sind der Grund des Krieges. Die Erde besteht nur aus Toten. Die Stiefel treten auf Köpfe, Beine, aufgedunsene Leiber. Der MG-Trupp marschiert über Leichen hinweg. Der Schauplatz ist ein vieldeutiger Ort. Ist es ein riesiger Krater inmitten des Niemandslands, wo Tausende bei früheren Angriffen und Gegenangriffen gestorben sind; ist es der Abhang eines Leichenbergs oder der weite Schlund, der hinabführt in die Hölle?

Die Toten waren im Grabenkrieg allgegenwärtig. Wolken von Fliegen ließen sich auf den Kadavern nieder, von Menschenfleisch gemästete Ratten bevölkerten die Unterstände. Zeltplanen verdeckten abgetrennte Körperteile im Lehm der Grabenwände. In den Sandsäcken der Brustwehren fanden sich Leichenteile voller Maden wieder, welche die Arbeitstrupps beim Schanzen versehentlich mit eingefüllt hatten. Der Granatbeschuss zerwühlte die Erde und brachte immer wieder abgerissene Beine und Schädel zum Vorschein. Der Vormarsch über das Niemandsland war gesäumt von den Überresten der Toten früherer Angriffe. Der Sprung in die Deckung eines frischen Trichters endete manchmal direkt neben einem gerade hochgepflügten Torso. Dutzende von vermodernden Leichen konnten auf engstem Raum im Erdreich verborgen liegen und durch einen Volltreffer wieder ans Tageslicht zurückkehren. Was auf Dix' Radierung wie eine grausige Metapher des Kriegsschreckens aussieht, war an den heftig umkämpften Abschnitten der Westfront durchaus Realität.

Die Toten hat Dix in weißlichem Grau schraffiert, die Lebenden mit kräftigen schwarzen Strichen gezeichnet. Trotz des grausigen Ortes sind die Soldaten von eigentümlicher Vitalität. Ihre Körper sind voluminös, die Arme wirken wie ausgestopft. Der Pfeifenraucher mit den aufgeblasenen Backen könnte einer Karikatur entstammen. Vielleicht folgt der Trupp der ersten Angriffswelle durchs Niemandsland, um von einer eroberten Feindstellung aus das Terrain zu sichern; vielleicht soll er die Besatzung eines vorgeschobenen MG-Nestes ablösen oder unbemerkt inmitten der Einöde eine neue Stellung beziehen. In den großen Schlachten, die an der Grabenfront ausgefochten wurden, gehörten die MG-Schützen zu den effektivsten Kampfeinheiten. Wenn der Gegner in breiter Frontlinie über das Niemandsland angriff, konnten einige günstig postierte MG-Nester einen ganzen Abschnitt halten. Hunderte, Tausende von Angreifern konnten sie in wenigen Minuten regelrecht niedermähen, ohne dass ein Gegner auch nur auf Wurfweite herangekommen wäre. Unzählige Sturmangriffe scheiterten an der defensiven Übermacht der Maschinengewehre. Ganze Bataillone verschwanden im Niemandsland, während die paar Männer der MG-Trupps die Schlacht überlebten. Dix' kleine Radierung rückt nicht die Opfer des Krieges in den Mittelpunkt, sie zeigt eine kleine Schar Überlebender, die zum nächsten Gemetzel vorrückt.

Der Gestank von Verwesung liegt in der Luft. Um sich nicht an den Keimen anzustecken, haben sich die Soldaten einen Mundschutz umgebunden. Der Arzt hat dünne Plastikhandschuhe übergestreift, an der Schlaufe des linken Tragegurtes steckt eine Schere. Auf dem trockenen Boden liegen Plastiksäcke, ein offener Karton, eine blaue Flasche, ein Zettel, der Schnürstiefel. Der Soldat trägt eine Tarnuniform der Armee, die Taschen am Gürtel sind mit Gewehrpatronen gefüllt. Von der Randfigur sieht man lediglich einen Unterarm und die Füße. Sie stecken in blauen Ballerinas. Die Helferin ist eine Frau aus der Gegend. Die beiden Männer streifen dem Toten eine frische Uniform über. Die Hose sitzt schon, nun zupft der Soldat ihm den Ärmel über den Unterarm. In der neuen Uniform wird man ihn zur Bestattung bringen. Unter dem Kopf ist ein kleiner Blutfleck im Staub zu erkennen.

Der Körper des toten Soldaten ist unversehrt, doch Hals und Kopf sind grässlich entstellt. Jemand hat den weißen Schädel aus der Haut herausgeschält. Die Augäpfel sind nach unten gedreht, ein tiefer Riss durchzieht den Vorderschädel. Einzelne Muskelreste hängen noch an der Schläfe, unter den Augenhöhlen, der Nasenspitze, an den Wangenknochen. Auch das Zahnfleisch wurde nicht ganz entfernt. Der Schmerz hat den Mund weit aufgerissen, zwischen den bleckenden Zahnreihen schimmert noch dunkelrot die Zunge.

Nicht mit dem Skalpell des Vivisekteurs wurde das Opfer traktiert. Mit einem Kampfmesser hat man Schnitte am Hals angebracht und dann mit der Hand die Kopfhaut abgerissen. Nicht den makabren Totenkopf eines Skeletts wollten die Sieger hinterlassen, sondern einen »lebenden« Totenschädel. Mit Absicht hat man die Augen, die Fenster zur Seele, nicht herausgedrückt. Das Opfer wurde gehäutet, sein Inneres bloßgelegt, in einen Zustand zwischen Leben und Tod versetzt. Wir wissen nicht, wie lange der Soldat die Tortur ertragen musste, wie lange er den viehischen Schmerz gespürt hat. Mit höhnischem Gelächter müssen die Täter sein Geschrei quittiert haben. Ist es nicht ein grausamer Scherz, dem Menschen sein Antlitz zu rauben, die Anatomie des Kopfes am lebenden Objekt freizulegen?

Man hat James Nachtwey, der das Foto 1984 in Tejutepeque in El Salvador aufgenommen hat, vorgehalten, seine Bilder überwältigten den Betrachter derart, dass sie der Interpretation keinen Raum mehr ließen. Daran ist so viel wahr: Keine Erzählung vermag den Anblick des Entsetzlichen abzudämpfen, kein wohlfeiles Lamento über die Zerstörungskraft des

Krieges kann den Anflug von Ekel und Bestürzung abmildern, den das Bild auslöst. Doch die Vorwürfe gegen die detailgenaue Darstellung der Gewalt sind so altbekannt wie fadenscheinig. Als sei es die Aufgabe der Ästhetik, die Seele vor dem Unerträglichen zu bewahren, das Gemüt zu reinigen, Illusionen zu nähren, zur rechten Moral zu erziehen oder allem, auch dem Schlimmsten, noch einen Sinn anzudichten. Die Kritik der Ästhetik der Grausamkeit verwechselt die vermeintliche Obszönität des Bildes mit der Obszönität der Tatsachen. Anstatt die Wahrheit des Bildes auch nur in den Blick zu nehmen, verwechselt sie die Darstellung mit dem Dargestellten. In Sorge ums seelische Gleichgewicht des Betrachters verleugnet sie die Wirklichkeit der Gewalt und sucht nach einem Grund, wo es keinen gibt.

Das Foto verliert nichts von seiner Eindringlichkeit, wenn man die Umstände seiner Entstehung studiert. Am Tag der Präsidentenwahl 1984 attackierten Guerilleros in der Nähe eines Wahllokals Regierungstruppen und töteten dreißig Soldaten. Tags darauf traf die Verstärkung ein und verpackte die teilweise verstümmelten Leichen in Plastiksäcke, bevor man sie zurück nach Hause schickte. In dem jahrelangen »schmutzigen« Kleinkrieg standen der Guerilla neben der Armee auch die berüchtigten Todesschwadrone gegenüber. In Tejutepeque ging die Schändung der Toten jedoch nicht auf das Konto der Folterknechte des Regimes, sondern auf das der Rebellen. Ob der zweite Totschlag als Akt der Vergeltung, der Einschüchterung oder des Protestes gemeint war, ist nicht bekannt.

Über die ästhetische Wirkung der Photographie gibt weder der Dokumentsinn noch die Haltung oder Intention des Photographen irgendeine Auskunft. Nachtwey, der hoch dekorierte Veteran der Kriegsphotographie, der seit zwanzig Jahren alle Kriegsschauplätze aufsucht, ist der Chronist jenes neuen, wilden Krieges, der nicht zwischen Staaten, sondern zwischen Banden, Marodeuren, Milizen oder Privatarmeen ausgetragen wird. Im Krieg kann jeder Reporter getötet werden, weil er Menschen photographiert, die einander töten. Im wilden Krieg jenseits aller Regeln und Konventionen ist die Lage noch ungleich gefährlicher. Wenn jeder gegen jeden kämpft, gibt es keine Frontlinie, an deren Verlauf man sich orientieren könnte. Über Nachtweys asketische Disziplin, seine Reflexe und Courage kursieren Legenden. In Interviews wird er nicht müde, seine Mission zu betonen. Seine Bilder sollen berühren und aufrütteln, die öffentliche Meinung aufschrecken und dadurch den Druck zur politischen Intervention steigern. Doch im krassen Gegensatz zu Nachtweys Glauben an die Aufgabe des Augenzeugen steht die Qualität seiner Photographien. Sie sprechen weniger von der Notwendigkeit des Appells als von der Sinnlosigkeit der Ereignisse.

Nachtwey bevorzugt das Weitwinkelobjektiv, um in die unmittelbare Nähe eines Ereignisses zu gelangen. Nur ein paar Schritte, manchmal nur eine Handbreit ist der Photograph von einem Schusswechsel, vom Einschlag der Projektile, von einem Verletzten oder Toten entfernt. Während die Halbdistanz einen Standort jenseits der Situation gestattet, zieht die Nahaufnahme den Betrachter in die Situation hinein. Obwohl mit dem Weitwinkel das menschliche Blickfeld extrem ausgedehnt wird, erscheint nicht mehr jeder Anwesende als vollständige, sondern als angeschnittene Figur. Trotz des erhöhten Standorts – Nachtwey stand vermutlich auf einem nahen Steinmäuerchen – zwingt das Foto von der Leichenbergung den Betrachter in eine fast taktile Nähe zum Geschehen.

Doch ist es zuletzt nicht die Technik der Distanzreduktion, die dem Foto seine schockierende Präsenz verleiht. Wider alle Diskurse über den konstruktiven Charakter der Photographie oder die Gestaltungsmacht des Mediums bezeugt das Bild die Eigenkraft der Realität. Es gibt eine Bewegung, die nicht vom Subjekt der Darstellung ausgeht, sondern von der Wirklichkeit der Gewalt. Sie entzieht sich der Willkür der Komposition und sprengt den Rahmen der Imagination. Einmal mehr eilt die Einbildungskraft der Realität menschlicher Grausamkeit hinterher. Es liegt in der Natur des Entsetzlichen, dass es den Menschen jählings überfällt und seinen Reizschutz durchstößt. Obwohl der Betrachter nur ein Bild anschaut und nicht den Verwesungsgestank in der Nase hat, erfasst ihn die Realität durch das Bildmedium hindurch. Es ist zwar nur eine milde Abschattierung wirklichen Entsetzens, aber selbst dieser Schock ruft unwillkürliche physische Reaktionen hervor: ein kurzer Atemstoß, eine leichte Übelkeit, der Impuls, den Blick abzuwenden, der magische Bann, der einen gefangen hält und erneut hinsehen lässt. Die ästhetische Wirkung des Fotos betrifft unmittelbar die Sinnlichkeit der körperlichen Empfindung.

Damit nicht genug. Der Anblick des Schädels zerrüttet auch das zivile Menschenbild. Er zerstört die beschauliche Vorstellung, die man sich nur zu gern von Kriegstoten zu machen pflegt: ein paar Körper auf dem Schlachtfeld oder in einem Graben verstreut, halb zur Seite gedreht wie Schlafende, die Gesichter unversehrt, in der Herzgegend ein blutiger Fleck. Der gehäutete Kopf hat auch nichts Groteskes an sich. Er gleicht nicht dem entstellten Gesicht, dem eine Explosion zufällig den Unterkiefer weggerissen oder die Wangenknochen zertrümmert hat. Der skalpierte Schädel ist vollständig. Er ist das Resultat einer Handlung von gezielter Brutalität. Mit Absicht wurde das individuelle Angesicht ausgelöscht. Was dem Betrachter entgegenstarrt, ist das innere Antlitz eines jeden Menschen, das Gesicht der Gesichter, der Tod selbst.

Kriegsbilder berichten von einer Welt, in der Kampf und Vernichtung regieren. Einst feierten sie die Tapferkeit der großen Helden, erzählten vom Zorn der Krieger, von großen Schlachten, verspotteten den Gegner und priesen den Ruhm des Feldherrn. Man sage nicht, dass die alten Formen der Huldigung in Zeiten des Patriotismus schon der Vergangenheit angehörten. Unter den Siegern sind sie so populär wie einst. Doch mittlerweile schildern Kriegsbilder auch das Schicksal der Zivilisten und einfachen Soldaten. Damit nähern sie sich der Wahrheit des Krieges. »Wirklich ist nur das Leiden«, bemerkte Géricault vor rund 200 Jahren. Doch Schmerz und Tod sind Folgen der Gewalt. Der Krieg ist kollektives Töten und Getötetwerden. Die Menschen ziehen in den Krieg, um zu töten. Diese Wahrheit haben Kriegsbilder noch immer vor Augen zu führen, ohne Rücksicht auf die Gemütslage der Rezipienten, die Ziele der Kriegsherren oder die betuliche Zensur der Behörden oder Medien. In polemischen Angelegenheiten ist Realismus das primäre Kriterium der Künste, sei es der Realismus der Erfahrung oder der Imagination.

Trutz von Trotha

Die Zukunft der Gewalt

I Der Aufstieg von Gewaltmärkten und die Erfindung des globalen Kleinkriegs

So wenig wie ›Kriegsherren‹, die man einst ›Kondottiere‹ genannt hat, sind Gewaltmärkte eine historisch neue Erscheinung. Ihr Raum sind die Ränder der Reiche und politischen Ordnungen, an die der Anspruch auf das Gewaltmonopol nicht heranreicht, oder die »gewaltoffenen Räume« (Michael Bollig, Georg Elwert), die sich am Beginn und am Ende der Entstehung und des Zerfalls von Staaten typischerweise auftun. Mit dem Aufstieg des Kleinen Krieges in der zweiten Hälfte des 20. Jahrhunderts ging die Ausbreitung der Gewaltmärkte einher. In der bipolaren Welt des Kalten Krieges der Supermächte UdSSR und USA blieben die Gewaltmärkte, welche in den Kleinen Kriegen entstanden, in die internationale Ordnung aber insoweit ›integriert‹, als die Supermächte die Kleinen Kriege vielerorts in der Form von ›Stellvertreterkriegen‹ zu Zwecken der Systemauseinandersetzung gebrauchten oder die beteiligten Zentralregierungen und die sie tragenden Herrschaftsgruppen so weit stabilisierten, dass den Zentralregierungen der Offenbarungseid des Staatszerfalls erspart blieb. Mit dem Ende des Kalten Krieges ist es damit vorbei. Mehr noch, die Gewaltmärkte haben im zerfallenden Jugoslawien und in den Folgekonflikten im Kosovo wieder Europa erreicht und werden zunehmend als das erfahren, was sie nach dem Wegfall der einzigartigen Bedingungen des Kalten Krieges sind: definitive Grenzen einer Globalisierung nach den managerialen, emanzipativen oder humanitären Blaupausen des Entwicklungsdiskurses und besonders des Exports des Verfassungsstaates, den die westlichen Entwicklungsagenturen mit den Programmen der Förderung der Menschenrechte und des Rechtsstaats, der Demokratisierung und Dezentralisierung sich vorgenommen haben.

Gewaltmärkte sind beispielhafter Ausdruck der Tatsache, dass entgegen den Behauptungen einer langen Tradition der modernen politischen Philosophie Gewalt ihre zweckrationalen Seiten hat. Neben den vielen Aspekten der Machtrationalität von Gewalt gehören dazu die ökonomische und soziale Zweckrationalität der Gewalt. Das gilt in besonderem Maße für das

›Unternehmen‹ Kleiner Krieg. Die Wirklichkeit des Kleinen Krieges ist die Wirklichkeit eines riskanten ökonomischen und sozialen Unternehmertums.

Ob Mohammed Farah Aided in Somalia, Riek Machiar im Sudan, Joseph Koney im Norden Ugandas, Charles Taylor in Liberia, Fodday Sankoh in Sierra Leone, Jonas Savimbi in Angola, Laurent-Désiré Kabila im Kongo, die Kriegsherren des libanesischen Bürgerkriegs, an den Rändern der zerfallenen UdSSR oder Afghanistans seit dem Kampf gegen die sowjetische Besatzung, für sie alle ist der Kleine Krieg sowohl eine ›Raubökonomie‹ als auch ein Markt, den sie zu ihrem materiellen Vorteil nutzen. Sie plündern die Ressourcen der Bevölkerung, oft ohne Rücksicht auf die wirtschaftlichen Folgen, die ihnen heute, wie Jean-Christophe Rufin treffend herausgearbeitet hat, der Markt der humanitären Hilfe mildert. Sie handeln mit Rohstoffen, Edelsteinen, Gold und anderen Kostbarkeiten, erheben ›Zölle‹ und ›Steuern‹, erpressen Lösegelder und bedienen sich großzügig der humanitären Hilfsgüter.[1] Zu den Haupthandelswaren gehören Waffen und Drogen, vom ostafrikanischen Qat über den Zwischenhandel des Balkans bis zum Opium Afghanistans und Heroin des ›Goldenen Dreiecks‹. Versklavung und ihre Variante, der Mädchenhandel, kommen hinzu. Es ist ein Handel, der die Kriegskassen und die Taschen der Kriegsherren und ihrer Soldaten füllt. Der Handel hat die Grenzen zwischen den Organisationen und Gruppen der ›Kämpfer‹ und der organisierten Kriminalität durchlässig gemacht, oft aufgehoben. Alles, was der Markt der organisierten Kriminalität produziert und handelt, ist auch eine Chance für die bewaffneten ›Jungunternehmer‹, reich zu werden und ökonomische Macht zu akkumulieren. Kriegsherren und Kämpfer nutzen die komparativen Marktvorteile, die der Handel mit illegalen Waren und insbesondere die Drohung und Anwendung von Gewalt auf dem Markt verschaffen. Auch wenn Gewaltmärkte Grenzen der modernisierenden Globalisierung markieren, sind sie Knotenpunkte von partiellen Globalisierungsvorgängen, die wir einerseits ›Globalisierung illegaler Märkte‹ andererseits ›Globalisierung von Hilfemärkten‹ nennen können.

Eng verbunden mit den ökonomischen Chancen sind die sozialen Chancen, die der Eintritt in bewaffnete Bewegungen vielen eröffnet. Der eine oder andere steigt nicht nur zum Kriegsherrn auf, sondern vermag, wie Kabila, Staatschef zu werden. Zwingenderweise gelingt solcherart Aufstieg nur Einzelnen. Für die vielen ist es die Chance zum Aufstieg in die Mittelklasse und über die politischen und militärischen Hierarchien der kriegerischen Bewegungen und Organisationen in die politischen und administrativen Eliten. Plünderung verschafft manchem das Startkapital für die Gründung von kleinen oder größeren Unternehmen und für die Rückkehr in das zivile Leben. Zahlreiche junge Kämpfer in den somalischen Auseinandersetzungen hatten mittels Plünderung Lastwagen an sich gebracht und versuchten, mit diesen Lastwagen zu gewöhnlichen Geschäftsleuten zu werden. Andere konnten so viel Beute machen, dass es für ein einträgliches Kaufmannsdasein reichte. Mancher schaffte es, sich als internationaler Zwischenhändler zu etablieren. Die Tüchtigsten der Raubökonomie und des gewalttätigen Marktes illegaler Güter steigen zu Armeeoffizieren und Regierungsmitgliedern mehr oder minder hohen Ranges, Direktoren von Finanzinstituten, internationalen Waffenschiebern oder »Drogenbaronen‹ auf. Zweifellos ist das ökonomische und soziale Unternehmertum, das die Gewalt befördert, riskant. Sein Grunderkapital ist die Bereitschaft seiner Unternehmer, die Gefahr einzugehen, selbst Opfer des Gewaltkults, getötet oder zum Schwerbehinderten zu werden, in einer Haftanstalt zu landen, in der darüber hinaus das Regelwerk des Rechtsstaats nicht gilt, oder nach wenigen Jahren sich im sozialen Aus wiederzufinden. Der Gewaltmarkt ist die Verbindung des unternehmerischen mit dem sozialen und dem tödlichen Risiko – und für viele tritt der Risikofall ein, unternehmerisch, sozial und existenziell.

Zu den folgenreichsten Erscheinungen der Gewaltmärkte gehört ihr jüngstes Produkt: der globale Kleinkrieg. Der historische Ort seiner Erfindung ist zweifelsohne spezifisch: die Verknüpfung zwischen der Welt der extrem komplexen Probleme des Nahen Ostens und des arabischen Nordostafrikas und ihrer Geschichte und Gegenwart von Gewaltmärkten mit der Geschichte und Gegenwart des Gewaltmarkts Afghanistans mittels eines djihadistischen Unternehmer- und Migrantentums – wenn wir einmal die offiziellen Verlautbarungen der westlichen Regierungen für bare Münze nehmen, dass Osama bin Laden und das Al-Qaida-Netzwerk für den Anschlag auf das World Trade Center verantwortlich sind. Aber als neue Kriegsform weist er über seine Entstehungsbedingungen hinaus und auf die ökonomischen, sozialen, kulturellen und politischen Zusammenhänge zurück, in die auch Gewaltmärkte eingebettet sind. Es ist ein Krieg, der aus einer neuartigen Verbindung unterschiedlicher Gewaltformen terroristischer und kriegerischer Art besteht. Eingebettet in die Geschichte des Attentats und des Terrorismus operiert der globale Kleinkrieg mit ›Anschlägen‹, die planmäßig vorbereitet sind und den Schock, den Attentate auslösen sollen, ins kriegerische Extrem steigern. Die Gewaltakte sollen auf der einen Seite allgemeine tiefe Unsicherheit und maßlosen Schrecken, auf der anderen Seite Sympathie und Unterstützungsbereitschaft bei denen erzeugen, als deren Avantgarde der Tat die globalen Kleinkrieger sich verstehen. Vor allem zielt er in dreifacher Weise auf das Fundament der attackierten Gesellschaft selbst, die Alltagswelt: Er soll den Notstand zur generalisierten bürgerlichen Grunderfahrung machen und bedient sich dabei des Mittels, von dem in hochtechnologischen Gesellschaften die alltagsweltliche Ordnung in kaum überschaubarem Umfang abhängig ist. Er ist ein Angriff auf die Alltagstechnologien und mittels ihrer. So ist das Attentat eine Einheit von kriegerischem Angriff auf die politischen und wirtschaftlichen Funktionszentren des Gegners, Massaker an Wehrlosen und schwerstem materiellem Schaden. Es ist ein Krieg, der wie der Kleine Krieg nicht die gewohnte Kriegserklärung, keinen leicht bestimmbaren Anfang und schon gar kein Ende oder gar einen Friedensschluss kennt. Es ist ein Krieg der Niederlagen und Siege, aber ohne Sieg. Es ist ein Krieg, in dem die Angreifer das Territorium, das sie mit ihren Massakern treffen, nicht erobern und dementsprechend auch nicht die Herrschaft übernehmen wollen noch können. Der globale Kleinkrieg kennt kein Kriegsgebiet, weil jeder Ort der Welt prinzipiell zum Kriegsgebiet werden kann, wenn die Akteure eine Verbindung physischer, wirtschaftlicher, politischer oder symbolischer Art zwischen einem Ort und dem Gegner herstellen. Es ist ein Krieg der Ausnahmezustände, aber nicht des allgemeinen Ausnahmezustands. Der globale Kleinkrieg ist auf der Seite der Angreifer ein anonymer Krieg. Die angreifende Macht bleibt mehr oder minder unbestimmt. Sie bekommt nur Gesichter durch Geheimdienste und Polizei, die vorgeben, ›sichere Erkenntnisse‹ darüber zu haben, wer die Angreifer sind. Es ist ein Krieg, in dem die Entscheidung der Angegriffenen, gegen wen ›zu Felde zu ziehen‹ ist, den zentralen politischen Institutionen und der Öffentlichkeit entzogen und den Geheimdiensten und polizeilichen Ermittlungsorganen überantwortet ist. Erschwerend für die Definition des ›Feindes‹ kommt hinzu, dass als Ergebnis der Deinstitutionalisierungsprozesse des Gewaltmonopols der ›Feind‹ keine formale Organisation, schon gar nicht ein Gefüge von Organisationen ist. Er ist ein Netzwerk von Gruppen und politischen Bewegungen, die mehr oder minder selber in terroristische Aktivitäten oder Kriege verstrickt sind. Das Netzwerk dieser Gruppen schließt Beziehungen zu Staaten, staatlichen Stellen, Geheimdiensten, Akteuren der organisierten Kriminalität, Geschäftsleuten oder den ›aktiven Unterstützern‹ aus der Welt der politischen Bewegungen und Konfliktregionen ein. Das Netzwerk hat seine Knotenpunkte und Zentren, die mit den Zugehörigkeiten ethnischer, religiöser und politischer Art und ihnen verbundener Konflikte, zum Beispiel mit dem Konflikt zwischen Israel und den arabischen Nachbarstaaten, und den Konfliktkonstellationen der internationalen Ordnung einhergehen.

Die wichtigsten ›Waffen‹ des globalen Krieges sind keine technischen Werkzeuge, sondern es sind zwei Handlungsdispositionen. Sie sind so alt wie der Krieg selbst. Aber die Gewaltmärkte der Welt sind der beispiellose Exerzierplatz, um diese Bereitschaften hervorzubringen: die Bereitschaften, zu töten und getötet zu werden. Vor allem aber sind sie ein ›Leistungszentrum‹ zur Auswahl derjenigen, die über die Dispositionen und Eigenschaften verfügen, die der Einsatz der wichtigsten Kriegstechnik des globalen Kleinkriegs erfordert: der kriegerische Angriffsselbstmord. Verwurzelt in der Geschichte der Gewaltmärkte, in denen sich in den letzten Jahrzehnten eine Gewaltkultur eingerichtet hat, die Menschen zu lebenden Bomben macht, hat der globale Kleinkrieg die Technik des Angriffsselbstmords aus seinen lokalen Begrenzungen gelöst und zu einer Waffe des internationalen Angriffskriegs gemacht.

Die Folgen des globalen Kleinkriegs sind noch unüberschaubar. Wie vielen anderen Beobachtern auch scheint mir aber die Annahme nicht fehlzugehen, dass der globale Kleinkrieg das Gesicht der Gesellschaften und die internationalen Beziehungen einschneidend verändern wird. Das New Yorker Massaker und die ›Jagd‹ auf Bin Laden und djihadistische Netzwerke sind das Menetekel für eine neue Welt, in der die Spekulation von Martin van Creveld zu Beginn der 1990er Jahre in seinem Buch *Die Zukunft des Krieges* reale Möglichkeit geworden zu sein scheint: »Ein ausgedehnter Konflikt [nach dem Muster des globalen Kleinkriegs – TR] wird dazu beitragen, dass die bestehenden Unterscheidungen zwischen Regierungen, Streitkräften und Menschen zusammenbrechen. (...) Die Armeen werden auf der einen Seite durch polizeiähnliche Sicherheitskräfte und auf der anderen durch Schlägerbanden ersetzt werden, was nicht besagen soll, dass heute schon die Unterscheidung dieser beiden immer leicht fiele. Nationale Grenzen, gegenwärtig vielleicht das größte Einzelhindernis für die Bekämpfung des low intensity conflict, werden niedergerissen oder aber bedeutungslos, wenn rivalisierende Organisationen kreuz und quer über diese Grenzen hinweg aufeinander Jagd machen.« Noch nimmt der scheinbar schnelle Sieg über das Afghanistan der Taliban und das personelle und logistische Zentrum des Al-Qaida-Netzwerks der Zukunftsphantasie van Crevelds wenig von ihrem spekulativen Charakter. Andere Folgen des globalen Kleinkriegs lassen sich aber schon jetzt vergleichsweise genau bestimmen, besonders, wenn sie Prozesse unterstützen und beschleunigen, die mit der Entstehung der präventiven Sicherheitsordnung verbunden sind. Neben dem schnellen und verallgemeinerten Einsatz von Kontrolltechnologien gehören dazu der weitere Ausbau des ›harten Staats‹ und komplementär dazu die massive Erosion des klassischen bürgerlichen Rechtsstaats.

Das New Yorker Massaker hat schon heute das demokratisch kontrollierte Gewaltmonopol des Staates in seinen Außenbeziehungen, bei der Entscheidung über Krieg und Frieden, dramatisch verändert. Die Definition des ›Feindes‹ ist zu einer Sache von Strafverfolgungsorganen und besonders der Geheimdienste bzw. einem Netzwerk von Geheimdiensten geworden, zu denen neben den nationalen Diensten auch die befreundeter und kooperierender Staaten gehören. Die Definition des ›Feindes‹ ist von Mutmaßungen, Verdächtigungen und Ungewissheiten bestimmt – und es mutet geradezu surreal an, dass rund zwei Monate nach den ersten Angriffen der USA auf Afghanistan die amerikanische Regierung mittels eines Videobandes die Weltöffentlichkeit von der Verantwortung Osama Bin Ladens für das New Yorker Massaker zu überzeugen versuchte und dieser Versuch selbst auf Zweifel an der Echtheit des Videobandes stieß. Die Sicherheitsmaßnahmen und -gesetzgebung im Anschluss an das New Yorker Massaker haben in den USA und den westeuropäischen Staaten zu Veränderungen von rechtsstaatlichen Grundsätzen geführt, die vor dem 11. September, gerade in den USA selbst, nicht denkbar schienen. Heribert Prantl, der liberale Justizberichterstatter und Rechtskommentator der *Süddeutschen Zeitung*, hat in der Wochenendausgabe dieser Zeitung vom 8./9. Dezember 2001 einen Überblick über einige wenige dieser Veränderungen gegeben, der unter die doppelsinnige Überschrift gestellt wurde: »Der Terrorist als Gesetzgeber«.[2]

Die historische Zäsur, die der Anschlag vom 11. September vermutlich ist, lässt sich jedoch vielleicht am besten in den Zusammenhängen erahnen, die zwischen den Feuerstürmen der Atombombe auf Hiroshima und den einschlagenden Verkehrsflugzeugen in das World Trade Center von New York bestehen. Es sind Zusammenhänge, die die Sprache des Katastrophenmanagements selbst hergestellt hat, als sie für das Trümmerfeld Südmanhattans den Namen ›ground zero‹ erfand, mit dem der Ort bezeichnet wird, über dem eine Atombombe gezündet wird.

Beide, die Explosion der Atombombe über Hiroshima und der Einschlag der Passagierflugzeuge in die Bürotürme des World Trade Center, sind Zeichen von neuen Formen des Krieges, von neuen Formen der Gewalt. Beide neuen Formen der Gewalt sind definitive Grenzüberschreitungen, die in unmittelbarer Verbindung zueinander stehen. Der Atompilz von Hiroshima ist das Ergebnis eines wissenschaftlich-industriellen Rüstungswettlaufs, der den modernen konventionellen und totalen Krieg bestimmte. Er ist gleichsam die äußerste Steigerung militärischer ›Feuerkraft‹ und militärisch-industrieller Organisationsmacht. Sein Ergebnis ist ein neuer Krieg, der nukleare Ausrottungskrieg. Der New Yorker Anschlag beruht auf einer Radikalisierung von Merkmalen und Grundsätzen des Kleinen Krieges: dem Merkmal der waffentechnischen ›Primitivität‹ und dem Prinzip der Verschmelzung der ›Kämpfer‹ mit der zivilen Gesellschaft, auf die sich die Gewalt der Kämpfer richtet. Nicht eine Waffe, sondern eine zivile Hochtechnologie war die Bombe, die das World Trade Center zerstörte, und die ›Märtyrer‹ bestiegen als gewöhnliche Fluggäste die Flugzeuge, die sie zur Bombe umfunktionierten. Das Ergebnis war wiederum eine neue Art des Krieges. Beide Formen des neuen Krieges sind darüber hinaus Massaker an Zivilsten und gehören den Kriegsformen an, die keinen Unterschied zwischen Soldaten und Zivilisten als Ziele der Gewalt machen. Die Größenordnungen der Massaker entsprechen beide dem Äußersten, was nach der kriegstechnologischen Logik beider Kriegsformen möglich ist. Allerdings lässt sich das Äußerste des Kleinen Krieges noch weiter denken, für den Fall nämlich, dass der globale Kleinkrieg mit dem Nuklearkrieg verschmolzen und zum globalen nuklearen Kleinkrieg wird. Es wäre ein Angriff nach dem Muster des New Yorker Anschlags auf ein Atomkraftwerk – die Debatten nach dem 11. September 2001 über die Sicherheit von Atomkraftwerken führten vor Augen, dass diese letzte Entwicklungsstufe des Kleinen Krieges möglicherweise noch aussteht. Die ›zivilen Bomben‹, die Manhattans Spitze zum Raum des Grauens gemacht haben, sind nicht unabhängig von der Bombe, die Hiroshima ausgelöscht hat. Sie sind ihr verbunden: Es ist die Drohung des nuklearen Ausrottungskrieges, die die Vorherrschaft des konventionellen Krieges gebrochen und den Aufstieg des Kleinen Krieges hervorgebracht hat.

Vor allem aber sind der 6. August 1945 und der 11. September 2001 aufeinander in einer Weise bezogen, die die konservative Kulturkritik in der Zeit zwischen den beiden Weltkriegen nach dem Muster eines Oswald Spenglers wohl zum Menetekel stilisiert hätte. Hiroshima wie der New Yorker Anschlag stehen am Ende und am Beginn einer neuen Epoche. Hiroshima beendete die Epoche zweier Weltkriege, etablierte die USA als eine von zwei Supermächten und begründete die Epoche des Kalten Krieges. Am Ende der Epoche der Bipolarität und des Kalten Krieges gab es keine ›Systemkonkurrenz‹ mehr, stattdessen eine Supermacht und ein ›System‹, dem im raschen Siegeszug der neoliberalen Weltanschauung und der Globalisierungsideologie fast globale Verbindlichkeit zugesprochen wurde. Aber ebenso wie der unversöhnliche Konflikt zwischen kommunistischem Totalitarismus und freiheitlich-liberaler Demokratie, von sozialistischer und kapitalistischer Wirtschaftsordnung den Rüstungswettlauf des Zweiten Weltkriegs fortsetzte und die militärpolitische Antwort der Sowjetunion auf den 6. August 1945 nur vier Jahre Zeit benötigte, währte der unangefochtene Sieg der USA im Kalten Krieg wenig mehr als eine Dekade, um mit dem 11. September 2001 in Frage gestellt zu werden. Zum ersten Mal in der mehrhundertjährigen Geschichte der USA hat ein Angriffskrieg das kontinentale Territorium der USA erreicht. Und wie die Zündung der russischen Atombombe im August 1949 militärtechnisch und -politisch die Systemkonkurrenz spiegelte, spiegelt der 11. September 2001 in der militärtechnischen und -politischen Umkehrung des nuklearen Ausrottungskriegs durch den globalen Kleinkrieg die Vervielfältigung der Machtzentren neben der Supermacht USA und die Verlagerung des ›Ost-West‹- zu einem ›Nord-Süd-Konflikt‹. In diesem Nord-Süd-Konflikt haben die extrem heterogenen Antagonismen und Konflikte zwischen der ›Ersten‹ und ›Dritten Welt‹ und in der ›Dritten Welt‹ den vergleichsweise ›klaren‹ Antagonismus der Ost-West-Auseinandersetzung abgelöst. Die Supermacht sieht sich einem Krieg gegenüber, der von Gewaltmärkten an den Rändern der politischen und wirtschaftlichen Machtzentren der internationalen Ordnung ausgeht. Der Kriegsgegner ist nicht einmal klar auszumachen und schon gar nicht in einem militärischen Sinne zu ›besiegen‹, weil seine Akteure weder Staaten noch bestimmbare Gruppen sind, sondern aus militärischen Netzwerken von Gewaltmärkten und den mit ihnen verbundenen sozialen, kulturellen, politischen und ökonomischen Verhältnissen hervorgehen. Es ist ein Krieg, der in den Worten der ›Kriegserklärung‹ des Präsidenten George W. Bush vom 20. September 2001 ein »lang andauernder Feldzug« ist und in dem die Kriegstechnik des Gegners darauf beruht, die Grundlagen des Alltags einer hochtechnologischen Gesellschaft selbst anzugreifen und einen Zustand zu erzwingen, den vermutlich nur eine ›Ordnungsform der Gewalt‹ über lange Zeiträume aushält: die Unordnung des Gewaltmarkts.

Vom 20. Jahrhundert hat man zu Recht gesagt, es sei das ›amerikanische Jahrhundert‹ gewesen. Im Sinne des van Creveldschen Orakels wäre die Spekulation nicht abwegig, dass der 11. September 2001 das Fanal für ein 21. Jahrhundert der ›Kämpfer‹ war, in dem im Schatten des atomaren Ausrottungskrieges die Herausforderungen der Staaten durch Gewaltmärkte und den globalen Kleinkrieg die internationalen Beziehungen und die Ordnungsformen der Gewalt bestimmen.

II Basale Zugehörigkeitskonflikte und die Lust an der Gewalt

In der Geschichte der Gewalt hat diese oft größere soziale Einheiten erzwungen. Für den modernen Territorialstaat gilt dies allemal. Aber die Gewalt ist vor allem eine Machtform, um den Zusammenschluss zu verweigern oder soziale Gruppen von gesellschaftlicher Teilhabe auszuschließen, an den Rand zu drängen, ihnen die Mitgliedschaft vorzuenthalten, sie auszugrenzen oder gar zu vernichten. Sie ist deshalb vielfach und vielerorts die Schwester von dem, was wir ›basale Zugehörigkeitskonflikte‹ nennen können, von ethnischen, religiösen und Rassenkonflikten, von Auseinandersetzungen um Einwanderer, Arbeitsmigranten und Flüchtlingen. In basalen Zugehörigkeitskonflikten ist die allgemeinste Grundlage der sozialen Ordnung, nämlich Mitgliedschaft, umstritten. Basale Zugehörigkeitskonflikte finden heute allerorten statt, von Belfast über Priština, Kano und Los Angeles bis Colombo. Sie sind Treibhauser der Gewalt und fordern weltweit die meisten Opfer.

Basale Zugehörigkeitskonflikte und Gewalt haben ein gemeinsames Thema: die Mitgliedschaft. Gewalttätige Auseinandersetzungen sind immer auch Konflikte, in denen die Mitgliedschaft selbst thematisiert wird. Zum Beispiel fällt zu allen Zeiten und in allen Kulturen die Anwendung kriegerischer Gewalt mit der Definition von Mitgliedschaft selbst zusammen. Die Grenzen der Zugehörigkeit verlaufen dort, wo mit dem anderen im Konfliktfall nur noch in der Form des Krieges verkehrt werden kann. Mit der Gewalt teilen basale Zugehörigkeitskonflikte, dass in ihnen das Nichtmitglied in einem Maße objektiviert und dehumanisiert werden kann, bis es als »Barbar«, »Wilder«, »Untermensch« oder »Tier« aus der menschlichen Gattung selbst herausfällt und damit unbegrenzt verfügbar wird. So wie ich mit demjenigen, den ich ›in meiner Gewalt habe‹, ›alles machen kann‹, so kann ich auch mit dem, dem ich den Mitgliedsstatus aberkannt habe, ›alles machen‹. Die Dehumanisierung des Nichtmitglieds in basalen Zugehörigkeitskonflikten entspricht der Objektivierung, die die überlegene Gewalt und insbesondere die Tötungsmacht enthält. Die Zuspitzung von Zugehörigkeitskonflikten bis zur tödlichen Auseinandersetzung liegt umso näher, weil basale Zugehörigkeitskonflikte und Gewalt reduktionistisch sind. Ihre Bedeutungsordnungen sind dichotomisch: Mitglied oder ›Fremder‹, ›Deutscher‹ oder ›Asylant‹, ›Mensch‹ oder ›Barbar‹, Sieg oder Niederlage, Tod oder Leben. In den Dichotomien des basalen Zugehörigkeitskonflikts wird die Eindeutigkeit von Bedeutung hergestellt, die der Eindeutigkeit der Wirklichkeit entspricht, die die überlegene Gewalt verwirklicht. Im basalen Zugehörigkeitskonflikt wird die Trennung zwischen Mitglied und Nichtmitglied, Angehörigen und Fremden als so eindeutig und damit evident konstruiert, wie die Wirklichkeit der überlegenen Gewalt eindeutig und evident ist. Mehr noch: Gewalt gegen ein Nichtmitglied vermag, die Eindeutigkeit herzustellen, die den basalen Zugehörigkeitskonflikt stützt. Gewalt ist der Antriebsmotor für die Bedeutungsressourcen des basalen Zugehörigkeitskonflikts.

Basale Zugehörigkeitskonflikte sind Formen von Prozessen, die Soziologen und Sozialpsychologen ›Wir-Gruppen-Prozesse‹ nennen. Das kollektive Selbstbewusstein und -gefühl ist herausgefordert. In basalen Zugehörigkeitskonflikten geht es immer um ›uns‹, das ›Uns‹ mag religiös, sozial oder ethnisch definiert sein. ›Wir‹-Bewusstsein und ›Wir‹-Gefühl melden sich zu Wort. Selbst das ›Wort‹, gerichtet an die Adresse des Fremden, ist typischerweise oft ein Aufschrei, eine Beschimpfung, ein Brüllen, getragen und begleitet von starken Gefühlsäußerungen, von feindseliger Kälte, Wut, kampfbereiten Gesten und von der Ablehnung und Gleichgültigkeit gegenüber dem Schicksal des Nichtmitglieds, in dem die kategorial-kognitive Dehumanisierung ihre emotionale Entsprechung hat. Die Intensivierung von ›Wir‹-Bewusstsein und ›Wir‹-Gefühl ist mit Bedrohungs- und Überlegenheitsphantasien verbunden. In ihnen setzen sich die reduktionistisch-dichotomisierenden Konstruktionen der Wirklichkeit fort, die basalen Zugehörigkeitskonflikten eigen sind. Völlig irreale Gefahren werden an die Wand gemalt – von der ›MacDonaldisierung‹ aller Kulturen bis zur ›Asylantenflut‹. Die Überlegenheitsphantasien reichen von den fremdenfeindlichen und rassistischen Phantasmen rechtsextremer Gruppen bis zu Kontrollphantasien, die in der deutschen Debatte zum Beispiel mit dem Vorschlag aufblitzten, die Landesgrenzen elektronisch zu überwachen. Die Überlegenheitsphantasien sind in den dichotomischen sprachlichen und kognitiven Kategorien enthalten, in denen den Mitgliedern alle Tugenden zugewiesen und den Fremden abgesprochen werden. Die Bedrohungs- und Überlegenheitsphantasien in basalen Zugehörigkeitskonflikten stimmen mit der Wirklichkeit der Gewalt überein, in der die »Uferlosigkeit der menschlichen Vorstellungskraft« (Heinrich Popitz) Phantasien hervorbringt und gegenwärtig hält, die die Bedrohung durch fremde und die Überlegenheit der eigenen Gewalt oft bis ins Maßlose steigern. Der basale Zugehörigkeitskonflikt macht aus der irrlichternden Gewaltphantasie ein konkretes Gewaltziel, sei es der Angehörige eines anderen Volkes, der Fremde, der Bewohner der Notunterkunft.

Basale Zugehörigkeitskonflikte und die Gewalt, die sie mit sich bringen, werden weiter zunehmen. Die abnehmende Anziehungskraft und Organisationsmacht des Staates, die Ausbreitung von nichtstaatlichen Ordnungsformen der Gewalt und von Gewaltmärkten im besonderen, die beachtlichen Migrationen, die die nichtstaatlichen Ordnungsformen der Gewalt, besonders den Typ des Neodespotismus, sowie das wachsende Wohlstandsgefälle der internationalen Ordnung und das immer dichter werdende Netz der Kommunikations- und Transportwege begleiten, und die sozialen und kulturellen Ungleichheiten und Ausgrenzungen der präventiven Sicherheitsordnung sind ihre Entstehungszusammenhänge und ihre Orte. Die Zukunft der Gewalt wird wesentlich eine Zukunft gewalttätiger basaler Zugehörigkeitskonflikte sein. Das New Yorker Massaker ist in diesem Zusammenhang die grausame Mahnung, dass basale

Zugehörigkeitskonflikte sich des globalen Kleinkriegs bedienen können, umso mehr, als die Bedeutungslastigkeit und dichotomen Sinn- und Wahrnehmungsmuster basaler Zugehörigkeitskonflikte die Entgrenzungs- und Verallgemeinerungschancen symbolischer Konflikte teilen und deshalb Zugehörigkeitskonflikte auch dann noch zu inszenieren vermögen, wenn Mitgliedschaft in einem konkreten sozialen Sinne gar nicht zur Debatte steht.

Gewalt ist eine Sache der männlichen Jugend, die Antithese zu Weiblichkeit, Kindheit und Alter. Der Raum der Gewalt ist der Raum der jungen Männer. Gewalt ist vielleicht die Beschreibung von mehr oder minder jugendlicher Männlichkeit überhaupt, über alle Kulturen hinweg – was selbstverständlich nicht mit der Aussage zusammenfällt, dass junge Männer oder gar Männer überhaupt per se gewalttätig seien. Die Welt der Gewalt ist die Welt der körperlichen Kraft, der Bewegung und der begrenzten Bindungen. Sie ist radikal im buchstäblichen wie übertragenen Sinn, risikoreich, eine Welt des Mutes, der Suche nach Erregung und der Verweigerung von Routinen des Alltags. Vor allem ist sie eine Welt des Verlangens nach Autonomie, eine Unabhängigkeitserklärung und ein Manifest der Selbständigkeit – auch wenn in der militärischen Disziplin der Anspruch auf Autonomie sich auf der individuellen Ebene fast vollständig verflüchtigt und nur noch (und oftmals umso lautstärker und unnachgiebiger) auf der kollektiven Ebene gilt. Sie ist die Welt des Aufbruchs und des Handelns (im engen Hannah Arendtschen Sinn).

Was also ist die Lust an der Gewalt? Es ist die Lust der Emotion und Sinnlichkeit, der Erregung und Körpererfahrung, der Unmittelbarkeit des Jetzt, des Ausbruchs aus dem Alltag, vor allem aber die Lust der Freiheit der Macht und des Jetzt, die Lust der jugendlichen Männlichkeit und des Handelns. In den unterschiedlichsten Ausprägungen und Mischungsverhältnissen machen sie die grausame Erfahrungswirklichkeit der Gewalt aus.

Die Lust an der Gewalt ist ein machtvolles Element jeder sozialen Ordnung. Jede Ordnungsform der Gewalt ist eine Ordnung der Lust an der Gewalt. Die Geschichte der Ordnungsformen der Gewalt ist eine Geschichte der Lust an der Gewalt. Zu den einflussreichsten zeitgenössischen sozialwissenschaftlichen Geschichten über die Lust an der Gewalt gehört Norbert Elias' Theorie der Zivilisation. Es ist eine herrschaftssoziologische Geschichte, wie vor allem mittels des Gewaltmonopols und der durch sie ermöglichten Ausweitung der Handlungsketten die Lust an der Gewalt den Mitgliedern des modernen Staates im bürgerlichen Verkehr ausgetrieben, ›zivilisiert‹ wird – was bekanntermaßen nicht zwingend einschließt, dass das Ausmaß der Gewalt jenseits des bürgerlichen

Verkehrs geringer wird. Eine nicht weniger eindrucksvoll argumentierende, militärhistorische Fortsetzung dieser Eliasschen Geschichte hat jüngst John Keegan mit der These vorgelegt, dass der Krieg sich im Niedergang befände, weil die Menschen nicht mehr bereit seien, im Krieg zu sterben – von der Bereitschaft, im Krieg zu töten, sprach Keegan wohlweislich nicht; spätestens das Inferno der Splitter- und Benzimbomben über der afghanischen Bergstellung Tora Bora hätte ihn des Gegenteils belehrt. Fraglos haben beide Geschichten über die Lust an der Gewalt deshalb eine so große Aufmerksamkeit gefunden, weil sie wesentliche Entwicklungen auf den Punkt gebracht haben, zum Beispiel das historisch vergleichsweise reduzierte Niveau der Gewaltkriminalität auf dem Höhepunkt des kontinentaleuropäischen Wohlfahrtsstaats der Jahrzehnte nach dem Zweiten Weltkrieg, den Niedergang des Militarismus, die Antivietnambewegung, den dramatischen Anstieg des Zivildienstes oder die politische Relevanz der Friedensbewegungen in westlichen Staaten. Zu deutlich sind jedoch die gegenläufigen Entwicklungen, um die Geschichten von Elias und Keegan für die Zukunft mehr oder minder ungebrochen fortschreiben zu können.

Vom Balkan über Sierra Leone und das Afghanistan der Kriegsherren haben der Niedergang des Staates, der Kleine Krieg, die Gewaltmärkte und ethnische und religiöse Zugehörigkeitskonflikte – nicht anders als zu anderen Zeiten der Geschichte dieser miteinander verbundenen Erscheinungen – die Lust an der Gewalt zu einem Kult der entfesselten Grausamkeit entwickelt. Seit Jahrzehnten ist auf den Gewaltmärkten Afrikas und Asiens Alltag, was mit den Gewaltmärkten auf dem Balkan die europäische Öffentlichkeit das Entsetzen lehrte und heute in den Verfahren gegen einzelne Kriegsverbrecher auf dem Kriegsverbrechertribunal in Den Haag verhandelt wird: das Massaker an Wehrlosen, das Männer, Frauen und Kinder gleichermaßen trifft, die Verstümmelung der Lebenden und Ermordeten, die sexuelle Erniedrigung mittels exzessiver Vergewaltigungspraktiken, in der im buchstäblichen Sinne die Inszenierung der Gewalt als Lust wirklich wird (unabhängig davon, ob der Vergewaltiger sexuelle Erregung empfindet), und Torturen, in denen die Uferlosigkeit der menschlichen Gewaltphantasie am Opfer praktisch wird. Es ist ein Kult der Grausamkeit, der den Hass entgrenzt, den Tabubruch in jeder Form von gewaltsamer Scheußlichkeit zum Alltag gemacht hat und eine Männlichkeit hervorbringt, in der die Lust an der Gewalt bis zum Negativismus gegenüber allen ›Tugenden‹ des ›Kriegers‹ radikalisiert ist. Der Kleine Krieg und die mit ihm verbundenen Gewaltmärkte haben mit der Erfindung des Angriffsselbstmords zum Äußersten zugespitzt, was sich als direkte Gegenbewegung zur Wirklichkeit konstituiert, auf die Keegan seine Hoffnung setzt: die kompromisslose Bereitschaft, nicht nur zu töten, sondern auch zu sterben. Der Aufstieg des ›Kämpfers‹ ist das Zeichen, dass die kulturellen Muster für die wichtigste der motivationalen Grundlagen des Krieges, die Bereitschaft zu töten und zu sterben, und die Lust an der Gewalt nicht gebrochen sind. Noch scheinen sie eine Erscheinung an den Rändern der internationalen Ordnung zu sein. In den Kriegen des zerfallenden Jugoslawien haben sie indessen Europa wieder erreicht.

Anmerkungen

1 Im Bosnienkrieg zum Beispiel wurden etwa 30 bis 50 Prozent der humanitären Hilfe von den verschiedenen Streitkräften eingesackt.

2 Noch im Dezember 2001, als diese Zeilen geschrieben wurden, waren in den Vereinigten Staaten 1200 Menschen arabischer Herkunft ohne einen konkreten Tatvorwurf inhaftiert. Mindestens 5000 arabische Muslime wurden in ›freiwilligen‹ Verhören vernommen. Die Bush-Regierung hat eine Anordnung erlassen, vermeintliche Terroristen und deren Helfer von geheimen Militärtribunalen aburteilen zu lassen, die der Verteidigungsminister einsetzt, und deren drei Richter in Uniform mehrheitlich die Todesstrafe aussprechen können, ohne dass die Verurteilten Rechtsmittel dagegen hätten. Im offiziellen Sicherheitsdiskurs der USA meldeten sich Stimmen zu Wort, die mit nur mäßig zurückgenommener Lautstärke über die Wiedereinführung der Folter bei Verhören sprachen.
Dass Heribert Prantls Artikel – wie inzwischen mancher seiner Darstellungen und Kommentare zur Rechtsentwicklung – im Feuilleton abgedruckt wurde, macht deutlich, dass auf dem Weg zur präventiven Sicherheitsordnung eine klassisch-liberale Rechtsstaatsposition keine politische Resonanz mehr hat, sondern nur noch als ästhetisch-literarische Äußerung qualifiziert wird.

Anmerkungen der Redaktion

Manfred Schneider ist Professor für Neugermanistik, Ästhetik und Medien an der Ruhr-Universität Bochum.

Daniel Kothenschulte, geb. 1967, ist Redakteur im Feuilleton der *Frankfurter Rundschau.* Demnächst erscheint von ihm: *Walt Disney – ein vergessener Künstler* (Marburg, Sommer 2002).

Rainer Maria Kiesow, geb. 1963, ist Referent am Max-Planck-Institut für Europäische Rechtsgeschichte in Frankfurt am Main und Vorstandssprecher der Jungen Akademie Berlin. Demnächst erscheint von ihm (hg. zus. mit Gerd Bender und Dieter Simon): *Das Europa der Diktatur. Wirtschaft – Steuerung – Recht* (Nomos Verlag).

Svetlana Alpers, geb. 1936, ist Prof. em. für Kunstgeschichte an der University of California in Berkeley und arbeitet zur Zeit als Gastprofessorin an der New York University.

Wolfgang Kraushaar, geb. 1948, arbeitet seit 1987 am Hamburger Institut für Sozialforschung; Forschungsschwerpunkt: Geschichte der Protestbewegungen in der Bundesrepublik und der DDR. Zuletzt erschien von ihm: *Fischer in Frankfurt – Karriere eines Außenseiters* (Hamburg 2001).

Andres Veiel, geb. 1959, studierte Film u. a. bei Krzysztof Kieslowski. Für seinen Film »Black Box BRD« erhielt er neben vielen anderen Auszeichnungen den Europäischen Dokumentarfilmpreis 2001. Derzeit schreibt er an einem Buch über Alfred Herrhausen und Wolfgang Grams, das im Herbst 2002 bei der Deutschen Verlags-Anstalt München erscheinen wird.

Rainer Keller, geb. 1944, ist Professor für Strafrecht an der Universität Hamburg.

Ferdinand Sutterlüty, geb. 1962, ist Soziologe und wissenschaftlicher Mitarbeiter des Instituts für Sozialforschung in Frankfurt am Main. Im Herbst erscheint sein Buch über Jugendgewalt im Campus Verlag.

Ursula März, geb. 1959, arbeitet als freie Journalistin und lebt in Berlin.

Stephan Schurr, geb. 1961, Historiker, lebt in Berlin.

Martin van Creveld, Professor an der Hebrew University, Jerusalem, ist einer der bekanntesten Experten für Militärgeschichte und -strategie. Sein neuestes Buch, *Frauen und Militär*, erschien soeben auf Deutsch, Englisch und Französisch.

Wolfgang Sofsky, geb. 1952, Publizist und Professor für Soziologie, lebt in Göttingen. Soeben erschien von ihm: *Zeiten des Schreckens. Amok. Terror. Krieg* (Frankfurt/M). Das Foto von James Nachtwey (S. 157) stammt aus *Deeds of War* (Thames and Hudson, New York 1989), Nr. 146 (Original in Farbe) © James Nachtwey / Magnum / Agentur Focus.

Trutz von Trotha, geb. 1946, ist Professor für Soziologie an der Universität Siegen und forscht über Gewalt, Krieg, Staatsentstehung und neue politische Ordnungen, vor allem in Westafrika. Im Sommer 2002 erscheint von ihm (zus. mit Peter Hanser): *... nichts als ein einsamer Ort im Wilden Westen von Papua-Neuguinea* (Rüdiger Koppe, Köln)